本书受到南开大学"十四五"规划核心课程精品教材建设工程

和教育部人文社会科学重点研究基地重大项目

(19JJD820009)资助

南开大学"十四五"规划核心课程精品教材

竞争法典型案例教程
互联网篇

陈兵 赵青／著

JINGZHENGFA
DIANXING ANLI JIAOCHENG
HULIANWANG PIAN

中国法制出版社
CHINA LEGAL PUBLISHING HOUSE

前言

探索互联网竞争法治的教与学

随着竞争政策的基础地位逐渐强化，竞争法的实践与理论发展日益受到更广泛的关注。结合当前我国市场经济发展的实际情况来看，互联网经济已经成为带动国民经济发展的主要动力。互联网领域竞争行为的科学合理规范已经成为竞争法实践发展与理论推进的重中之重。互联网领域的垄断与不正当竞争行为既包括传统违法行为的线上化，也包括基于互联网、主要互联网经济主体（平台）的固有特点而出现的一些新行为。

以"读者友好型教材"为创作初衷，通过实践案例增强竞争法的代入感，相比理论灌输更注重问题意识的启发，激发学习兴趣，助力沉浸式竞争法教学场景的实现。以实践为引领，通过系统性介绍互联网领域竞争法的典型执法、司法案例，呈现互联网领域执法与司法的发展历程与动向，为广大院校师生的竞争法教与学提供有益读本，也为社会各界读者更好地理解竞争法、辨析竞争行为的违法性提供参考。阅读本书不妨带着如下几个问题：

1.什么是相关市场？为什么要界定相关市场？如何界定相关市场？互联网领域相关市场的界定需注意哪些问题？

2.什么是垄断协议？如何认定垄断协议？

3.什么是市场支配地位？如何认定互联网领域的市场支配地位？如何认定特定行为构成滥用市场支配地位？

4.什么是经营者集中？如何审查经营者集中？经营者集中被认定为具有或者可能具有排除、限制竞争效果会怎样？未依法申报即实施经营者集中会怎样？

5.《反不正当竞争法》一般条款的适用条件？

6.视频刷量行为的法律定性？

7.消费者未支付货币对价也能认定经营者存在"销售"行为吗？

8.向平台恶意投诉可以认定存在"散布"行为吗？

9.如何认定妨碍、破坏其他经营者合法提供的网络产品或者服务正常运行的不正当竞争行为？

10.如何判断数据获取、使用行为的不正当性？

11.若新型网络商品或服务对既有网络商品或者服务造成冲击，如何认定提供新型网络商品或服务行为的不正当性？

......

事实上，随着网络技术、信息通信技术以及数字数据技术等人工智能科技和产业的底层技术和硬件支撑的不断丰富和创新，围绕以互联网为场景和背景的市场竞争行为及样态不断涌现，其发生机理、运行模式、效果都呈现新变化，甚至是颠覆式的突变，这就为规范系统地认识和判断这类涉及互联网竞争行为的正当性与合法性带来了挑战。

申言之，即便是通过快速灵敏的立法修订或新增法律法规，抑或最高人民法院加大对典型案例的发布力度、各级地方法院依法依规公开更多的示范性案例，或者监管执法部门在做好个案执法的同时，通过发布行政指导书等方式来规范指引相关市场上的竞争行为，仍然存在基于法制所固有的滞后性而无法及时因应经济活动的困局。在这种情势下，必须认识到在官方的有权解释之外，鼓励更多的学理解释和学术讨论，无疑有利于弥补现实中法制供给的不足。通过多元参与，共商共建共治共享的方式来提高市场主体的守法意识及其行为的合规性。

正是在这个意义上，寄希望通过对互联网领域竞争法典型案例的学理规整与阐释，总结实践中互联网领域新型竞争行为的特征与形态类型，结合现有的竞争法学相关理论知识和实践方法来解读和评价相关执法、司法案例，进一步廓清互联网领域新型竞争行为的合法性判别方法。通过"理论观照实践，实践校准理论"的双向互动过程，在课堂之上为研习者，特别是未来的法治人才提供"从书本概念到实践行动"的认识过程。久久为功或许更具有战略意义和时代价值。

在法治人才培养的道路上，通过供给必备的教学资源，以课程讲授和专题研讨的方式让更多法律人受益。这不仅有助于培养大量未来从事法律工作的专业人才，更有助于不断传递相关法学知识与法律技能来规范训练无以计数的守法公民。特别是在互联网经济高速发展过程中所有的主体都面临着新技术、新模式、新业态、新产业带来的法律知识与法治实践的挑战，这就需要投入更多精力，付出更多时间来培育全社会大众的互联网法治精神。

正是基于此，聚焦互联网经济发展中备受关注且不断涌现的新型竞争行为的合法性识别问题，站在法学教育教学的角度，总结近年来教学实践的经验，以教学中普遍关注的重点和难点讲授为线索，选取了相关案例，汇编成课堂教学与学术研究中的经典案例。关注重要知识点的准确性、全面性以及整个竞争法体系基础理论的完整性。主要分为反垄断法编和反不正当竞争法编，将其中的核心知识点一一讲解，并通过提问的方式设计课程，引导学生带着问题进课堂，留着问题做功课。努力培养学生在学习过程中的主体性和主动性，以大量案例的生动形式激发学习兴趣和钻研热情。

当前，互联网经济高速发展，已经改变了社会经济生产生活的方方面面。互联网与人类社会的关系已从一开始的互联网嵌入人类社会转变为人类社会寄生于网络世界。互联网已然从技术成为新时代的代名词，就好比在《流浪地球2》中的必须要重启全球网络才能拯救地球一般，人类已经深深根植于互联网之上。目前，人类社会正处在新旧交接、探索未来、规范未知的关键节点，对互联网法治问题的研究比任何时代都更加迫切。下一步朝什么方向走、怎么走，都必须尽快拿出方案，或者至少指出方向。基于此，本书的意义不仅在于为当前的互联网领域竞争法治提供教学资源，更在于吸引更多法律工作者关注互联网竞争法治甚或整个互联网法治的学习、研究及创新。

不积跬步，无以至千里！众人拾柴火焰高！

冀望更多法学及其他专业的教学工作者积极投身于互联网法学乃至互联网治理的教材编撰与教学之中，以吾辈之小功激发和引导诸多聪灵学子更多关注互联网法治问题。

陈 兵

南开大学法学院副院长、教授、经济法教研室主任

南开大学竞争法研究中心主任

赵 青

南开大学法学院助理研究员、法学博士

目 录
CONTENTS

第二编　互联网领域反不正当竞争

第一编

互联网领域反垄断

核心法条

中华人民共和国反垄断法①

（2007年8月30日第十届全国人民代表大会常务委员会第二十九次会议通过　根据2022年6月24日第十三届全国人民代表大会常务委员会第三十五次会议《关于修改〈中华人民共和国反垄断法〉的决定》修正）

第三条　本法规定的垄断行为包括：

（一）经营者达成垄断协议；

（二）经营者滥用市场支配地位；

（三）具有或者可能具有排除、限制竞争效果的经营者集中。

---

①　简称《反垄断法》。

典型案例检索

案件名称	基本案情	典型意义
"奇某安全软件公司诉腾某公司滥用市场支配地位纠纷案"【最高人民法院（2013）民三终字第4号民事判决书】①	2010年9月，腾某公司将其即时通信软件与安全软件一起打包安装，安装过程中并未向用户进行提示。2010年9月21日，腾某公司发出公告称，正在使用的安全软件将自动升级。2010年10月29日，奇某安全软件公司发布针对腾某公司即时通信软件的所谓保镖软件，妨碍了腾某公司即时通信软件的运行。2010年11月3日，腾某公司发布致广大用户的一封信，表示在装有奇某公司安全软件的电脑上停止运行腾某公司即时通信软件。后奇某安全软件公司起诉指控腾某公司滥用市场支配地位。广东省高级人民法院于2013年3月20日作出（2011）粤高法民三初字第2号民事判决：驳回原告的诉讼请求。奇某安全软件公司不服，提出上诉。最高人民法院于2014年10月8日作出（2013）民三终字第4号民事判决：驳回上诉、维持原判。	该案系最高人民法院发布的指导性案例（指导案例78号）。该案例总结的裁判要点对"相关市场的界定""市场支配地位的认定"等互联网领域垄断纠纷典型性问题作出了极为详尽和精辟的分析，对于指导互联网领域垄断纠纷案件的审理具有显著的示范意义。②

---

① 如无特殊说明，本书所列司法裁判文书均援引自中国裁判文书网，最后访问日期为2023年9月。

② 曹雅静：《规范知产司法保护 提供类似案件参照 最高法发布第16批指导性案例》，载《人民法院报》2017年3月10日第1版。

续表

案件名称	基本案情	典型意义
"深圳微某码软件开发公司诉腾某公司滥用市场支配地位封禁公众号纠纷案"【广东省深圳市中级人民法院（2017）粤03民初250号民事判决书】	自2015年10月以来，深圳微某码软件开发公司在腾某公司公众号平台上注册了二十余个公众号。腾某公司因相关公众号推广的外挂软件明显超越自身平台所允许的功能范畴，违反平台服务协议及运营规范等多项规定，封禁了深圳微某码软件开发公司运营的公众号。深圳微某码软件开发公司起诉主张封禁公众号的行为构成滥用市场支配地位。广东省深圳市中级人民法院于2018年8月23日作出民事判决：驳回原告全部诉讼请求。本案一审宣判并送达后，原、被告均未提出上诉，该判决已发生法律效力。	该案系最高人民法院选定的"2018年中国法院50件典型知识产权案例"之一，①广东高院首次发布的互联网领域反不正当竞争和反垄断十大案例之一。典型意义在于明确了互联网服务垄断应以涉诉行为具体指向商品或服务界定相关市场。②
"华某公司诉网某公司滥用市场支配地位纠纷案"【广东省高级人民法院（2018）粤民终552号民事判决书】	网某公司独家授权C某直播平台直播一款较受欢迎的梦××××网络游戏。经营直播平台服务的华某公司诉称，网某公司在梦××××网络游戏服务市场具有支配地位，其限制游戏用户只能在C某直播平台直播该游戏，将C某直播软件与该游戏软件捆绑，构成滥用市场支配地位。广东省高级人民法院生效判决认为：本案相关商品市场为整个网络游戏服务市场，梦××××网络游戏不足以使相关消费者对其形成独立需求而排除其他网络游戏的替代，不足以构成独立的相关商品市场。网某公司在相关网络游戏服务市场不具有市场支配地位。	该案系全国首例网络游戏平台诉游戏厂商垄断案件，典型意义在于厘清网络游戏产业竞争的相关市场范围，是2021年4月发布的"广东法院互联网领域反不正当竞争和反垄断十大案例"之一。③
"阿某公司电商平台'二选一'行政处罚案"	自2015年以来，阿某公司电商平台滥用在中国境内网络零售平台服务市场的支配地位，对平台内商家提出"二选一"要求，禁	该案自被调查以来即备受社会关注，对于我国互联网平台经济

① 《2018年中国法院10大知识产权案件和50件典型知识产权案例》，载最高人民法院网 https://www.court.gov.cn/zixun-xiangqing-153252.html，最后访问日期：2023年8月10日。

② 李楠桦：《广东高院首次发布互联网领域反不正当竞争和反垄断十大案例》，载人民网 http://finance.people.com.cn/n1/2021/0420/c1004-32082972.html，最后访问日期：2023年7月25日。

③ 李楠桦：《广东高院首次发布互联网领域反不正当竞争和反垄断十大案例》，载人民网 http://finance.people.com.cn/n1/2021/0420/c1004-32082972.html，最后访问日期：2023年7月25日。

续表

案件名称	基本案情	典型意义
【国家市场监督管理总局行政处罚决定书（国市监处〔2021〕28号）[①]】	止平台内商家在其他竞争性平台开店或参加促销活动，并借助市场力量、平台规则和数据、算法等技术手段，采取多种奖惩措施保障"二选一"的执行，维持、增强自身市场力量，获取不正当竞争优势。国家市场监督管理总局（简称市场监管总局）经审查认定涉案行为构成《反垄断法》上"没有正当理由，限定交易相对人只能与其进行交易"的滥用市场支配地位行为。	领域反垄断行政执法的开展具有里程碑意义。[②]
"食某士英文外卖平台'二选一'行政处罚案"【上海市市场监督管理局行政处罚决定书（沪市监反垄处〔2020〕06201901001号）[③]】	2017年1月至2019年10月，食某士英文外卖平台利用其在上海市提供英文服务的在线餐饮外送平台服务市场的支配地位，对平台内合作餐厅商户提出"二选一"要求，与所有合作餐厅商户签订含有"排他性送餐权条款"规定的合作协议，并通过制订实施"独家送餐权计划"等形式，要求合作餐厅商户立即停止与其他竞争对手平台合作，否则从食某士英文外卖平台下架该商户。上海市市场监督管理局经审查认定涉案行为构成《反垄断法》上"没有正当理由，限定交易相对人只能与其进行交易"的滥用市场支配地位行为。	该案系上海首例"二选一"滥用市场支配地位处罚案。[④]2021年4月12日，市场监管总局在其官方网站转载了上海市市场监督管理局的本次行政处罚决定，[⑤]表现出对此次地方执法案例的肯定。

---

① 《市场监管总局发布阿里巴巴集团控股有限公司在中国境内网络零售平台服务市场垄断案行政处罚决定书和行政指导书》，载国家市场监督管理总局网 https://www.samr.gov.cn/zt/qhfldzf/art/2021/art_74b2593fd32a432baf3dcbd163935167.html，最后访问日期：2023年8月10日。

② 王春晖：《中国互联网平台经济领域反垄断执法的里程碑》，载智慧财产网 https://www.iprlaw.cn/index/news/show/id/7145.html，最后访问日期：2023年8月10日。

③ 《上海市市场监管局依法对上海食派士商贸发展有限公司在互联网餐饮外送平台服务市场实施"二选一"垄断行为作出行政处罚》，载国家市场监督管理总局网 https://www.samr.gov.cn/xw/df/art/2023/art_fb84525d385a489db74615d1939883d0.html，最后访问日期：2023年9月13日。

④ 《上海首例"二选一"滥用市场支配地位处罚案——上海食派士商贸发展有限公司行政处罚案》，载法治政府网 http://fzzfyjy.cupl.edu.cn/info/1066/12863.htm，最后访问日期：2023年8月10日。

⑤ 《上海市市场监管局依法对上海食派士商贸发展有限公司在互联网餐饮外送平台服务市场实施"二选一"垄断行为作出行政处罚》，载国家市场监督管理总局官方网站 https://www.samr.gov.cn/xw/df/art/2023/art_fb84525d385a489db74615d1939883d0.html，最后访问日期：2023年9月13日。

续表

案件名称	基本案情	典型意义
"某团外卖平台'二选一'行政处罚案"【国家市场监督管理总局行政处罚决定书（国市监处罚〔2021〕74号）①】	自2018年以来，某团外卖平台滥用在中国境内网络餐饮外卖平台服务市场的支配地位，以实施差别费率、拖延商家上线等方式，促使平台内商家与其签订独家合作协议，并通过收取独家合作保证金和数据、算法等技术手段，采取多种惩罚性措施，保障"二选一"行为实施。市场监管总局经审查认定涉案行为构成《反垄断法》上"没有正当理由，限定交易相对人只能与其进行交易"的滥用市场支配地位行为。	2021年10月8日，市场监管总局发布对涉案行为的行政处罚决定书和行政指导书，进一步明确了平台反垄断监管规则适用，体现了数字化时代反垄断监管执法特点和思路。②
"中某网滥用市场支配地位行政处罚案"【国家市场监督管理总局行政处罚决定书（国市监处罚〔2022〕87号）③】	自2014年以来，当事人为阻碍其他中文学术文献网络数据库服务平台发展，维持、巩固、强化自身市场地位，滥用在中国境内中文学术文献网络数据库服务市场的支配地位，限定学术期刊出版单位、高校只能与当事人进行交易，并采取多种奖惩手段保障行为实施；以不公平的高价销售中文学术文献网络数据库服务，获得高额垄断利润。市场监管总局经审查认定涉案行为排除、限制了相关市场竞争，侵害了用户的合法权益，破坏了良好的学术生态，影响了中文学术文献网络数据库服务市场规范健康创新发展，违反《反垄断法》（2022）④第22条第1款第1	该案系对知名中文学术文献网络数据库服务平台涉独家交易、垄断高价行为的行政处罚，受到学术界广泛关注。

① 《市场监管总局发布美团在中国境内网络餐饮外卖平台服务市场垄断案行政处罚决定书和行政指导书》，载国家市场监督管理总局网https://www.samr.gov.cn/zt/qhfldzf/art/2021/art_20d2233982 c843f58681b40674441050.html，最后访问日期：2023年9月13日。

② 王健：《平台反垄断监管持续发力 市场竞争秩序稳步向好》，载中国经济网http://www. ce.cn/cysc/zljd/yqhz/202110/08/t20211008_36974864.shtml，最后访问日期：2023年8月10日。

③ 《市场监管总局发布知网滥用市场支配地位案行政处罚决定书》，载国家市场监督管理总局网https://www.samr.gov.cn/fldes/tzgg/xzcf/art/2023/art_27cab7312a424e0ea46c6fa9e5044371.html，最后访问日期：2023年9月13日。

④ 为便于读者检索及简化行文，本书法律文件后括号中所加数字，指该法公布年份，下同。

续表

案件名称	基本案情	典型意义
	项、第4项禁止的"以不公平的高价销售商品"和"没有正当理由，限定交易相对人只能与其进行交易"的规定，构成滥用市场支配地位行为。	
"链某房地产经纪公司被诉滥用市场支配地位纠纷案"【最高人民法院（2020）最高法知民终1463号民事判决书】	2016年2月，原告王某某经被告链某房地产经纪公司居间介绍，购买了一套二手房，并与房屋所有人、被告链某房地产经纪公司、第二人中某公司签订了包括《居间服务合同》《交易保障服务合同》等在内的一系列合同，其中《交易保障服务合同》约定了第三人提供的十三项交易保障服务内容。随后，原告针对上述系列合同，向法院提起诉讼，请求法院判令确认被告在2016年度北京市城六区（西城区、东城区、朝阳区、海淀区、丰台区、石景山区）存量住房买卖经纪服务市场中具有市场支配地位，确认被告向原告提供服务时存在以不公平高价交易、将交易保障服务与居间服务捆绑交易、将十三项交易保障服务进行搭售、交易时规定过户后出具发票等附加不合理条件等滥用市场支配地位的行为，并要求退还原告居间代理费、保障服务费及因维权产生的合理费用共计2万元。一审判决认定被告链某房地产经纪公司在本案相关市场中不具有支配地位，被告链某房地产经纪公司和第三人中某公司的相关行为不构成原告主张的滥用行为，驳回了原告的全部诉讼请求。	该案相关市场涉及的北京市房产经纪服务行业发展迅速，市场特征明显，具有典型性。相关判决对涉案房产经纪服务市场的市场范围、市场界定方法、市场支配地位分析方法及相关市场中典型经济行为的正当性、合理性进行了论述，对于规范行业内相关市场行为，促进行业健康发展具有重要意义。[①]

[①] 李婉星：《链家被诉滥用市场支配地位　法院：不构成滥用》，载中国法院网 https://www.chinacourt.org/article/detail/2020/08/id/5428748.shtml，最后访问日期：2023年7月23日。

续表

案件名称	基本案情	典型意义
	王某某不服一审判决，向最高人民法院提起上诉。最高人民法院认定：王某某关于链某房地产经纪公司是否具有市场支配地位的上诉请求成立，本院予以支持；王某某关于链某房地产经纪公司构成滥用市场支配地位并要求链某房地产经纪公司赔偿其损失的上诉请求不能成立，应予驳回。原审法院关于本案相关市场及链某房地产经纪公司是否具有市场支配地位的认定虽有瑕疵，但裁判结果正确，应予维持。终审判决：驳回上诉，维持原判。①	
"利某集团滥用市场支配地位行政处罚案"【国家工商行政管理总局行政处罚决定书（工商竞争案字〔2016〕1号）②】	根据调查，原国家工商行政管理总局认为，在2009—2013年期间，利某集团在中国大陆液体食品纸基无菌包装设备（简称设备）、纸基无菌包装设备的技术服务（简称技术服务）、纸基无菌包装材料（简称包材）三个市场，均具有市场支配地位。2009—2013年期间，利某集团凭借其在设备市场、技术服务市场的支配地位，在提供设备和技术服务过程中搭售包材；凭借其在包材市场的支配地位，通过限制原料纸供应商与其竞争对手合作、限制原料纸供应商使用有关技术信息，妨碍原料纸供应商向其竞争对手提供原料纸；凭借其在包材市场的支配地位实施追溯性累计销量折扣和个性化采购量目标折扣等排除、限制竞争的忠诚折扣，妨碍包材市场的公平竞争。	该案是市场监管总局2018年9月公布的"反垄断与反不正当竞争行政执法十大典型案件"之一。③行政处罚决定书中对忠诚折扣的违法性分析方法，对"国务院反垄断执法机构认定的其他滥用市场支配地位的行为"的认定具有参考意义。

---

① 最高人民法院（2020）最高法知民终1463号民事判决书。

② 《竞争执法公告2016年10号 利乐滥用市场支配地位案》，载国家市场监督管理总局网https://www.samr.gov.cn/cms_files/filemanager/samr/www/samrnew/fldys/tzgg/xzcf/202204/t20220424_342049.html，最后访问日期：2023年9月13日。

③ 胡林果：《反垄断与反不正当竞争行政执法十大典型案件公布》，载新华网http://m.xinhuanet.com/2018-09/06/c_1123391162.htm，最后访问日期：2023年7月24日。

续表

案件名称	基本案情	典型意义
	原国家工商行政管理总局认定，利某集团的上述行为违反了《反垄断法》的有关规定，构成了该法规定的没有正当理由搭售、没有正当理由限定交易和其他滥用市场支配地位行为。	
"宏某置业公司诉某水务集团滥用市场支配地位纠纷案"【最高人民法院（2022）最高法知民终395号民事判决书】	宏某置业公司向法院起诉，请求判令某水务集团赔偿因其实施滥用市场支配地位的行为给宏某置业公司造成的经济损失并支付诉讼合理开支。一审法院认定，某水务集团在威海市区供水、污水设施建设和管理中处于市场支配地位，但现有证据不能证明某水务集团存在限定交易行为，判决驳回宏某置业公司诉讼请求。宏某置业公司不服，提起上诉。最高人民法院二审认为，某水务集团不仅独家提供城市公共供水服务，而且承担着供水设施审核、验收等公用事业管理职责，其在参与供水设施建设市场竞争时，负有更高的不得排除、限制竞争的特别注意义务。某水务集团在受理给排水市政业务时，在业务办理服务流程清单中仅注明其公司及其下属企业的联系方式等信息，而没有告知、提示交易相对人可以选择其他具有相关资质的企业，属于隐性限定了交易相对人只能与其指定的经营者进行交易，构成限定交易行为。最高人民法院终审判决，撤销一审判决，改判某水务集团赔偿宏某置业公司为调查、制止垄断行为所支付的合理开支。	该案明确了《反垄断法》上的限定交易行为可以是明示的、直接的，也可以是隐含的、间接的，阐明了认定限定交易行为的重点在于考察经营者是否实质上限制了交易相对人的自由选择权。同时，本案明确了限定交易垄断行为造成损失的认定标准和举证责任分配，为类案审理中确定垄断行为的损害赔偿责任提供了裁判指引，也为垄断行为受害者通过提起反垄断民事诉讼积极寻求救济提供了规则指引。①

---

① 《人民法院反垄断典型案例》，载最高人民法院网https://www.court.gov.cn/xinshidai-xiangqing-379701.html，最后访问日期：2023年8月10日。

续表

案件名称	基本案情	典型意义
"腾某公司通过虎某公司收购斗某公司案"【《市场监管总局关于禁止虎牙公司与斗鱼国际控股有限公司合并案反垄断审查决定的公告》（2021年7月10日）①】	腾某公司拟通过虎某公司收购斗某公司全部股权，交易后腾某公司将取得合并后实体单独控制权。2021年1月4日，市场监管总局对该合并案进行经营者集中审查。审查表明，本案相关市场为中国境内网络游戏运营服务市场和游戏直播市场。腾某公司在上游网络游戏运营服务市场份额超过40%，排名第一；虎某公司和斗某公司在下游游戏直播市场份额分别超过40%和30%，排名第一、第二，合计超过70%。腾某公司已具有对虎某公司的单独控制权和对斗某公司的共同控制权，此次合并将使腾某公司单独控制合并后实体，进一步强化腾某公司在游戏直播市场的支配地位，同时使腾某公司有能力和动机在上下游市场实施闭环管理和双向纵向封锁，具有或者可能具有排除、限制竞争效果。腾某公司提出的附加限制性条件承诺方案不能有效解决前述竞争关注。市场监管总局决定依法禁止此项经营者集中。	该案是我国平台经济领域禁止经营者集中第一案。②本次执法标志着我国将加大平台经济领域经营者集中事前审查力度，丰富平台经济领域反垄断监管方式，为反垄断三大支柱在我国平台经济领域的全面铺开打下良好开端。③
"腾某公司收购中某音乐集团股权违法实施经营者集中行政处罚案"	2016年7月12日，腾某公司以估值（略）的业务（主要是音乐业务）投入中某音乐集团，获得中某音乐集团61.64%股权，取得对该集团的单独控制权，属于《反垄断法》规定的经营者集中。腾某公司和中某	该案直击中国境内网络音乐播放平台市场的"竞争痛点"，着眼打破独家版权和停止高额预付金的版权

① 《市场监管总局关于禁止虎牙公司与斗鱼国际控股有限公司合并案反垄断审查决定的公告》，载国家市场监督管理总局网 https://www.samr.gov.cn/fldes/tzgg/ftj/art/2023/art_47b307e668484e83a598add8793dcdca.html，最后访问日期：2023年9月13日。

② 张晨颖：《强化经营者集中反垄断审查 促进平台经济规范有序发展》，载中国经济网 http://www.ce.cn/cysc/newmain/yc/jsxw/202107/10/t20210710_36707201.shtml，最后访问日期：2023年8月10日。

③ 王琦：《禁止虎牙与斗鱼合并的法理依据》，载《经济参考报》2021年7月13日第A8版。

续表

案件名称	基本案情	典型意义
【国家市场监督管理总局行政处罚决定书（国市监处〔2021〕67号）①】	音乐集团的营业额均达到申报标准。2017年12月6日，腾某公司完成股权变更登记，在此之前未进行申报，构成违法实施的经营者集中。 调查表明，本案相关市场为中国境内网络音乐播放平台市场。涉案经营者集中后实体占有的独家曲库资源超过80%，有能力促使上游版权方与其达成更多独家版权协议，或要求给予其优于竞争对手的交易条件，也有能力通过支付高额预付金等版权付费模式提高市场进入壁垒，对相关市场具有或者可能具有排除、限制竞争效果。	费用支付方式，终止最惠国待遇条款，重塑相关市场竞争格局，对我国网络音乐产业持续健康发展必将产生深远影响，不仅彰显了中国反垄断执法机构坚决维护平台经济领域公平竞争的态度和决心，对中国反垄断执法发展也具有十分重要的标志性意义。②
"锐某科贸公司诉强某医疗器材公司纵向垄断协议纠纷案"【上海市高级人民法院（2012）沪高民三（知）终字第63号民事判决书】	2008年1月，强某医疗器材公司与锐某科贸公司签订《经销合同》及附件，约定锐某科贸公司不得以低于强某医疗器材公司规定的价格销售产品。2008年3月，锐某科贸公司在北京大学人民医院举行的强某医疗器材公司医用缝线销售招标中以最低报价中标。强某医疗器材公司2008年7月以锐某科贸公司私自降价为由取消锐某科贸公司在阜外医院、整形医院的经销权；8月15日后，不再接受锐某科贸公司医用缝线产品订单；9月完全停止了缝线产品、吻合器产品的供货；2009年，不再与锐某科贸公司续签经销合同。	该案二审判决对限制最低转售价格行为的法律评价原则、举证责任分配、分析评价因素等问题进行了探索和尝试，其分析方法与结论对推进我国反垄断案件审判和反垄断法实施具有重要意义。③

---

① 《市场监管总局发布腾讯控股有限公司收购中国音乐集团股权违法实施经营者集中案行政处罚决定书》，载国家市场监督管理总局网 https://www.samr.gov.cn/zt/qhfldzf/art/2021/art_61810ad454524ec2b9cb38c78f3d793c.html，最后访问日期：2023年9月13日。

② 孟雁北：《反垄断监管落下重锤　诟病已久的网络音乐独家版权休矣》，载中国经济网 http://www.ce.cn/cysc/newmain/yc/jsxw/202107/24/t20210724_36747123.shtml，最后访问日期：2023年8月10日。

③ 《最高法公布8起知识产权司法保护典型案例》，载人民网 http://ip.people.com.cn/n/2013/1022/c136655-23288941.html，最后访问日期：2023年8月10日。

续表

案件名称	基本案情	典型意义
	锐某科贸公司遂诉至法院，主张强某医疗器材公司在经销合同中约定的限制最低转售价格条款，构成纵向垄断协议。	
"海南裕某科技饲料有限公司诉海南省物价局行政处罚再审案"【最高人民法院（2018）最高法行申4675号行政裁定书】	2017年2月28日，海南省物价局作出行政处罚决定，认定海南裕某科技饲料有限公司与经销商签订的销售合同达成了垄断协议，责令当事人立即停止违法行为并决定处以20万元的罚款。 海南裕某科技饲料有限公司提起行政诉讼，海口市中级人民法院一审判决撤销了海南省物价局的处罚决定。 海南省物价局上诉，海南省高级人民法院认为一审判决适用法律错误，海南省物价局的上诉理由成立，判决撤销一审判决。在再审程序中，最高人民法院（2018）最高法行申4675号行政裁定驳回了海南裕某饲料公司的再审申请。[①]	该案是最高人民法院在转售价格维持违法判定规则这一重大争议问题上首次阐明立场，有效协调了行政执法机构与法院系统就该问题的长期分歧，有助于解决反垄断合规中的不确定性。[②]
"驾校联营横向垄断协议纠纷案"【最高人民法院（2021）最高法知民终1722号民事判决书】	浙江省台某市路某区的涉案15家驾培单位签订联营协议及自律公约，约定共同出资设立联营公司即浙某驾培公司，固定驾驶培训服务价格、限制驾驶培训机构间的教练车辆及教练员流动，涉案15家驾培单位原先分散的辅助性服务（如报名、体检、制卡等）均由浙某驾培公司统一在同一现场处理，浙某驾培公司收取服务费850元。其中，联营协议第3条具体约定联营公司设立的注册资本与股本结构。涉案15家驾培单位中的吉某驾培公司和承某驾培公司以该15家单位	该案强调当事人主张垄断协议豁免应当承担具体证明有关实际效果的举证责任，同时明确了认定涉横向垄断协议的民事行为无效的原则、考量因素与价值目标。本案裁判对于人民法院积极发挥反垄断司法职能作用，依法消除和

① 王先林主编：《经济法案例百选》，高等教育出版社2020年6月版，第25—28页。

② 王先林：《纵向垄断协议的构成要件》，载《中国社会科学报》2021年第2207期。

续表

案件名称	基本案情	典型意义
	构成垄断经营为由，向法院起诉，请求确认联营协议及自律公约无效。 一审法院判决确认涉案联营协议及自律公约中构成横向垄断协议的相关条款无效，但同时认为，浙某驾培公司统一处理涉案原先分散的辅助性服务，可提高服务质量、降低成本、增进效率，其收取850元服务费的行为符合垄断协议豁免条件。吉某驾培公司、承某驾培公司不服，提起上诉。 最高人民法院终审判决，撤销一审判决，确认涉案联营协议及自律公约全部无效。	降低垄断行为风险隐患，维护市场公平竞争，实现反垄断法预防和制止垄断行为的立法目的，具有示范意义。[①]
"福建三某工程公司与嘉某混凝土公司横向垄断协议纠纷案"【陕西省西安市中级人民法院（2020）陕01知民初509号民事判决书】	嘉某混凝土公司自2018年3月开始向福建三某工程公司供应混凝土。包含嘉某混凝土公司在内的陕西省延某市宝某区10家混凝土企业联合声明，自2018年7月1日开始，所有标号的混凝土每立方米在原价基础上上浮60元。2018年7月13日，嘉某混凝土公司与福建三某工程公司达成口头协议，约定将混凝土每立方米单价全面上涨45元。同月，原陕西省工商局接到嘉某混凝土公司等涉嫌垄断的举报，于2018年8月启动调查，但嘉某混凝土公司对混凝土供应单价并未作出调整，亦未向福建三某工程公司告知相关情况。自2019年4月开始，福建三某工程公司和嘉某混凝土公司通过签订补充协议，对同标号混凝土在先前价格基础上每立方米再次上涨25元。2019年8月，陕西省市场监督管理局对嘉某混凝土公司和其他9家混凝土企业达成并实施垄断协议作出处罚决定。2019	该案是横向垄断协议的受害人在反垄断行政执法机关认定被诉垄断行为违法并作出行政处罚后提起民事损害赔偿诉讼的案件。反垄断民事诉讼是垄断行为受害人获得损害赔偿的基本途径，也是反垄断法实施的重要方式。 本案基于经济学原理和一般市场交易规律，对不同交易形态特征下的损害赔偿请求数额认定和计算路径进行了有益探索。该案同时也生动展现

---

① 《人民法院反垄断典型案例》，载最高人民法院网 https://www.court.gov.cn/xinshidai-xiangqing-379701.html，最后访问日期：2023年8月10日。

续表

案件名称	基本案情	典型意义
	年9月底，嘉某混凝土公司对福建三某工程公司的混凝土供应结束，10月双方组织结算。在嘉某混凝土公司向福建三某工程公司主张欠付混凝土货款时，福建三某工程公司得知嘉某混凝土公司因实施垄断行为被行政机关处罚，遂向陕西省西安市中级人民法院起诉，要求嘉某混凝土公司赔偿相应损失。该院经审理认为，关于横向垄断协议损害赔偿，对难以脱离当地供应市场或对技术支持需求较高的商品，应以垄断协议所固定价格与此前在自由市场竞争中与交易相对人所约定产品价格的差值进行计算。	了反垄断行政执法与司法的有效衔接，对于形成反垄断法执法和司法合力、切实提升反垄断法实施效果具有典型意义。①
"盛某建设股份公司诉海南省市场监督管理局反垄断行政处罚案"【最高人民法院（2021）最高法知行终880号行政判决书】	盛某建设股份公司于2017年起在海南省消防协会消防维保检测行业分会组织下与其他企业达成并实施消防安全检测价格的垄断协议，该公司经营业务范围有20余项，其2018年度销售额为1亿元，其中开展消防安全检测业务的经营收入为93.9万元。海南省市场监督管理局经立案调查于2020年11月决定对盛某建设股份公司处以2018年销售额1亿元1%的罚款即100万元。盛某建设股份公司不服处罚决定，向法院提起行政诉讼。一审法院认为，海南省市场监督管理局以实施垄断协议所取得的销售收入和未实施垄断行为所取得的销售收入一并作为处罚基数来计算处罚金额错误，遂判决撤销该处罚决定。海南省市场监督管理局不服，提起上诉。	多年来反垄断行政执法实践和学理研究中对反垄断罚款基数上一年度"销售额"存在多种理解，该案二审判决从反垄断法预防和制止垄断行为的立法目的出发，对其含义作出了原则性阐释，并根据过罚相当原则明确了确定罚款数额时应考虑的主要因素。本案裁判对依法支持和监督反垄断行政执法、促进司法

---

① 《人民法院反垄断典型案例》，载最高人民法院网 https://www.court.gov.cn/xinshidai-xiangqing-379701.html，最后访问日期：2023年8月10日。

续表

案件名称	基本案情	典型意义
	最高人民法院二审认为，2008年《反垄断法》第46条第1款规定计罚基数时对上一年度"销售额"没有作进一步限定，结合立法目的和一般法律适用原则，将上一年度"销售额"原则上解释为全部销售额具有合理性；考虑盛某建设股份公司实施垄断协议的时间、性质、情节等因素，本案罚款数额符合过罚相当原则。最高人民法院终审判决，撤销一审判决，驳回盛某建设股份公司的诉讼请求。	标准与行政执法标准统一具有重要价值。[①]
"建某混凝土公司诉广东省市场监督管理局反垄断行政处罚案"【最高人民法院（2022）最高法知行终29号行政判决书】	2016年9—12月期间，包括建某混凝土公司在内的19家广东省茂某市及高某市预拌混凝土企业通过聚会、微信群等形式就统一上调混凝土销售价格交流协商，并各自同期不同幅度地上调了价格。2020年6月，广东省市场监督管理局对该19家企业的行为进行查处，且均以2016年度销售额为基数，对3家牵头企业处以2%的罚款，对其他16家企业处以1%的罚款。建某混凝土公司不服处罚决定，提起行政诉讼，请求撤销被诉处罚决定。一审法院判决驳回建某混凝土公司诉讼请求。建某混凝土公司不服，提起上诉。最高人民法院二审认为，涉案19家预拌混凝土企业之间进行了意思联络、信息交流，具有限制、排除相互间价格竞争的共谋，其被诉行为具有一致性，且不能对该行为的一致性作出合理解释。同时，被诉行为产生了	该案明确了一致性市场行为和信息交流两个因素可以证明存在"其他协同行为"，然后应由经营者对其行为一致性作出合理解释。该分层认定方式有助于厘清法律规范的具体适用，合理分配了诉讼当事人的举证责任。同时，本案对反垄断罚款基数的"上一年度销售额"中"上一年度"作出原则性阐释，既尊重了行政机关依法行使行政裁量权，保证行

---

① 《人民法院反垄断典型案例》，载最高人民法院网 https://www.court.gov.cn/xinshidai-xiangqing-379701.html，最后访问日期：2023年8月10日。

续表

案件名称	基本案情	典型意义
	反竞争效果。因此，涉案行为构成"其他协同行为"。关于被诉处罚决定的罚款计算，原则上"上一年度"应确定为与作出处罚时在时间上最接近、事实上最关联的违法行为存在年度。以2016年销售额作为计算罚款的基准，更接近违法行为发生时涉案企业的实际经营情况，与执法实践中通常以垄断行为停止时的上一个会计年度来计算经营者销售额的基本精神保持一致，也符合过罚相当原则。最高人民法院终审判决，驳回上诉，维持原判。	政执法效果，维护反垄断执法威慑力，也对行政机关作出行政处罚决定的裁量基准和方法依法作出了指引。①
"惠某市机动车检测行业协会诉广东省市场监督管理局反垄断行政处罚案"【广州知识产权法院（2020）粤73行初12号行政判决书】	2017年9月，惠某市机动车检测行业协会为抵制个别检测单位降价或变相降价，制订《工作方案》并通过会员《公约》，以行业自律之名要求全体会员不得降价或变相降价。为保证落实到位，还要求会员单位缴纳保证金。2018年前后，惠某市机动车检测行业协会多次倡导并讨论如何调整收费，制订统一调价方案并组织实施。自2018年6月4日起，协会31家会员单位同步执行新的收费标准，调整后的收费标准几乎完全相同。因集体同步统一涨价且涨价幅度较大，此事引发当地热议和媒体关注。广东省市场监督管理局开展反垄断调查后，认定惠某市机动车检测行业协会上述行为违反了《反垄断法》的相关规定，对其处以罚款40万元。	行业协会既有促进行业发展和市场竞争，维护消费者合法权益的功能，又有促成和便利相关企业实施垄断行为的可能性和风险。行业协会应当加强行业自律、引导行业依法竞争和合规经营。该案分析了被诉行业协会通过集体决策实施垄断行为的本质，对于规范行业协会加强自律、引导其防范垄断风险具有积极意义。②

① 《人民法院反垄断典型案例》，载最高人民法院网 https://www.court.gov.cn/xinshidai-xiangqing-379701.html，最后访问日期：2023年8月10日。

② 《人民法院反垄断典型案例》，载最高人民法院网 https://www.court.gov.cn/xinshidai-xiangqing-379701.html，最后访问日期：2023年8月10日。

案件名称	基本案情	典型意义
	惠某市机动车检测行业协会不服该行政处罚决定，向广州知识产权法院起诉，请求撤销涉案处罚决定。该院经审理认为，惠某市机动车检测行业协会利用行业特性所产生的区域影响力限制会员单位降价或变相降价，制定了划定各项收费项目收费下限的统一收费标准及实施时间的垄断协议，并组织会员单位实施的行为，属于排除、限制竞争的垄断行为。经对被诉行政行为进行全面审查后，驳回了惠某市机动车检测行业协会的全部诉讼请求。一审宣判后，双方均未上诉。	

第一章　相关市场界定

重 点 问 题

1. 什么是相关市场？
2. 为什么要界定相关市场？
3. 如何界定相关市场？
4. 互联网领域相关市场的界定需注意哪些问题？

关 键 术 语

相关市场；垄断协议；市场支配地位；经营者集中；排除、限制竞争

第一节　相关市场及其界定

《国务院反垄断委员会关于平台经济领域的反垄断指南》（国反垄发〔2021〕1号）指出，调查平台经济领域垄断协议、滥用市场支配地位案件和开展经营者集中反垄断审查，通常需要界定相关市场。那么，什么是相关市场？界定相关市场有什么作用呢？

一、何为相关市场

按照《反垄断法》给出的定义，相关市场是指经营者在一定时期内就

特定商品或者服务进行竞争的商品范围和地域范围。从经营者的角度来看，具有竞争关系的商品范围也即"相关商品市场"，具有竞争关系的地域范围也即"相关地域市场"。从需求者的角度来看，综合考虑商品的特征、用途及价格等因素，具有较为紧密替代关系的一组或一类商品或服务所构成的市场即为"相关商品市场"；需求者获取具有较为紧密替代关系的商品的地理区域即为"相关地域市场"。

二、为何要界定相关市场

《反垄断法》禁止三种类型的垄断行为：（1）经营者达成垄断协议；（2）经营者滥用市场支配地位；（3）具有或者可能具有排除、限制竞争效果的经营者集中。在认定这三类行为的过程中，界定相关市场均具有重要意义。《国务院反垄断委员会关于相关市场界定的指南》指出，科学合理地界定相关市场，对识别竞争者和潜在竞争者、判定经营者市场份额和市场集中度、认定经营者的市场地位、分析经营者的行为对市场竞争的影响、判断经营者行为是否违法以及在违法情况下需承担的法律责任等关键问题，具有重要作用。因此，相关市场的界定通常是对竞争行为进行分析的起点，也是反垄断执法工作的重要步骤。

（一）认定是否构成垄断协议，需要界定相关市场

《反垄断法》禁止经营者之间达成垄断协议，而"垄断协议"则是指排除、限制竞争的协议、决定或者其他协同行为。结合《最高人民法院关于审理因垄断行为引发的民事纠纷案件应用法律若干问题的规定》第7条的规定[①]

[①] 《最高人民法院关于审理因垄断行为引发的民事纠纷案件应用法律若干问题的规定》第7条规定，被诉垄断行为属于《反垄断法》（2007）第13条第1款第1项至第5项规定的垄断协议的，被告应对该协议不具有排除、限制竞争的效果承担举证责任。

来看，具有竞争关系的经营者之间达成的垄断协议（横向垄断协议）是以具有"排除、限制竞争的效果"为要件的。那么，经营者与交易相对人之间达成的垄断协议（纵向垄断协议）是否也以具有"排除、限制竞争的效果"为要件，法规上虽然没有明确表述，但在"锐某科贸公司诉强某医疗器材公司纵向垄断纠纷案"中上海市高级人民法院给出了肯定的回答。上海市高级人民法院认为，相比竞争者之间达成的横向垄断协议来说，纵向垄断协议的限制竞争效果相对较弱，既然横向垄断协议以排除、限制竞争效果为要件，举重以明轻，纵向垄断协议更应以排除、限制竞争效果为必要条件。

"排除、限制竞争的效果"通常体现在市场上商品或服务价格的上升或者质量的下降，考察是否具有排除、限制竞争的效果一般来说也需要在一定的市场范围内来进行，即需要界定相关市场。在"锐某科贸公司诉强某医疗器材公司纵向垄断纠纷案"中，上海市高级人民法院提出，可以从以下四个方面分析评价限制最低转售价格协议的经济效果：（1）相关市场竞争是否充分（相关市场），（2）被告市场地位是否强大（市场地位），（3）被告实施限制最低转售价格的动机（行为动机），（4）限制最低转售价格的竞争效果（竞争效果）。具体到该案，医用缝线市场竞争不充分，强某医疗器材公司具有很强的市场地位，其限制最低转售价格的动机在于回避价格竞争，涉案纵向协议的限制竞争效果很明显，而促进竞争效果不明显。基于此，上海市高级人民法院二审认定涉案限制最低转售价格协议构成垄断协议。[①]

在"海南裕某科技饲料有限公司诉海南省物价局行政处罚再审案"中，最高人民法院再次确认在反垄断执法过程中，对经营者之间的协议、决议或者其他协同行为，是否构成《反垄断法》所禁止的垄断协议，应当以该协议是否排除、限制竞争为标准。但同时最高人民法院也指出，"排除、限

---

① 上海市高级人民法院（2012）沪高民三（知）终字第63号民事判决书。

制竞争"不仅包括已经发生"排除、限制竞争"的效果，也包括具有"排除、限制竞争"的可能性。在反垄断民事损害赔偿诉讼中，给原告造成损失是垄断行为排除、限制竞争效果的直接体现，因此，法院需审查垄断协议是否具有排除、限制竞争效果，并在此基础上进而判定是否支持原告的诉讼请求。在行政执法过程中，除了"其他垄断协议"需要由国务院反垄断执法机构认定以外，固定向第三人转售商品的价格及限定向第三人转售商品的最低价格这两种协议，一般情况下本身就属于垄断协议，反垄断执法机构无须对该协议是否符合"排除、限制竞争"这一构成要件承担举证责任。当然，这种认定是可以由经营者通过提交证据进行抗辩予以推翻的。

综合上述法律规定以及执法、司法案例来看，不管是横向垄断协议还是纵向垄断协议，均以"排除、限制竞争"为构成要件，"排除、限制竞争"既包括已经实际发生排除、限制竞争的效果，还包括发生排除、限制竞争效果的可能性，而考察是否发生或者是否可能发生排除、限制竞争效果，通常需要界定相关市场。

（二）认定滥用市场支配地位，需要界定相关市场

《反垄断法》禁止经营者滥用市场支配地位，而"市场支配地位"是指经营者在相关市场内具有能够控制商品价格、数量或者其他交易条件，或者能够阻碍、影响其他经营者进入相关市场能力的市场地位。也就是说，要判断某一经营者是否具有市场支配地位首先要界定相关市场。此外，《反垄断法》总则还有"具有市场支配地位的经营者，不得滥用市场支配地位，排除、限制竞争"的规定。这表明滥用市场支配地位行为违法性的认定标准也在于是否具有或者可能具有"排除、限制竞争的效果"，这与垄断协议、具有或者可能具有排除、限制竞争效果的经营者集中的违法性认定标准是一致的。

在"奇某安全软件公司诉腾某公司滥用市场支配地位纠纷案"中，最高人民法院也指出："即使被诉经营者具有市场支配地位，判断其是否构成滥用市场支配地位，也需要综合评估该行为对消费者和竞争造成的消极效果和可能具有的积极效果，进而对该行为的合法性与否作出判断。"[①]具体到该案排除、限制竞争效果的评估，最高人民法院则分别考察了可能受到涉案行为影响的"即时通信服务市场"和"安全软件市场"。这也说明一个反垄断案件当中可能出现多个受影响的市场，市场支配地位所在的市场与排除、限制竞争效果发生的市场也未必总是相同的。

综上，正如最高人民法院在"奇某安全软件公司诉腾某公司滥用市场支配地位纠纷案"中指出的，在滥用市场支配地位的案件中，合理地界定相关市场，对于正确认定经营者的市场地位、分析经营者的行为对市场竞争的影响、判断经营者行为是否违法，以及在违法情况下需承担的法律责任等关键问题，具有重要意义。

（三）认定经营者集中是否具有排除、限制竞争效果，需要界定相关市场

经营者集中是指：（1）经营者合并；（2）经营者通过取得股权或者资产的方式取得对其他经营者的控制权；（3）经营者通过合同等方式取得对其他经营者的控制权或者能够对其他经营者施加决定性影响。《反垄断法》仅禁止具有或者可能具有排除、限制竞争效果的经营者集中。如同上文认定垄断协议和滥用市场支配地位中提到的，评估排除、限制竞争效果一般来说需要先行界定相关市场。《经营者集中审查规定》（2023年3月10日国家市场监督管理总局令第67号公布）也明确指出，审查经营者集中，应当考虑参与集中的经营者在相关市场的市场份额及其对市场的控制力，相关市场的市场集中度等因素。若集中涉及上下游市场或者关联市场的，还需考

---

① 最高人民法院（2013）民三终字第4号民事判决书。

察相关经营者利用在一个或者多个市场的控制力，排除、限制竞争的能力、动机及可能性。

在"腾某公司通过虎某公司收购斗某公司案"中，经审查，虎某公司和斗某公司在游戏直播、娱乐直播、电商直播和短视频市场存在横向重叠，腾某公司在游戏直播的上游从事网络游戏运营服务。该案所涉相关业务均需取得我国监管机构的准入许可，且主要面向国内用户，使用中文制作。因此，上述商品的相关地域市场均被界定为中国境内。市场监管总局从参与集中的经营者在相关市场的市场份额及其对市场的控制力、相关市场的市场集中度、集中对下游用户企业和其他有关经营者的影响等方面，深入分析了此项经营者集中对市场竞争的影响，认为此项集中对中国境内游戏直播市场和网络游戏运营服务市场具有或者可能具有排除、限制竞争效果。

三、是否在所有反垄断案件中都必须明确界定相关市场

在"奇某安全软件公司诉腾某公司滥用市场支配地位纠纷案"中，最高人民法院指出："在反垄断案件的审理中，界定相关市场通常是重要的分析步骤。但是，能否明确界定相关市场取决于案件具体情况。在滥用市场支配地位的案件中，界定相关市场是评估经营者的市场力量及被诉垄断行为对竞争影响的工具，其本身并非目的。如果通过排除或者妨碍竞争的直接证据，能够对经营者的市场地位及被诉垄断行为的市场影响进行评估，则不需要在每一个滥用市场支配地位的案件中，都明确而清楚地界定相关市场。"[1]

也就是说，在反垄断案件中，通常要界定相关市场，但也可能存在例外。如果存在能够证明排除或者妨碍竞争的直接证据（并非证明个别竞争者的利益是否受损，而是证明市场是否受到了损害，如出现价格上涨或产量

---

[1]　最高人民法院（2013）民三终字第4号民事判决书。

下降），则不再需要通过界定相关市场、计算市场份额等间接方法来证明涉案行为给竞争所带来的影响。[①]但目前尚未检索到我国反垄断执法机构或者司法机关因"直接证据"而省略界定相关市场的案例，可以说，即使是审查或者审理互联网领域的反垄断案件，界定相关市场仍是常态。《国务院反垄断委员会关于平台经济领域的反垄断指南》也明确指出"调查平台经济领域垄断协议、滥用市场支配地位案件和开展经营者集中反垄断审查，通常需要界定相关市场"。

实际上，包括反垄断行政执法机构和法院在内的实务部门一直在努力探索立足于个案、灵活运用相关市场界定的执法方式。2020年11月10日，市场监管总局发布的《关于平台经济领域的反垄断指南（征求意见稿）》，提出对部分垄断协议可以不明确界定相关市场，在滥用市场支配地位案件当中，根据个案情况，甚至可以不界定相关市场。虽然相关内容最终没有体现在《国务院反垄断委员会关于平台经济领域的反垄断指南》中，但是该部分内容仍然值得关注。

参考资料[②]
《关于平台经济领域的反垄断指南（征求意见稿）》
（2020年11月10日）

（三）相关市场界定在各类垄断案件中的作用

坚持个案分析原则，不同类型垄断案件对于相关市场界定的实际需求不同。

对于平台经济领域经营者之间达成的固定价格、分割市场等横向垄断协议，以及固定转售价格、限定最低转售价格的纵向垄断协议，反垄断执法机构在违法性认定上可不明确界定相关市场。

---

① ［美］克里斯托弗·L.萨格尔斯（Christopher L.Sagers）：《反托拉斯法：案例与解析（威科法律译丛）》，谭袁译，商务印书馆2021年版，第77页。

② 《市场监管总局关于〈关于平台经济领域的反垄断指南（征求意见稿）〉公开征求意见的公告》，载国家市场监督管理总局网https://www.samr.gov.cn/fldes/tzgg/zqyjgg/art/2023/art_80cfa47c2b9d411c80c036244f3d0d70.html，最后访问日期：2023年9月13日。

> 对于平台经济领域滥用市场支配地位案件，相关市场界定通常是认定经营者滥用市场支配地位行为的第一步。
>
> 开展平台经济领域经营者集中反垄断审查，通常需要界定相关市场。
>
> 在特定个案中，如果直接事实证据充足，只有依赖市场支配地位才能实施的行为持续了相当长时间且损害效果明显，准确界定相关市场条件不足或非常困难，可以不界定相关市场，直接认定平台经济领域经营者实施了垄断行为。

2022年11月18日，最高人民法院发布《最高人民法院关于审理垄断民事纠纷案件适用法律若干问题的规定（公开征求意见稿）》[①]，其中第16条第3款规定："原告提供证据足以直接证明被诉垄断协议的经营者具有显著的市场力量，被诉滥用市场支配地位的经营者具有市场支配地位，或者被诉垄断行为具有排除、限制竞争效果的，原告可以不再对相关市场的界定承担证明责任。"这表明了最高人民法院对相关市场的定位，也是继市场监管总局《关于平台经济领域的反垄断指南（征求意见稿）》之后，对突破相关市场界定禁锢的又一次努力。界定相关市场是工具，而不是目的，有其他证据可以直接证明市场支配地位或者排除、限制竞争效果的话，界定相关市场就不是必需的。但是，怎样的证据才能构成"直接事实证据"还有待司法与执法实践加以解答。

第二节　互联网领域相关市场的界定

界定相关市场的方法不是唯一的，在反垄断执法实践中，根据实际情况，可能使用不同的方法。有关互联网领域的相关市场界定，《国务院反垄

---

① 《关于反垄断民事诉讼司法解释稿向社会公开征求意见的公告》，载最高人民法院网 https://www.court.gov.cn/xinshidai-xiangqing-380101.html，最后访问日期：2023年9月13日。

断委员会关于平台经济领域的反垄断指南》指出，平台经济业务类型复杂、竞争动态多变，界定平台经济领域相关商品市场和相关地域市场需要遵循《反垄断法》和《国务院反垄断委员会关于相关市场界定的指南》所确定的一般原则，同时考虑平台经济的特点，结合个案进行具体分析。

一、替代性分析和"假定垄断者测试"

根据《国务院反垄断委员会关于相关市场界定的指南》，相关市场范围的大小主要取决于商品（地域）的可替代程度。在市场竞争中对经营者行为构成直接和有效竞争约束的，是市场里存在需求者认为具有较强替代关系的商品或能够提供这些商品的地域。因此，界定相关市场主要从需求者角度进行需求替代分析。当供给替代对经营者行为产生的竞争约束类似于需求替代时，也应考虑供给替代。

需求替代是根据需求者对商品功能用途的需求、质量的认可、价格的接受以及获取的难易程度等因素，从需求者的角度确定不同商品之间的替代程度。原则上，从需求者角度来看，商品之间的替代程度越高，竞争关系就越强，就越可能属于同一相关市场。《国务院反垄断委员会关于平台经济领域的反垄断指南》指明了一些平台经济领域进行需求替代分析时需考虑的固有因素。例如，在个案中界定相关商品市场时，可以基于平台功能、商业模式、应用场景、用户群体、多边市场、线下交易等因素进行需求替代分析。

供给替代是根据其他经营者改造生产设施的投入、承担的风险、进入目标市场的时间等因素，从经营者的角度确定不同商品之间的替代程度。原则上，其他经营者生产设施改造的投入越少，承担的额外风险越小，提供紧密替代商品越迅速，则供给替代程度就越高，界定相关市场尤其是在识别相关市场参与者时就应考虑供给替代。具体到互联网或者平台经济领域，可以基于市场进入、技术壁垒、网络效应、锁定效应、转移成本、跨界竞争等因素考虑供给替代分析。

　　"在实践中，界定相关市场既可以采取定性分析的方法，又可以采取定量分析的方法。定性分析通常是相关市场界定的起点。在定性分析足以得出明确的结论时，不必要进行复杂的定量分析。"①在经营者竞争的市场范围不够清晰或不易确定时，《国务院反垄断委员会关于相关市场界定的指南》指出，可以按照"假定垄断者测试"的分析思路来界定相关市场。

　　依据"假定垄断者测试"的分析思路，可以借助经济学工具分析所获取的相关数据，确定假定垄断者可以将价格维持在高于竞争价格水平的最小商品集合和地域范围，从而界定相关市场。在"食某士英文外卖平台'二选一'行政处罚案"中，上海市市场监督管理局在需求替代和供给替代的分析基础上，根据《国务院反垄断委员会关于相关市场界定的指南》关于假定垄断者测试基本思路，搜集 2015 年 1 月至 2019 年 6 月上海市提供英文服务的在线餐饮外送平台经营者以及提供中文服务的在线餐饮外送平台经营者的真实交易数据，运用临界损失分析法②对市场交易数据进行了分析。在该案中基于替代分析的定性分析和按照假定垄断者测试要求进行的定量分析均表明，提供英文服务的在线餐饮外送平台服务市场构成一个独立的相关商品市场。

　　那么，"假定垄断者测试"方法能否适用于免费商品或服务领域呢？对此，在"奇某安全软件公司诉腾某公司滥用市场支配地位纠纷案"中，最高人民法院作出了如下阐释③：

----

　　①　最高人民法院（2013）民三终字第 4 号民事判决书。
　　②　临界损失分析法的基本思路是以目标商品为待测试商品集合，假定垄断者控制着市场上所有目标商品，且在一段时期内小幅提高目标商品价格（一般为 5%—10%），通过比较目标商品涨价时的临界损失率和实际损失率来判断假定垄断者的涨价行为是否有利可图。如果实际损失率超过临界损失率，则表明假定垄断者的涨价行为无利可图，目标商品无法单独构成相关市场。相反，如果实际损失率小于临界损失率，则表明该涨价有利可图，目标商品可以构成相关市场。
　　③　最高人民法院（2013）民三终字第 4 号民事判决书。

第一，作为界定相关市场的一种分析思路，假定垄断者测试（HMT）具有普遍的适用性。假定垄断者测试的基本思路是，在假设其他条件不变的前提下，通过目标商品或者服务某个变量的变化来测试目标商品与其他商品之间的可替代程度。实践中，假定垄断者测试的分析方法有多种，既可以通过数量不大但有意义且并非短暂的价格上涨（Small but Significant Non-transitory Increase in Price，SSNIP）的方法进行，又可以通过数量不大但有意义且并非短暂的质量下降（Small but Significant Non-transitory Decrease in Quality，SSNDQ）的方法进行。同时，作为一种分析思路或者思考方法，假定垄断者测试在实际运用时既可以通过定性分析的方法进行，又可以在条件允许的情况下通过定量分析的方法进行。

第二，在实践中，选择何种方法进行假定垄断者测试取决于案件所涉市场竞争领域以及可获得的相关数据的具体情况。如果特定市场领域的商品同质化特征比较明显，价格竞争是较为重要的竞争形式，则采用数量不大但有意义且并非短暂的价格上涨（SSNIP）的方法较为可行。但是如果在产品差异化非常明显且质量、服务、创新、消费者体验等非价格竞争成为重要竞争形式的领域，采用数量不大但有意义且并非短暂的价格上涨（SSNIP）的方法则存在较大困难。特别是，当特定领域商品的市场均衡价格为零时，运用SSNIP方法尤为困难。在运用SSNIP方法时，通常需要确定适当的基准价格，进行5%—10%幅度的价格上涨，然后确定需求者的反应。在基准价格为零的情况下，如果进行5%—10%幅度的价格增长，增长后其价格仍为零；如果将价格从零提升到一个较小的正价格，则相当于价格增长幅度的无限增大，意味着商品特性或者经营模式发生较大变化，因而难以进行SSNIP测试。

第三，关于假定垄断者测试在本案中的可适用性问题。本案中，被诉垄断行为是腾某公司滥用在网络即时通信服务市场上的支配地位，损害奇某安全软件公司的利益；涉及的商品是腾某公司的即时通信软件，被上诉人腾某公司通过该软件、基于互联网提供免费网络即时通信服务。在被诉垄断行为发生之时，利用免费的基础服务吸引和凝聚大量用户，利用巨大的用户资源经营增值业务和广告以实现盈利，然后以增值业务和广告的盈利支撑免费服务的生存和发展，已经成为互联网服务提供商通行的商业模式。因此，互联网服务提供商在互联网领域的竞争中更加注重质量、服务、创新等方面的竞争而不是价格竞争。在这一商业模式下，如果互联网服务提供者针对广大用户提高基础服务价格即价格从免费提高到较小幅度收费，则可能引起大量用户的流失，进而影响其增值服务和广告服务的收入。同时，将价格由免费转变为收费也意味着商品特性和经营模式的重大变化，即由免费商品转变为收费商品，由间接盈利模式转变为直接盈利模式。在这种情况下，如果采取基于相对价格上涨的假定垄断者测试，很可能将不具有替代关系的商品纳入相关市场中，导致相关市场界定过宽。因此，基于相对价格上涨的假定垄断者测试并不完全适宜在本案中适用。尽管基于相对价格上涨的假定垄断者测试难以在本案中完全适用，但仍可以采取该方法的变通形式，例如基于质量下降的假定垄断者测试。由于质量下降程度较难评估以及相关数据难以获得，因此可以采用质量下降的假定垄断者测试进行定性分析而不是定量分析。

二、如何界定互联网平台领域的相关市场

在互联网平台领域，平台经营者通常会同时经营多种商品或服务，应当以哪种商品或者服务为起点来进行替代性分析呢？《国务院反垄断委员会

关于平台经济领域的反垄断指南》提到："可以根据平台一边的商品界定相关商品市场；也可以根据平台所涉及的多边商品，分别界定多个相关商品市场，并考虑各相关商品市场之间的相互关系和影响。当该平台存在的跨平台网络效应能够给平台经营者施加足够的竞争约束时，可以根据该平台整体界定相关商品市场。"具体在何种情况下需要区分平台各边上的不同商品来界定相关商品市场，在何种情况下应将平台作为整体来界定相关市场，《国务院反垄断委员会关于平台经济领域的反垄断指南》并没有作出明确说明。

结合案例来看，司法机关和行政执法机构对交易型平台和非交易型平台采取了不同的相关市场界定方法。对于交易型平台（平台参与各边用户之间的交易）是将平台作为整体来界定相关商品市场，例如外卖服务平台。对于非交易型平台（平台不参与各边用户之间的交易）则区分各边上的商品或服务来界定一个或多个相关市场，例如即时通信服务平台。

（一）对交易型平台的相关市场界定

在"阿某公司电商平台'二选一'行政处罚案"中，市场监管总局明确表示："网络零售平台服务是指网络零售平台经营者为平台内经营者和消费者进行商品交易提供的网络经营场所、交易撮合、信息发布等服务，具体包括商品信息展示、营销推广、搜索、订单处理、物流服务、支付结算、商品评价、售后支持等。网络零售平台服务市场属于双边市场，服务平台内经营者和消费者两个群体，其显著特征是具有跨边网络效应，使双边用户对网络零售平台服务的需求具有紧密关联。因此，界定本案相关市场，需要考虑平台双边用户之间的关联影响。从经营者和消费者两个角度分别进行需求替代分析和供给替代分析，界定本案相关商品市场为网络零售平台服务市场。"[①]

---

① 国家市场监督管理总局行政处罚决定书（国市监处〔2021〕28号）。

在"某团外卖平台'二选一'行政处罚案"中，市场监管总局再次明确表示："网络餐饮外卖平台服务，是指网络餐饮外卖平台经营者为餐饮经营者和消费者进行餐饮外卖交易提供的网络经营场所、信息发布，以及基于位置技术的信息匹配、交易撮合等互联网信息服务，具体包括商品信息展示、营销推广、搜索、订单处理、配送安排和调度、支付结算、商品评价、售后支持等。网络餐饮外卖平台服务属于多边市场，主要服务餐饮经营者和消费者两个群体，其显著特征是具有跨边网络效应，使各边用户对网络餐饮外卖平台服务的需求紧密关联。因此，界定本案相关市场，需要综合考虑平台各边用户之间的关联影响，并主要从餐饮经营者和消费者的角度综合进行需求替代分析，同时进行供给替代分析。"[1]

在"食某士英文外卖平台'二选一'行政处罚案"中，上海市市场监督管理局也是从外卖点餐用户的需求和餐厅商户的需求两个角度分别进行了替代性分析（图表1.1）。最终上海市市场监督管理局结合有关行业经营模式、竞争特点，从当事人提供服务的性质、功能、价格等方面进行需求替代分析，辅以供给替代分析，并围绕该市场的需求特性与收费模式开展了假定垄断者测试，将该案相关地域市场界定为中国上海市，相关商品市场界定为提供英文服务的在线餐饮外送平台服务市场。[2]

图表1.1　食某士英文外卖平台的服务构造

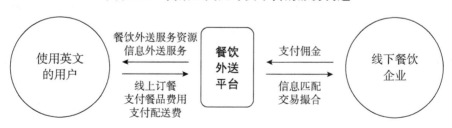

---

① 国家市场监督管理总局行政处罚决定书（国市监处罚〔2021〕74号）。

② 上海市市场监督管理局行政处罚决定书（沪市监反垄处〔2020〕06201901001号）。

综合来看，上述三个平台"二选一"案件当中，平台所连接的双边上用户（消费者和平台内经营者）的需求虽然不同，一边是要"购买"，另一边是要"销售"，但是满足各边上需求的商品/服务范围是基本一致的。以食某士英文外卖平台为例，位于上海市的英文消费者用户为满足其订外卖的需求，找的是在上海市内能够提供英文服务的在线餐饮外送平台，经营外卖业务的西餐厅为了满足其销售外卖的需求，找的也是在上海市内能提供英文服务的在线餐饮外送平台，消费者用户与西餐厅的需求虽然不同，但是两方需求大致指向同一平台群。

在"中某网滥用市场支配地位行政处罚案"中，市场监管总局将该案相关商品市场界定为中文学术文献网络数据库服务市场。所谓"中文学术文献网络数据库服务"，是指数据库服务经营者通过选择、汇集、编排等方式，将中文学术期刊、学位论文、会议论文等学术文献形成以数据库为载体的数字化、动态更新的产品，为中文学术期刊出版单位、高校、作者等用户提供网络出版、学术传播、文献统计等服务，并为高校、科研院所、公共图书馆及个人等用户提供数据集成、文献分类导航、知识检索、统计分析、关联排序以及在线阅读、全文下载等服务。中文学术文献网络数据库服务借助数字技术对学术文献进行系统性的数字化处理，实现检索查询精准化、阅读下载便捷化，成为知识汇聚、传播、分享的重要渠道和平台。中文学术文献网络数据库服务市场属于多边市场，主要服务中文学术期刊出版单位、高校、科研院所、公共图书馆、个人用户等拥有学术资源和使用数据库服务的两类群体，其显著特征是具有跨边网络效应，各边用户对中文学术文献网络数据库服务的需求紧密关联。因此，市场监管总局认为，界定本案相关市场需综合考虑各边用户之间的关联影响，并主要从用户的角度进行需求替代分析，同时进行供给替代分析。①

① 国家市场监督管理总局行政处罚决定书（国市监处罚〔2022〕87号）。

（二）对非交易型平台的相关市场界定

在"奇某安全软件公司诉腾某公司滥用市场支配地位纠纷案"中，最高人民法院指出，"互联网应用平台的关键核心产品或者服务在属性、特征、功能、用途等方面上存在较大的不同。虽然广告主可能不关心这些产品或者服务的差异，只关心广告的价格和效果，因而可能将不同的互联网应用平台视为彼此可以替代，但是对于免费端的广大用户而言，其很难将不同平台提供的功能和用途完全不同的产品或者服务视为可以有效地相互替代。"① 由此可知，即时通信平台免费端用户的需求所指向的商品和服务范围，与广告主的需求所指向的商品和服务的范围是不一致的，此时不宜不顾各方的需求差异，将平台作为一个整体来界定相关商品市场。

图表 1.2　某非交易型平台服务构造

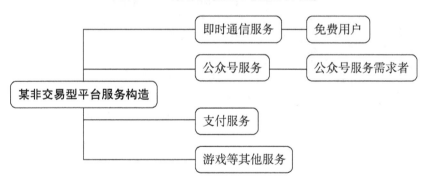

那么，如图表1.2所示，在某非交易型平台能够同时提供多种服务的情况下，应当以谁为需求者去进行替代性分析呢？在"奇某安全软件公司诉腾某公司滥用市场支配地位纠纷案"中，最高人民法院采取了以涉案行为为导向的分析方式。即由于该案的涉案行为是（1）"二选一"（要求用户

---

① 最高人民法院（2013）民三终字第4号民事判决书。

在使用腾某公司的即时通信软件和奇某公司的安全软件之间作出选择），
（2）将即时通信软件和安全软件进行捆绑搭售，那么本案中应该关注的是
腾某公司是否利用了其在即时通信领域中可能存在的市场支配力量排除、
限制互联网安全软件领域的竞争，将其在即时通信领域中可能存在的市场
支配力量延伸到安全软件领域，这一竞争过程更多地发生在免费的用户端。
因此，在该案中，最高人民法院从免费用户的视角进行了需求替代性分析。
"奇某安全软件公司诉腾某公司滥用市场支配地位纠纷案"相关商品市场界
定思路如图表1.3所示。

图表1.3 相关商品市场界定思路

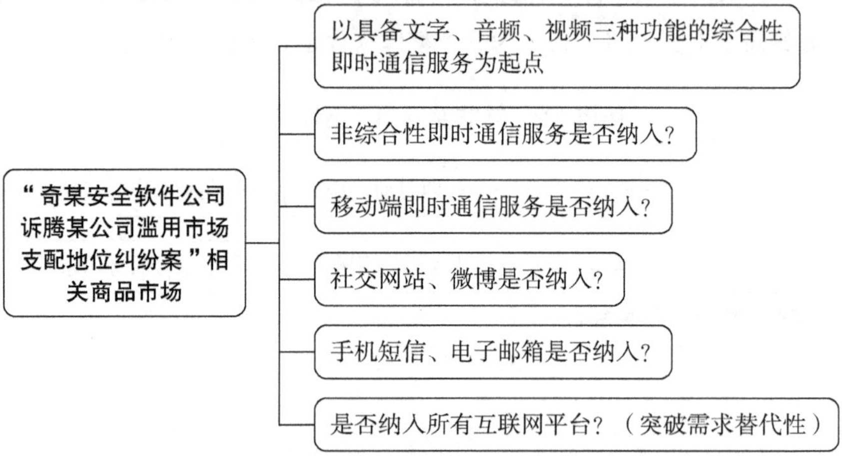

深圳市中级人民法院在"深圳微某码软件开发公司诉腾某公司滥用市
场支配地位封禁公众号纠纷案"中，遵循最高人民法院的替代性分析思路，
进一步提炼出以涉案争议行为为导向的需求替代分析方法。即"相关市场
界定要围绕被诉行为的竞争损害展开。在滥用市场支配地位案件中，要考
察涉案争议行为是否在相关市场上产生了竞争损害，首先应当明晰涉案行
为到底可能在哪些商品或服务所构成的市场范围内产生了竞争损害。因此，
应当以涉案争议行为所指向的商品或服务为出发点，进而围绕该商品或服

务进行需求替代分析。这一点在涉及互联网行业的反垄断诉讼案件中更为重要。由于互联网企业所提供的服务呈现出动态化和平台化的特点，往往在基础服务上整合了多种不同类型的增值服务，具有多样性和复杂性，相互之间的边界较传统行业更为模糊。因此，更应该准确明晰不同服务之间的关系，锚定被诉争议行为所指向的具体服务，否则会造成相关市场界定过于宽泛或过于狭窄，偏离双方争议的实际情况，进而影响后续对行为竞争分析结果的准确性"。[①]

　　具体到"深圳微某码软件开发公司诉腾某公司滥用市场支配地位封禁公众号纠纷案"，原被告双方的争议源于被告对原告运营的26个公众号实施了封号措施，深圳市中级人民法院生效判决认为，双方争议行为直接指向的商品是公众号服务而不是即时通信服务。"公众号服务"与"即时通信服务"，在产品的特征、用途方面有着重要区别。原告因被告对于涉案违规公众号进行封号而诉称被告对其实施了滥用市场支配地位的垄断侵权行为，那么就需要以原告对本案涉及产品"公众号"的主要需求为出发点，来分析还有哪些商品或服务能够满足其需求。原告在本案中的主要需求是宣传推广其产品服务，故本案的相关商品应该指向的是运营方通过互联网平台注册账号主动投放或通过普通用户关注或搜索方式获得产品服务推广方进行的宣传推广服务。经过从功能、特征角度进行替代性分析，深圳市中级人民法院认定，该案相关商品市场应为互联网平台在线推广宣传服务市场，能够满足原告产品宣传、推广主要需求的渠道，如自办网站、微博、视频平台如优酷、搜索引擎服务平台、社交网站如Q×空间等应纳入本案相关商品市场。

　　在"华某公司诉网某公司滥用市场支配地位纠纷案"[②]中，也体现出了根据涉案争议行为来界定相关市场的分析思路。原告主张相关商品市场为

---

　　① 广东省深圳市中级人民法院（2017）粤03民初250号民事判决书。
　　② 广东省高级人民法院（2018）粤民终552号民事判决书。

梦××××网络游戏服务市场，被告则主张相关商品市场为网络游戏服务市场。广东省高级人民法院认为，根据产业链分工不同，网络游戏产业在纵向上可以划分为三类市场，包括位于产业链上游的网络游戏开发市场、位于中游的网络游戏分发市场和位于下游的网络游戏服务市场。以上三个市场的商业内容和商业对象不同，服务的商业需求也不同，彼此相对独立、并无较强替代关系。但是该案针对的是网络游戏分发给游戏玩家之后的服务、许可行为，涉及的仅为网络游戏的服务市场，且原告和被告争议的是除了梦××××之外的其他网络游戏服务市场应否纳入本案相关商品市场范围，因此该案相关市场的界定也是以涉案行为为导向，聚焦网络游戏服务的替代性分析展开的。

三、互联网领域的相关地域市场界定有何特殊之处

《国务院反垄断委员会关于平台经济领域的反垄断指南》指出，平台经济领域相关地域市场界定同样采用需求替代和供给替代分析。在个案中界定相关地域市场时，可以综合评估考虑多数用户选择商品的实际区域、用户的语言偏好和消费习惯、相关法律法规的规定、不同区域竞争约束程度、线上线下融合等因素。根据平台特点，相关地域市场通常界定为中国市场或者特定区域市场，根据个案情况也可以界定为全球市场。

就相关地域市场在何种情况下应界定为中国市场，在何种情况下应界定为全球市场，早在"奇某安全软件公司诉腾某公司滥用市场支配地位纠纷案"中就出现过争议。一审法院以境外经营者可向中国大陆地区用户提供即时通信服务、腾某公司也向世界各地用户提供服务、有一定数量的境外用户在使用腾某公司提供的即时通信服务等作为主要论据，认定该案相关地域市场应为全球市场。最高人民法院则持不同意见：境外经营者可向中国大陆地区用户提供即时通信服务并不等于其能够及时进入并对境内经

营者形成有力的竞争约束；相关地域市场界定关注的是境外经营者能否及时进入并对境内经营者形成有力的竞争约束，境内经营者是否向境外用户提供服务以及境外用户是否使用境内经营者提供的服务与此并无直接关联性。况且，本案证据表明，境外用户使用腾某公司的即时通信服务的数量较小且多为与国内亲友保持联系。

关于"奇某安全软件公司诉腾某公司滥用市场支配地位纠纷案"相关地域市场界定的具体方法，最高人民法院在阐明相关地域市场界定的一般方法的基础上，进行了理论落实到实际的具体论证：

关于相关地域市场界定的一般方法，最高人民法院指出，相关地域市场的界定，同样遵循相关市场界定的一般方法。通常认为，在假定垄断者测试的框架下，相关地域市场界定需要考虑的主要因素是：在价格、质量等竞争因素发生变化的情况下，其他地区经营者对目标区域的假定垄断者是否会构成有效的竞争约束。从需求替代的角度，主要考虑需求者因商品价格或者其他竞争因素的变化而转向或考虑转向其他地域购买商品的证据、商品的运输成本和运输特征、多数需求者选择商品的实际区域和主要经营者商品的销售分布、地域间的贸易壁垒、特定区域需求者偏好等因素。从供给替代的角度，则主要考虑其他地域的经营者对商品价格等竞争因素的变化作出反应的证据、其他地域的经营者供应或销售相关商品的即时性和可行性等因素。

具体到"奇某安全软件公司诉腾某公司滥用市场支配地位纠纷案"的相关地域市场界定，最高人民法院从中国大陆地区的即时通信服务市场这一目标地域开始，对相关地域市场进行了考察。鉴于互联网的即时通信服务可以低成本、低代价到达或者覆盖全球，并无额外的、值得关注的运输成本、价格成本或者技术障碍，最高人民法院主要考虑了多数需求者选择商品的实际区域、法律法规的规定、境外竞争者的现状及其进入的及时性。

首先，中国大陆地区境内绝大多数用户均选择使用中国大陆地区范围内的经营者提供的即时通信服务。其次，我国有关互联网的行政法规规章等对经营即时通信服务规定了明确的要求和条件。再次，在该案被诉垄断行为发生前，多数主要国际即时通信经营者例如MSN[①]、雅虎、Skype[②]、谷歌等均已经通过合资的方式进入中国大陆地区市场。如果我国大陆境内的即时通信服务质量小幅下降，已没有多少境外即时通信服务经营者可供境内用户选择。最后，境外即时通信服务经营者在较短的时间内（例如一年）及时进入中国大陆地区并发展到足以制约境内经营者的规模存在较大困难。境外即时通信服务经营者首先需要通过合资方式建立企业、满足一系列许可条件并取得相应的行政许可，这在相当程度上延缓了境外经营者的进入时间。综上，最高人民法院认为，该案相关地域市场应为中国大陆地区市场。

在后续的"深圳微某码软件开发公司诉腾某公司滥用市场支配地位封禁公众号纠纷案"中，广东省深圳市中级人民法院再次明确指出，尽管互联网具有开放性和互通性的特点，并且目前多数互联网平台所提供的服务均为免费服务，但是该案中原告获取在线推广宣传服务的范围仍主要限于中国大陆，而前述经营者实际提供在线推广宣传服务的主要范围也为中国大陆。因此，该案的相关地域市场被界定为中国大陆市场。

在"华某公司诉网某公司滥用市场支配地位纠纷案"中，广东省高级人民法院考虑到涉案游戏在中国大陆地区运营，并且根据相关法律规定，进入中国大陆游戏市场的网络游戏都需要经过前置审批，未经前置审批的境外网络游戏，难以获得互联网接入服务，难以被中国大陆的游戏玩家接触到，也难以合法存续于市场。行政审批程序构成强有力的地域间壁垒，玩家因价格或其他竞争因素变化转向或考虑转向下载境外网络游戏的可能性微乎其微，未经审批的境外网络游戏难以对境内审批上市的游戏形成竞争约束，故该案相关地域市场被界定为中国大陆市场。

---

① 美国微软公司旗下的在线服务和网络服务提供商。——作者注
② 卢森堡讯佳普公司开发的一款即时通讯软件。——作者注

在"阿某公司电商平台'二选一'行政处罚案"中，市场监管总局也是将相关地域市场界定为中国境内。其根据有以下四点[①]：

一是从经营者需求替代分析，中国境内市场与境外市场不具有紧密替代关系。中国境内平台内经营者主要通过境内网络零售平台，将商品销售给中国境内消费者。如果经营者有意通过网络零售平台向中国境内消费者销售商品，一般不会选择境外网络零售平台，而是考虑在中国境内运营的网络零售平台。

二是从消费者需求替代分析，中国境内市场与境外市场不具有紧密替代关系。中国境内消费者通过境外网络零售平台购买商品不仅面临服务语言、支付结算、售后保障等方面的障碍，还要支付一定的进口关税，且商品配送时间相对较长。因此，中国境内消费者通常通过境内网络零售平台购买商品，一般不会将境外网络零售平台作为其购买商品的替代选择。

三是从供给替代分析，中国境内市场与境外市场不具有紧密替代关系。网络零售平台服务属于互联网增值电信业务，境外网络零售平台在中国境内开展业务需要按照相关法律法规要求申请业务许可，同时需要搭建开展业务所需的物流体系、支付系统、数据系统等设施，难以及时、有效地进入中国境内市场，对现有的中国境内网络零售平台形成竞争约束。

四是为中国境内不同地域提供的网络零售平台服务属于同一相关地域市场。中国境内网络零售平台借助互联网可以为全国范围的经营者和消费者提供服务，且境内各地对网络零售平台服务的监管政策不存在较大差异。

---

① 国家市场监督管理总局行政处罚决定书（国市监处〔2021〕28号）。

四、平台间的跨界竞争是否突破了替代性分析

互联网竞争一定程度地呈现出平台竞争的特征，互联网平台经营者通过特定的切入点进入互联网领域，在不同类型和需求的消费者之间发挥中介作用，以此创造价值。那么，互联网平台经济领域的相关市场界定是否应当突破商品和服务的可替代性，例如以争夺用户注意力和广告主为基准来识别竞争者，认定提供不同（从用户角度不具有替代性的）商品或服务的平台之间构成一个相关市场？

在"奇某安全软件公司诉腾某公司滥用市场支配地位纠纷案"中，上诉人（奇某安全软件公司）认为，互联网应用平台与本案的相关市场界定无关；被上诉人（腾某公司）则认为，互联网竞争实际上是平台的竞争，本案的相关市场范围远远超出了即时通信服务市场。

最高人民法院针对相关市场界定时应如何考虑平台竞争的特点及处理方式，则作出了如下阐释：判断"奇某安全软件公司诉腾某公司滥用市场支配地位纠纷案"相关商品市场是否应确定为互联网应用平台，关键问题在于，网络平台之间为争夺用户注意力和广告主的相互竞争是否完全跨越了由产品或者服务特点所决定的界限，并给经营者施加了足够强大的竞争约束。这一问题的答案最终取决于实证检验。在缺乏确切的实证数据的情况下，至少注意如下方面：首先，互联网应用平台之间争夺用户注意力和广告主的竞争以其提供的关键核心产品或者服务为基础。其次，互联网应用平台的关键核心产品或者服务在属性、特征、功能、用途等方面上存在较大的不同。虽然广告主可能不关心这些产品或者服务的差异，只关心广告的价格和效果，因而可能将不同的互联网应用平台视为彼此可以替代，但是对于免费端的广大用户而言，其很难将不同平台提供的功能和用途完全不同的产品或者服务视为可以有效地相互替代。一个试图查找某个历史人

物生平的用户通常会选择使用搜索引擎而不是即时通信，其几乎不会认为两者可以相互替代。

具体到"奇某安全软件公司诉腾某公司滥用市场支配地位纠纷案"，最高人民法院认为，应该关注的是被上诉人（腾某公司）是否利用了其在即时通信领域中可能存在的市场支配力量排除、限制互联网安全软件领域的竞争，将其在即时通信领域中可能存在的市场支配力量延伸到安全软件领域，这一竞争过程更多地发生在免费的用户端。如果把搜索引擎、新闻门户、互联网安全等平台均纳入本案相关商品市场范围，可能会夸大其他网络平台对被上诉人的即时通信所形成的潜在竞争约束，弱化被上诉人实际的市场力量。同时，最高人民法院强调，对于互联网平台跨界竞争的特征并不是不予考虑，而是不放在相关市场界定阶段主要考虑。相关市场界定的目的是明确经营者所面对的竞争约束，合理认定经营者的市场地位，并正确判断其行为对市场竞争的影响。即使不在相关市场界定阶段主要考虑互联网平台竞争的特性，但为了正确认定经营者的市场地位，仍然可以在识别经营者的市场地位和市场控制力时予以适当考虑。因此，对于该案，不在相关市场界定阶段主要考虑互联网平台竞争的特性，并不意味着忽视这一特性，而是为了以更恰当的方式考虑这一特性。

五、一个案件中是否只有一个相关市场

在"奇某安全软件公司诉腾某公司滥用市场支配地位纠纷案"中，最高人民法院在认定涉案行为人是否具有市场支配地位时，是以即时通信服务市场为基准来进行考察的，然而，在对涉案行为效果进行分析时，实际上分别考察了在即时通信服务市场上是否会发生排除、限制竞争效果（即有市场力量的巩固）和在互联网安全软件服务市场上是否会发生排除、限制竞争效果（即有市场力量的延伸）。也就是说，市场支配地位所在的市场

与可能发生排除、限制竞争效果的市场未必是同一市场，排除、限制竞争效果也未必仅发生在一个市场上。

在"腾某公司通过虎某公司收购斗某公司案"中，经审查，虎某公司和斗某公司在①游戏直播、②娱乐直播、③电商直播和④短视频市场存在横向重叠，腾某公司在游戏直播的上游从事⑤网络游戏运营服务。也就是说，该五项商品／服务领域均可能受到该收购行为的影响。市场监管总局分析认定该五项商品／服务在需求和供给上不具有替代性，分别构成单独的相关商品市场。而后，市场监管总局从参与集中的经营者在相关市场的市场份额及其对市场的控制力、相关市场的市场集中度、集中对下游用户企业和其他有关经营者的影响等方面，深入分析了此项经营者集中对市场竞争的影响，认为此项集中对中国境内游戏直播市场和网络游戏运营服务市场具有或者可能具有排除、限制竞争效果。[①]

规 则 提 炼

相关市场是指经营者在一定时期内就特定商品或者服务进行竞争的商品范围和地域范围。科学合理地界定相关市场，对识别竞争者和潜在竞争者、判定经营者市场份额和市场集中度、认定经营者的市场地位、分析经营者的行为对市场竞争的影响、判断经营者行为是否违法以及在违法情况下需承担的法律责任等关键问题，具有重要的作用。调查平台经济领域垄断协议、滥用市场支配地位案件和开展经营者集中反垄断审查，通常需要界定相关市场。

相关市场范围的大小主要取决于商品（地域）的可替代程度。在市场竞争中对经营者行为构成直接和有效竞争约束的，是市场里存在需求者认为具有较强替代关系的商品或能够提供这些商品的地域。因此，界定相关市场主要从需求者角度进行需求替代分析。当供给替代对经营者行为产生的竞争约束类似于需求替代时，也应考虑供给替代。

相关市场界定要围绕被诉行为的竞争损害展开，要考察涉案争议行为是否在相关市

---

① 《市场监管总局关于禁止虎牙公司与斗鱼国际控股有限公司合并案反垄断审查决定的公告》（2021年7月10日）。

场上产生了竞争损害，首先应当明晰涉案行为到底可能在哪些商品或服务所构成的市场范围内产生了竞争损害。面对围绕互联网服务发生的垄断纠纷，应当从涉诉行为所具体指向的商品出发，从需求者角度进行需求替代分析，根据需求者对商品功能用途的实际需求对发生在互联网环境下的活动进行准确区分，才能更为准确地反映商品市场的范围。

延 伸 思 考

1.相关市场的界定，主要从需求者角度进行替代分析，这里所说的"需求者"应当怎样理解？是具体的个别需求者还是抽象的一般理性需求者？

参考资料

在"深圳微某码软件开发公司诉腾某公司滥用市场支配地位封禁公众号纠纷案"中，广东省深圳市中级人民法院认为："原告因被告对于涉案违规公众号进行封号而诉称被告对其实施了滥用市场支配地位的垄断侵权行为，那么就需要以原告对本案涉及产品'微信公众号'的主要需求为出发点，来分析还有哪些商品或服务能够满足其需求，这些商品从需求者角度（本案中原告为需求者）来看，在功能用途、质量、价格及获取难易程度方面是否有替代性，如果商品之间的替代程度越高，竞争关系就越强，就越可能属于同一相关市场。"

继而，广东省深圳市中级人民法院依据"被告提交的证据显示原告在其注册的26个涉案公众号于2016年9月被被告集中采取封号措施后，于2016年11月注册了名为'深圳微某软件开发有限公司'的新×微博账号，在短短半年内积累了20万粉丝的关注，发布了176条宣传、推广"数据×灵"软件的微博，并且上述微博的宣传文案与其微信公众号发布的图文信息也高度近似。证明新×微博已成为原告宣传、推广其"数据×灵"软件的重要渠道，实现了良好的宣传效果，有效替代了原告对于微信公众号的需求"等理由，最终认定"本案相关商品市场应为互联网平台在线推广宣传服务市场，能够满足原告产品宣传、推广主要需求的渠道如自办网站、微博、视频平台如优酷、搜索引擎服务平台、社交网站如Q×空间等应纳入本案相关商品市场"。[①]

---

① 广东省深圳市中级人民法院（2017）粤03民初250号民事判决书。

设想，若原告没有微博账号，没有通过其他途径做过任何推广，没有自办网站，唯一的宣传途径就是公众号的话，那么相关商品市场范围应该随着原告具体情况的变化而变化吗？

2.比较"食某士英文外卖平台'二选一'行政处罚案"和"某团外卖平台'二选一'行政处罚案"相关地域市场的界定方法，分析造成两个案件相关地域市场界定范围不同的原因。

参考资料

相关地域市场界定

"食某士英文外卖平台'二选一'行政处罚案"

——在线餐饮外送服务配送物品是即食类食品，易腐坏变质，并且目前主要依靠人工配送，配送服务距离有限；

——考虑到要保证食物口味、食品安全以及配送效率，在线餐饮外送平台在平台设计时就进行了城市锁定，用户使用平台订餐时首先要选择城市，然后才能选择这个城市内的餐厅订餐，不能跨城市消费；

——用户需要支付的配送费和合作餐厅商户需要支付的佣金因城市不同而不同。

=>上海市市场监督管理局将本案相关地域市场界定为中国上海市。

"某团外卖平台'二选一'行政处罚案"

——网络餐饮外卖平台的基本功能是为消费者和餐饮经营者提供基于位置的信息匹配和交易撮合服务；

——消费者在中国境内不同地域，均可通过同一平台搜索、发现其所处或指定位置周边一定范围内的餐饮经营者及相应的餐饮外卖商品；

——餐饮经营者在中国境内不同地域，均可通过同一平台向定位在其周边一定范围内的不特定消费者展示、推广其餐饮外卖商品；

——在中国境内不同地域的消费者和餐饮经营者，均可通过同一平台提供的基于位置的相同服务，实现其外卖点餐或餐饮外卖经营需求。

=>网络餐饮外卖平台向消费者与餐饮经营者提供的信息匹配、交易撮合、配送安排和调度等互联网信息服务不受地域限制，本案相关地域市场界定为中国境内。

3. 思考区分"competition in a market"和"competition for a market"有何意义？

参考资料①
韩国《互联网平台经营者滥用市场支配地位行为审查指南》
（韩国公平交易委员会例规第418号　2023年1月12日起施行）

Ⅱ. 一般性的审查原则

……

3. 违法性判断的考虑因素

第一，相关市场的界定

……

（4）对静态相关市场界定方式的补充：

由于互联网平台领域商品/服务具有融合趋势，市场变化速度快，市场间的边界往往会出现不分明的情况。相关市场不仅包括已经存在竞争关系的领域，还包括可能成立竞争关系的领域。因此，相关市场界定时，还需充分考虑技术发展的速度、新商品和服务的研发状况及推出市场的可能性等动态特征。

例如，对于智能设备操作系统（OS），可以考虑区分手机设备（包括智能手机、平板电脑）操作系统和非手机设备（机器人、无人机等）操作系统来进行相关市场界定。手机设备操作系统市场形成已久，竞争主要是通过对既有的商品进行部分功能上的修改和补充来展开（competition in a market），也就是以质量为主的竞争，而不是围绕开发全新的产品来进行竞争。在这种情况下，可以按照传统的静态分析方式进行相关市场界定。

反之，非手机设备（机器人、无人机等）操作系统尚处于正在开展多样的研究开发阶段，此时，可考虑动态特征来进行相关市场界定。由于现在还不清楚以后会在怎样的设备上以怎样的创新服务为中心形成操作系统市场，因此，这个领域的竞争主要体现为具有创新能力的经营者主导形成新的市场（competition for a market）。对于这种以创新竞争为主导的领域，传统的静态的相关市场界定方式是不合适的，此时，可以一并考虑包括开发市场在内的动态的市场状况。

---

① 原文参见온라인 플랫폼 사업자의 시장지배적지위 남용행위에 대한 심사지침，载韩国公平交易委员会网 https://www.ftc.go.kr/www/selectReportUserView.do?key=10&rpttype=1&report_data_no=9916，最后访问日期：2023年8月10日。中文版为作者翻译，供读者参考。

第二章　垄断协议

重 点 问 题

1.什么是垄断协议?
2.如何认定垄断协议?

关 键 术 语

垄断协议；横向垄断协议；纵向垄断协议；排除、限制竞争

第一节　垄断协议

《反垄断法》将"经营者达成垄断协议""经营者滥用市场支配地位""具有或者可能具有排除、限制竞争效果的经营者集中"并列为三大类的垄断行为。而所谓"垄断协议"则是指"排除、限制竞争的协议、决定或者其他协同行为"。依据《反垄断法》（2022）第56条的规定，经营者达成垄断协议，即便尚未实施也可以处300万元以下的罚款。也就是说，垄断协议并不以实施为要件，只要经营者之间达成了垄断协议就可能会被《反垄断法》禁止，并会承担相应的法律责任。《国务院反垄断委员会关于平台经济领域的反垄断指南》和《禁止垄断协议规定》对垄断协议的规制作出了更加具体的规定。此外，《反垄断法》（2022）第60条第1款规定经营者实施垄断

行为，给他人造成损失的，依法承担民事责任。也就是说，若经营者实施垄断协议不仅会受到反垄断执法机构的行政制裁，给他人造成损失的，还可能被提起民事诉讼，承担相应的民事损害赔偿责任。

一、协议

协议可以是书面、口头等多种形式，认定是否存在协议的核心在于经营者之间是否对排除、限制竞争达成合意。《反垄断法》原则上禁止具有竞争关系的经营者达成固定商品价格、限制商品产量、分割市场、限制开发新技术、联合抵制交易等垄断协议（横向垄断协议）；原则上禁止经营者与交易相对人达成固定转售价格或者限定最低转售价格的垄断协议（纵向垄断协议）。之所以说是"原则上禁止"，是因为不管是竞争者之间达成的横向垄断协议还是交易人之间达成的纵向垄断协议，如果经营者可以证明垄断协议符合《反垄断法》（2022）第20条规定的豁免条件，则可以作为例外不被禁止。

二、决定

决定是行为人通过团体的形式形成的集体意思，该集体意思可以在团体成员当中得到执行，并且可以体现为章程、决议、通知、声明、会议备忘录等多种形式。典型表现为行业协会单方面作出的、对其成员有约束力的文件。①《禁止垄断协议规定》将行业协会定义为由同行业经济组织和个人组成，行使行业服务和自律管理职能的各种协会、学会、商会、联合会、促进会等社会团体法人。由于行业协会的决定实际上也是协会成员的意思反映，在性质

---

① 国家市场监督管理总局反垄断局：《中国反垄断立法与执法实践》，中国工商出版社2020年版，第77—78页。

和后果上相当于协会成员之间的协议，因此，若行业协会的决定具有或者可能具有排除、限制竞争效果，则也属于《反垄断法》所规制的"垄断协议"。

三、协同行为

根据《国务院反垄断委员会关于平台经济领域的反垄断指南》和《禁止垄断协议规定》，协同行为是指经营者之间虽未明确订立协议或者决定，但实质上存在协调一致的行为。认定是否存在协同行为，应当考虑下列因素：经营者的市场行为是否具有一致性；经营者之间是否进行过意思联络或者信息交流；经营者能否对行为的一致性作出合理解释；相关市场的市场结构、竞争状况、市场变化等情况。具体到平台经济领域，协同行为则是指经营者虽未明确订立协议或者决定，但通过数据、算法、平台规则或者其他方式实质上存在协调一致的行为。但是，经营者基于独立的意思表示所作出的价格跟随等平行行为除外。

"协同行为"属于横向垄断协议的一种表现形式，因其不直接体现为明确的协议或决定，具有较强的隐蔽性，在行政执法和司法认定上存在难度。在"建某混凝土公司诉广东省市场监督管理局反垄断行政处罚案"中，最高人民法院明确指出"一致性市场行为"和"信息交流"两个因素可以证明存在"协同行为"，经营者若要进行抗辩，则应当对其行为的一致性作出合理解释。①

四、排除、限制竞争

什么是"排除、限制竞争"？最高人民法院在"海南裕某科技饲料有

---

① 最高人民法院（2022）最高法知行终29号行政判决书。

限公司诉海南省物价局行政处罚再审案"①中指出,"排除、限制竞争"不仅包括实际发生"排除、限制竞争"的效果,还包括具有"排除、限制竞争"的可能性。那么,如何证明涉案协议"排除、限制竞争"?由谁承担证明"排除、限制竞争"的责任呢?

（一）纵向垄断协议：民事损害赔偿诉讼原告需证明排除、限制竞争效果

在"锐某科贸公司诉强某医疗器材公司纵向垄断协议纠纷案"②中,上海市高级人民法院提出垄断协议应当以具有排除、限制竞争效果为构成要件,上诉人（原告）需对本案限制最低转售价格协议具有排除、限制竞争效果承担举证责任。

原告锐某科贸公司作为被告强某医疗器材公司医用缝线、吻合器等医疗器械产品的经销商,与强某医疗器材公司已有15年的经销合作关系。2008年1月,强某医疗器材公司与锐某科贸公司签订《经销合同》及附件,约定锐某科贸公司不得以低于强某医疗器材公司规定的价格销售产品。2008年3月,锐某科贸公司在北京大学人民医院举行的强生医用缝线销售招标中以最低报价中标。2008年7月,强某医疗器材公司以锐某科贸公司私自降价为由取消锐某科贸公司在阜外医院、整形医院的经销权。2008年8月15日后,强某医疗器材公司不再接受锐某科贸公司医用缝线产品订单,2008年9月完全停止了缝线产品、吻合器产品的供货。2009年,强某医疗器材公司不再与锐某科贸公司续签经销合同。锐某科贸公司（原告）遂诉至法院,主张强某医疗器材公司（被告）在经销合同中约定的限制最低转售价格条款,构成反垄断法所禁止的纵向垄断协议,请求判令被告赔偿因执行该垄断协议对原

①　最高人民法院（2018）最高法行申4675号行政裁定书。
②　上海市高级人民法院（2012）沪高民三（知）终字第63号民事判决书。

告低价竞标行为进行"处罚"而给原告造成的经济损失人民币1439.93万元。

上海市第一中级人民法院一审认为，对于《反垄断法》（2007）第14条所规定的垄断协议的认定，不能仅以经营者与交易相对人是否达成了固定或者限定转售价格协议为准，而需要结合该法第13条第2款所规定的内容，即需要进一步考察此等协议是否具有排除、限制竞争效果。本案中，原、被告之间所签订经销合同的确包含有限制原告向第三人转售最低价格的条款。如前所述，对于此类条款是否属于垄断协议，还需要进一步考量其是否具有排除、限制竞争的效果。具体而言，需要进一步考察经销合同项下的产品在相关市场所占份额、相关市场的上下游竞争水平、该条款对产品供给数量和价格的影响程度等因素，才能够得出正确的结论。但本案中，原告提交的证据仅为被告强某医疗器材公司在互联网上对其缝线产品所作的简短介绍，并不能确切地反映出经销合同项下产品在相关市场所占份额，更不能说明相关市场的竞争水平、产品供应和价格的变化等情况。相反，被告提交的证据还表明存在多家同类产品的供应商。因此，本案要确定存在垄断行为依据尚不充分，故判决驳回原告诉请。原告不服，提起上诉。

上海市高级人民法院二审认为，《反垄断法》（2007）第14条所规定垄断协议应当以具有排除、限制竞争效果为构成要件。上诉人（锐某科贸公司）对本案限制最低转售价格协议具有排除、限制竞争效果承担举证责任。在对限制最低转售价格行为性质的分析判断中，（1）相关市场竞争是否充分，（2）被告市场地位是否强大，（3）被告实施限制最低转售价格的动机，（4）限制最低转售价格的竞争效果，这四方面情况是最重要的考量因素。本案相关市场是中国大陆地区的医用缝线产品市场，该市场竞争不充分，强某医疗器材公司在此市场具有很强的市场势力，本案限制最低转售价格的动机在于回避价格竞争，本案限制最低转售价格协议限制竞争效果明显而促进竞争效果不明显，应认定构成垄断协议。强某医疗器材公司对锐某科贸公司所采取的取消部分医院经销资格、停止缝线产品供货行为属于反垄断法禁止的垄断行为，强某医疗器材公司应赔偿上述垄断行为给锐某科贸公司造成的正常利润损失。

该案是国内首例纵向垄断协议纠纷案件，也是全国首例原告终审判决胜诉的垄断纠纷案件。该案涉及对限制最低转售价格行为进行反垄断分析的一系列重大问题，该案二审判决对限制最低转售价格行为的法律评价原则、举证责任分配、分析评价因素等问题进行了探索和尝试，其分析方法与结论对推进我国反垄断案件审判和反垄断法实施具有重要意义。该案的判决，充分体现和发挥了人民法院依法制止垄断行为、保护和促进市场公平竞争的职能作用。2013年10月28日，最高人民法院举行新闻发布会，发布8起知识产权司法保护典型案例，称该案"在我国反垄断审判发展中具有里程碑意义"。[①]

（二）《反垄断法》明确列举的垄断协议：反垄断执法机构无须对"排除、限制竞争"承担举证责任

最高人民法院在"海南裕某科技饲料有限公司诉海南省物价局行政处罚再审案"[②]中指出，反垄断执法机构无须对法律上明确列举的垄断协议"排除、限制竞争"承担举证责任。

2014年至2015年，海南裕某饲料公司与经销商签订的《饲料产品销售合同》第7条约定"让利标准见合同附件，乙方应为甲方（海南裕某饲料公司）保密让利标准，且销售价服从甲方的指导价，否则，甲方有权减少其让利"。2015年8月25日海南省物价局对海南裕某饲料公司展开反垄断调查。2017年2月28日，海南省物价局作出琼价监案处［2017］5号《行政处罚决定书》，认定：海南裕某饲料公司虽与经销商签订的销售合同规定经销商的销售价格服从当事人的指导价，但事实上经销商并未实施所达成的垄断协

---

① 《强生公司纵向垄断协议纠纷案》，载中国法院网 https://www.chinacourt.org/article/detail/2014/04/id/1281647.shtml，最后访问日期：2023年8月10日。

② 最高人民法院（2018）最高法行申4675号行政裁定书。

议。鉴于当事人在调查过程中能积极配合调查，主动整改等情节，对海南裕某饲料公司公司作出：（1）责令当事人立即停止违法行为；（2）处20万元罚款的处理。海南裕某饲料公司不服行政处罚决定，提起行政诉讼。

海南省海口市中级人民法院一审认为，对于《反垄断法》（2007）第14条所规定的垄断协议的认定，不能仅以经营者与交易相对人是否达成了固定或者限定转售价格协议为依据，而需要结合该法第13条第2款所规定的内容，进一步综合考虑相关价格协议是否具有排除、限制竞争效果。本案中，海南裕某饲料公司与经销商签订《饲料产品销售合同》第7条有关"销售价服从甲方（海南裕某饲料公司）的指导价，否则，甲方有权减少其让利"的约定，是否属于《反垄断法》（2007）第14条第1项规定的"固定向第三人转售商品的价格"的情形，需要综合考虑海南裕某饲料公司的经营规模、该公司与经销商签订合同项下的鱼饲料在相关市场所占份额、鱼饲料在市场上的竞争水平、该约定对产品供给数量和价格的影响程度、该约定对市场行情的影响等因素。现有证据表明，海南裕某饲料公司的经营规模、市场所占份额等上述因素不具有排除、限制竞争效果，不构成垄断协议。因此，海南省物价局对海南裕某饲料公司作出琼价监案处〔2017〕5号《行政处罚决定书》，属于适用法律错误。海南省物价局不服一审判决，提起上诉。

海南省高级人民法院二审认为，从《反垄断法》关于纵向垄断协议的规定来看，直接将"固定向第三人转售商品的价格"视为垄断协议并明令禁止，且未规定该法（2007）第14条所规定的固定转售价格的垄断协议须以该法（2007）第13条第2款规定的"排除、限制竞争"为构成要件。为实现反垄断法预防和制止垄断行为、维护消费者和社会公共利益等立法目的，在无法条明确规定的情况下，不能得出反垄断执法机构所认定的纵向垄断协议必须以排除、限制竞争为构成要件这一结论。

海南裕某饲料公司以上海市高级人民法院作出的（2012）沪高民三（知）终字第63号民事判决认定《反垄断法》（2007）第13条第2款规定适用于该

法（2007）第14条为由，认为《反垄断法》（2007）第14条所称垄断协议的成立须以具有排除、限制竞争效果为构成要件。二审法院认为，本案为关于纵向垄断协议的行政案件，为实现我国反垄断法预防和制止垄断行为、维护消费者利益和社会公共利益的立法目的，行政机关在认定纵向垄断协议时与单个民事主体主张垄断行为造成的实际损失时并不相同。根据《反垄断法》（2007）第50条"经营者实施垄断行为，给他人造成损失的，依法承担民事责任"的规定，涉及垄断行为的民事案件以造成实际损失为前提，而造成实际损失又须以该垄断行为具有或产生排除、限制竞争效果为前提。

二审法院认为，本案为对垄断协议的行政处罚进行合法性审查，《反垄断法》（2007）第46条规定的法律责任中，区分了"达成并实施垄断协议的"与"尚未实施所达成的垄断协议的"两种情形，上诉人海南省物价局根据海南裕某饲料公司与经销商达成垄断协议但经销商未依海南裕某饲料公司固定的价格销售鱼饲料，以及海南裕某饲料公司在调查过程中积极配合调查、主动整改等情形对海南裕某饲料公司作出行政处罚符合法律规定，亦即上诉人海南省物价局作出本案行政处罚决定无须以海南裕某饲料公司与经销商达成的协议具有排除、限制竞争效果为前提，更无须以给他人造成损失为前提。故此，二审法院认定海南省物价局作出琼价监案处［2017］5号《行政处罚决定书》程序合法，认定事实清楚，适用法律正确。一审判决适用法律错误，海南省物价局的上诉理由成立。海南裕某饲料公司不服二审法院判决，申请最高人民法院再审。

最高人民法院认为，本案的争议焦点问题为海南裕某饲料公司与经销商签订的合同是否构成纵向垄断协议。对此，最高人民法院明确指出，在反垄断执法过程中，对经营者之间的协议、决议或者其他协同行为，是否构成《反垄断法》所禁止的垄断协议，应当以该协议是否排除、限制竞争为标准。二审认为《反垄断法》（2007）第14条规定的限制固定转售价格的垄断协议无须以"排除、限制竞争"为构成要件，缺乏法律依据，最高人民法院予以纠正。

首先，《反垄断法》的立法目的的确包括"预防"和"制止"垄断行为，但不论是"预防"抑或"制止"的对象均系"垄断行为"，是否构成垄断行为仍需以该法规定的行为构成要件为依据。其次，《反垄断法》（2007）第13条第2款明确规定："本法所称垄断协议，是指排除、限制竞争的协议、决定或者其他协同行为。"该条关于垄断协议的定义当然同样适用于第14条对纵向垄断协议的规定。最后，根据《反垄断法》（2007）第46条的规定，反垄断执法机构可以对达成并实施垄断协议以及达成但未实施垄断协议的经营者进行处罚，但不论哪种处罚，前提仍然是已达成"垄断协议"。虽然达成但未实施垄断协议的行为不会构成"排除、限制竞争"的效果，但如果该协议一旦实施则必然构成"排除、限制竞争"的效果，也就是未实施的协议仍然具有"排除、限制竞争"的可能性。因此，不应将"排除、限制竞争"的构成要件，等同于"排除、限制竞争的效果"，更不应等同于"造成实际损失"。

海南裕某饲料公司以上海市高级人民法院作出的63号民事判决主张《反垄断法》（2007）第14条所称垄断协议成立须具有排除、限制竞争效果。最高人民法院认为，《反垄断法》（2007）第50条规定，经营者实施垄断行为，给他人造成损失的，依法承担民事责任。反垄断民事诉讼中原告诉讼请求得到支持的前提，也就是经营者承担民事责任的前提，是经营者实施反垄断行为给原告造成损失。而给原告造成损失是垄断行为排除、限制竞争效果的直接体现。该垄断协议不仅要达成而且要实施并产生损失，此时的垄断协议当然具有排除、限制竞争的效果。因此，在反垄断民事诉讼中，法院审查垄断协议是否具有排除、限制竞争效果，并在此基础上进而判定是否支持原告的诉讼请求，并无不当。如前所述，在行政诉讼中对反垄断机构执法中认定纵向垄断协议行为合法性的判断标准，与民事诉讼中对纵向垄断协议的审查标准，存在明显的差别。海南裕某饲料公司的该项主张缺乏法律根据，最高人民法院不予支持。

那么，涉案纵向协议是否属于具有引发排除、限制竞争可能性的垄断协议呢？对此，最高人民法院作出了如下阐释：

> 有些经营者之间的协议、决议或者协同一致的行为，一旦形成，必然会产生排除或者限制竞争的后果，对这类协议应采取本身违法原则，即只要经营者的协议、决议或者协同一致的行为被证实存在，就构成垄断协议。实践中较为一致的看法是，横向垄断协议中的固定价格、限制产量、划分市场等行为均属于本质不合理的限制行为，具有有害竞争效果且缺乏可补偿价值，反垄断机构在查清存在相关行为的情况下，就可以直接作出违法推定。除适用本身违法原则的协议外，对其他协议是否会排除、限制竞争则应当进行具体分析，在综合考虑协议所涉及的市场具体情况、协议实施前后的市场变化情况、协议的性质和后果等因素后，对是否构成垄断协议进行判断。
>
> 纵向垄断协议是指在生产或者销售过程中处于不同阶段的经营者之间（如生产商与批发商之间、批发商与零售商之间等）达成的协议。《反垄断法》（2007）第14条规定的固定转售价格及限制最低转售价格，就是较为典型的纵向垄断协议，往往具有限制竞争和促进竞争的双面效应。如前所述，在当前我国市场条件不够完善及市场本身纠偏能力较弱的情况下，纵向垄断协议的限制竞争效果更需要受到重视和规制，对此类协议的规制和处罚是当前反垄断执法工作的重点。在当前的市场体制环境和反垄断执法处于初期阶段的情况下，如果要求反垄断执法机构在实践中对纵向垄断协议都进行全面调查和复杂的经济分析，以确定其对竞争秩序的影响，将极大增加执法成本，降低执法效率，不能满足当前我国反垄断执法工作的需要。

根据《反垄断法》（2007）第14条的规定："禁止经营者与交易相对人达成下列垄断协议：（一）固定向第三人转售商品的价格；（二）限定向第三人转售商品的最低价格；（三）国务院反垄断执法机构认定的其他垄断协议。"从该条规定来看，除了"其他垄断协议"需要由国务院反垄断执法机构认定以外，固定向第三人转售商品的价格及限定向第三人转售商品的最低价格这两种协议，一般情况下本身就属于垄断协议，符合《反垄断法》（2007）第13条所规定的排除、限制竞争的标准。反垄断执法机构经过调查证实经营者存在上述两种情况，即可认定为垄断协议，无须对该协议是否符合"排除、限制竞争"这一构成要件承担举证责任。当然，这种认定是可以由经营者通过提交证据进行抗辩予以推翻的。参照《反垄断法》（2007）第15条中经营者对豁免情形举证责任倒置的规定，即使反垄断执法机构通过调查确认存在纵向垄断协议的事实，经营者还可以提交证据证明其签订的协议不符合"排除、限制竞争"，或者属于《反垄断法》（2007）第15条规定的豁免情形，以此主张对其不适用《反垄断法》（2007）第14条的规定。反垄断执法机构应当对经营者提交的证据进行分析判断，确认其抗辩理由是否成立。

本案中，根据海南省物价局的调查，在2014年至2015年，海南省10家鱼料生产企业中，包括海南裕某饲料公司在内的8家企业均存在签订经销商必须按厂方规定价格销售的合同，且8家企业两年间的销售量及销售额占海南省鱼饲料市场99%以上份额。海南裕某饲料公司与经销商签订的《饲料产品销售合同》第7条约定"让利标准见合同附件，乙方应为甲方（海南裕某饲料公司）保密让利标准，且销售价服从甲方的指导价，否则，甲方有权减少其让利"，系海南裕某饲料公司与经销商固定向第三人转售商品的价格。海南省物价局查明的上述事实，海南裕某饲料公司并无异议。海南省物价局最终认定，上述8家企业与经销商签订的经销合同属于达成但尚未实施的垄断协议。在海南裕某饲料公司并未提交充分证据证明其所达成的协议不会严重限制相关市场的竞争，并且能够使消费者分享由此产生的利益的情形下，海南省物价局认定海南裕某饲料公司与经销商签订的《饲料产品销售合同》第7条违反《反垄断法》（2007）第14条第1项"固定向第三人转售商品的价格"，构成垄断协议，符合事实和法律规定。海南省物价局依据《反垄断法》（2007）第46条的规定对海南裕某饲料公司作出5号处罚决定，证据确凿，处罚得当。一审认为"现有证据表明，海南裕某饲料公司的经营规模、市场所占份额等上述因素不具有排除、限制竞争效果，不构成垄断协议"，但并未对海南裕某饲料公司的经营规模、市场所占份额等因素何以不具有"排除、限制竞争效果"进行具体分析和论证，缺乏事实根据。故一审判决撤销海南省物价局作出的5号处罚决定，认定事实不清，应予撤销。二审判决撤销一审判决，处理结果正确，应予维持。

第二节 经营者间达成垄断协议的认定

根据达成协议的当事人之间是横向的竞争关系还是纵向的交易关系，垄断协议大体可分为横向垄断协议和纵向垄断协议。

一、横向垄断协议

《反垄断法》（2022）第17条禁止具有竞争关系的经营者达成下列垄断

协议：（1）固定或者变更商品价格；（2）限制商品的生产数量或者销售数量；（3）分割销售市场或者原材料采购市场；（4）限制购买新技术、新设备或者限制开发新技术、新产品；（5）联合抵制交易；（6）国务院反垄断执法机构认定的其他垄断协议。依据《禁止垄断协议规定》第8条第2款的解释，所谓"具有竞争关系的经营者"包括处于同一相关市场进行竞争的实际经营者和可能进入相关市场进行竞争的潜在经营者。不难看出，《反垄断法》（2022）第17条第1款第6项有关"其他垄断协议"的规定属于一个兜底条款，用于规制不属于第1—5项的横向垄断协议。那么如何去认定某项竞争者之间达成的协议是否属于垄断协议呢？

《反垄断法》（2022）第16条规定："本法所称垄断协议，是指排除、限制竞争的协议、决定或者其他协同行为。"这就意味着"排除、限制竞争"是判断某项协议是否构成垄断协议的标准。《最高人民法院关于审理因垄断行为引发的民事纠纷案件应用法律若干问题的规定》第7条规定，被诉垄断行为属于《反垄断法》（2007）第13条第1款第1项至第5项规定的垄断协议的，被告应对该协议不具有排除、限制竞争的效果承担举证责任。也就是说，在民事损害赔偿诉讼当中，对于《反垄断法》上已经明确列举的横向垄断协议的排除、限制竞争效果，是适用举证责任倒置的。也可以理解为，被《反垄断法》明确列举的横向垄断协议是限制竞争风险较高的协议类型，此类协议一旦达成即可被初步推定为可能引发排除、限制竞争效果，除非被告可以证明相关协议不具有排除、限制竞争效果。

为什么《最高人民法院关于审理因垄断行为引发的民事纠纷案件应用法律若干问题的规定》第7条只对"《反垄断法》（2007）第13条第1款第1项至第5项规定的垄断协议"的排除、限制竞争效果举证责任作了安排，却没有提及"其他垄断协议"的排除、限制竞争效果举证责任分配问题呢？这是因为《反垄断法》明确规定其他垄断协议是由"国务院反垄断执法机构"认定的。那么，国务院反垄断执法机构如何认定《反垄断法》（2022）

第17条第1款第1—5项列举的垄断协议和第6项的"其他垄断协议"呢?《禁止垄断协议规定》对相关问题进行了释明。

《禁止垄断协议规定》第2条明确了禁止垄断协议的执法机构:(1)市场监管总局负责垄断协议的反垄断统一执法工作。(2)市场监管总局根据《反垄断法》(2022)第13条第2款规定,授权各省、自治区、直辖市市场监督管理部门(省级市场监管部门)负责本行政区域内垄断协议的反垄断执法工作。(3)本规定所称反垄断执法机构包括市场监管总局和省级市场监管部门。

(一)固定或者变更商品价格

《禁止垄断协议规定》第8条规定,禁止具有竞争关系的经营者就固定或者变更商品价格达成下列垄断协议:固定或者变更价格水平、价格变动幅度、利润水平或者折扣、手续费等其他费用;约定采用据以计算价格的标准公式、算法、平台规则等;限制参与协议的经营者的自主定价权;通过其他方式固定或者变更价格。

(二)限制商品的生产数量或者销售数量

《禁止垄断协议规定》第9条规定,禁止具有竞争关系的经营者就限制商品的生产数量或者销售数量达成下列垄断协议:以限制产量、固定产量、停止生产等方式限制商品的生产数量,或者限制特定品种、型号商品的生产数量;以限制商品投放量等方式限制商品的销售数量,或者限制特定品种、型号商品的销售数量;通过其他方式限制商品的生产数量或者销售数量。

(三)分割销售市场或者原材料采购市场

《禁止垄断协议规定》第10条第1款规定,禁止具有竞争关系的经营者就分割销售市场或者原材料采购市场达成下列垄断协议:划分商品销售地域、市场份额、销售对象、销售收入、销售利润或者销售商品的种类、数量、时间；划分原料、半成品、零部件、相关设备等原材料的采购区域、种类、数量、时间或者供应商；通过其他方式分割销售市场或者原材料采购市场。第2款还特别规定关于分割销售市场或者原材料采购市场的规定对数据、技术和服务等同样适用。

（四）限制购买新技术、新设备或者限制开发新技术、新产品

《禁止垄断协议规定》第11条规定，禁止具有竞争关系的经营者就限制购买新技术、新设备或者限制开发新技术、新产品达成下列垄断协议：限制购买、使用新技术、新工艺；限制购买、租赁、使用新设备、新产品；限制投资、研发新技术、新工艺、新产品；拒绝使用新技术、新工艺、新设备、新产品；通过其他方式限制购买新技术、新设备或者限制开发新技术、新产品。

（五）联合抵制交易

《禁止垄断协议规定》第12条规定，禁止具有竞争关系的经营者就联合抵制交易达成下列垄断协议：联合拒绝向特定经营者供应或者销售商品；联合拒绝采购或者销售特定经营者的商品；联合限定特定经营者不得与其具有竞争关系的经营者进行交易；通过其他方式联合抵制交易。

（六）其他横向垄断协议

依据《禁止垄断协议规定》第16条第1款，对于不属于上述第8条至第12条所列情形的其他协议、决定或者协同行为，有证据证明排除、限制竞争的，市场监管总局应当认定构成垄断协议并予以禁止。此处需注意的是，"其他垄断协议"只能由国务院反垄断执法机构来认定，这也就意味着法院是不可以对"其他垄断协议"作出认定的。此外，"其他垄断协议"的认定

还要以"有证据证明排除、限制竞争"为要件。这同时也表明对于法律上已经明确列举的横向垄断协议，反垄断执法机构并不需另行证明相关协议会排除、限制竞争，但是在认定"其他垄断协议"时，市场监管总局应当证明涉案协议会"排除、限制竞争"。

市场监管总局在认定涉案协议是否排除、限制竞争时，依据《禁止垄断协议规定》第16条第2款的规定，应当考虑：经营者达成、实施协议的事实；市场竞争状况；经营者在相关市场中的市场份额及其对市场的控制力；协议对商品价格、数量、质量等方面的影响；协议对市场进入、技术进步等方面的影响；协议对消费者、其他经营者的影响；与认定垄断协议有关的其他因素。

二、纵向垄断协议

《反垄断法》（2022）第18条第1款禁止经营者与交易相对人达成下列垄断协议：固定向第三人转售商品的价格；限定向第三人转售商品的最低价格；国务院反垄断执法机构认定的其他垄断协议。且第18条第2款规定，对于固定转售价格和限定最低转售价格的协议，经营者能够证明其不具有排除、限制竞争效果的，不予禁止。该条文第2款的规定包含了两层含义，一是《反垄断法》原则上推定固定、限定转售价格的协议具有排除、限制竞争效果，当然这种推定是可以由行为人的举证来推翻的，二是国务院反垄断执法机构认定"其他垄断协议"是需要证明涉案协议具有排除、限制竞争效果的。

（一）固定转售价格、限定最低转售价格

依据《禁止垄断协议规定》第14条第1款的规定，经营者与交易相对人可以通过固定向第三人转售商品的价格水平、价格变动幅度、利润水平

或者折扣、手续费等其他费用的方式达成固定转售价格的协议；经营者与交易相对人可以通过限定向第三人转售商品的最低价格，或者通过限定价格变动幅度、利润水平或者折扣、手续费等其他费用限定向第三人转售商品的最低价格的方式达成限定最低转售价格的协议；经营者与交易相对人还可能通过其他方式固定转售商品价格或者限定转售商品最低价格。

（二）其他纵向垄断协议

依据《禁止垄断协议规定》第16条的规定，对于《反垄断法》上没有明确列举的其他纵向垄断协议，与其他横向垄断协议一样，只能由国务院反垄断执法机构（即市场监督总局）来认定，且市场监管总局需证明涉案协议具有排除、限制竞争效果。市场监管总局在认定涉案协议是否排除、限制竞争时应当考虑：经营者达成、实施协议的事实；市场竞争状况；经营者在相关市场中的市场份额及其对市场的控制力；协议对商品价格、数量、质量等方面的影响；协议对市场进入、技术进步等方面的影响；协议对消费者、其他经营者的影响；与认定垄断协议有关的其他因素。

（三）安全港规则

2019年1月4日国务院反垄断委员会印发的《国务院反垄断委员会关于知识产权领域的反垄断指南》第13条对"安全港规则"作出了较为具体的阐释："为了提高执法效率，给市场主体提供明确的预期，设立安全港规则。安全港规则是指，如果经营者符合下列条件之一，通常不将其达成的涉及知识产权的协议认定为《反垄断法》第十三条第一款第六项和第十四条第三项[①]规定的垄断协议，但是有相反的证据证明该协议对市场竞争产生排除、限制影响的除外。（一）具有竞争关系的经营者在相关市场的市场份

---

① 2022年《反垄断法》第17条第6项和第18条第1款第3项。

额合计不超过20%；（二）经营者与交易相对人在受到涉及知识产权的协议影响的任一相关市场上的市场份额均不超过30%；（三）如果经营者在相关市场的份额难以获得，或者市场份额不能准确反映经营者的市场地位，但在相关市场上除协议各方控制的技术外，存在四个或者四个以上能够以合理成本得到的由其他经营者独立控制的具有替代关系的技术。"

但是，《反垄断法》（2022）第18条（纵向垄断协议）第3款规定"经营者能够证明其在相关市场的市场份额低于国务院反垄断执法机构规定的标准，并符合国务院反垄断执法机构规定的其他条件的，不予禁止"。这也说明"安全港规则"将仅适用于纵向垄断协议，而具体的"国务院反垄断执法机构规定的标准"还有待立法加以明示。

有关"国务院反垄断执法机构规定的标准"，2023年6月25日公布的《禁止滥用知识产权排除、限制竞争行为规定》（国家市场监督管理总局令第79号）第7条第2款的规定可以提供一定的参考。即"经营者利用行使知识产权的方式，与交易相对人达成协议，经营者能够证明参与协议的经营者在相关市场的市场份额低于市场监管总局规定的标准，并符合市场监管总局规定的其他条件的，不予禁止。具体标准可以参照《国务院反垄断委员会关于知识产权领域的反垄断指南》相关规定"。也就是说，经营者能够证明其与交易相对人在受到涉及知识产权的协议影响的任一相关市场上的市场份额均不超过30%的话，则可能适用"安全港规则"，免于反垄断执法规制。

第三节　互联网领域垄断协议规制的新挑战

依据《国务院反垄断委员会关于平台经济领域的反垄断指南》所示，认定平台经济领域的垄断协议，同样要适用《反垄断法》第二章和《禁止垄断协议规定》。对于《反垄断法》（2022）第17条、第18条明确列举的垄断协议，原则上予以禁止，对符合《反垄断法》（2022）第20条规定条件的垄断协议，依法予以豁免。互联网领域的经营者也要遵守《反垄断法》的规定，不得达成垄断协议，排除、限制竞争。基于互联网领域的主要经营者模式和生产要素特征，互联网领域垄断协议的达成，可能会呈现出一些新的特征。《国务院反垄断委员会关于平台经济领域的反垄断指南》区分横向垄断协议、纵向垄断协议和轴辐协议三种样态，对平台经济领域垄断协议的新特征进行了阐释。

一、利用平台、技术、数据、算法等达成横向垄断协议

《国务院反垄断委员会关于平台经济领域的反垄断指南》第6条指出，具有竞争关系的平台经济领域经营者可能通过下列方式达成固定价格、分割市场、限制产（销）量、限制新技术（产品）、联合抵制交易等横向垄断协议：利用平台收集并且交换价格、销量、成本、客户等敏感信息；利用技术手段进行意思联络；利用数据、算法、平台规则等实现协调一致行为；其他有助于实现协同的方式。此处所称价格，包括但不限于商品价格以及经营者收取的佣金、手续费、会员费、推广费等服务收费。

二、利用平台、技术、数据、算法等达成纵向垄断协议

《国务院反垄断委员会关于平台经济领域的反垄断指南》第7条指出，平台经济领域经营者与交易相对人可能通过下列方式达成固定转售价格、限定最低转售价格等纵向垄断协议：利用技术手段对价格进行自动化设定；利用平台规则对价格进行统一；利用数据和算法对价格进行直接或者间接限定；利用技术手段、平台规则、数据和算法等方式限定其他交易条件，

排除、限制市场竞争。此外，平台经营者要求平台内经营者在商品价格、数量等方面向其提供等于或者优于其他竞争性平台的交易条件的行为可能构成垄断协议，也可能构成滥用市场支配地位行为。

三、以平台为轴心达成轴辐协议

《国务院反垄断委员会关于平台经济领域的反垄断指南》第8条指出，具有竞争关系的平台内经营者可能借助与平台经营者之间的纵向关系，或者由平台经营者组织、协调，达成具有横向垄断协议效果的轴辐协议。分析此类协议是否属于《反垄断法》（2022）第17条、第18条所禁止的垄断协议，可以考虑具有竞争关系的平台内经营者之间是否利用技术手段、平台规则、数据和算法等方式，达成、实施垄断协议，排除、限制相关市场竞争。

第四节　行业协会组织经营者达成垄断协议的认定

行业协会主要由同行业的经济组织和个人组成，而同行之间又难免会存在竞争关系，这就暗含着由竞争者群体组成的行业协会具备组织业内经营者达成垄断协议的动机与能力。

一、《反垄断法》禁止行业协会组织经营者达成垄断协议

《反垄断法》（2022）第21条明确禁止行业协会组织本行业的经营者达成垄断协议。根据该法第56条第4款的规定，若行业协会违反《反垄断法》的规定，组织本行业的经营者达成垄断协议，由反垄断执法机构责令改正，可以处300万元以下的罚款；情节严重的，社会团体登记管理机关可以依法

撤销登记。垄断协议是经济领域最普遍、对市场竞争危害最严重、表现形式最隐蔽的垄断行为。党的十八大以来，反垄断执法机构查处的垄断协议案显示，一些行业协会并未成为加强行业自律的"帮手"，反而组织经营者达成垄断协议，成为实施垄断行为的"推手"。[①]

《禁止垄断协议规定》第21条进一步阐释了行业协会的概念以及行业协会助推本行业经营者达成垄断协议的表现形式。该规定所称行业协会是指由同行业经济组织和个人组成，行使行业服务和自律管理职能的各种协会、学会、商会、联合会、促进会等社会团体法人。行业协会应当加强行业自律，引导本行业的经营者依法竞争，合规经营，维护市场竞争秩序。行业协会不得从事下列行为：（1）制定、发布含有排除、限制竞争内容的行业协会章程、规则、决定、通知、标准等；（2）召集、组织或者推动本行业的经营者达成含有排除、限制竞争内容的协议、决议、纪要、备忘录等；（3）其他组织本行业经营者达成或者实施垄断协议的行为。

二、行业协会组织经营者达成垄断协议的典型案例

行业协会既有促进行业发展和市场竞争，维护消费者合法权益的功能，又有促成和便利相关企业实施垄断行为的可能性和风险。行业协会应当加强行业自律、引导行业依法竞争和合规经营。最高人民法院于2022年11月17日发布的"人民法院反垄断典型案例"之一——"惠某市机动车检测行业协会诉广东省市场监督管理局反垄断行政处罚案"，分析了被诉行业协会通过集体决策实施垄断行为的本质，对于规范行业协会加强自律、引导其

---

① 倪泰：《规制行业协会垄断行为　促进行业规范健康发展——十年来我国加强行业协会反垄断执法观察》，载《中国市场监管报》2022年11月15日A1版。

防范垄断风险具有积极意义。^①

（一）基本案情

2017年4月21日，在涉案行业协会筹备成立阶段，在协会聊天群曾对协会主导、统一定价有过商讨。2017年9月18日，涉案行业协会经登记成立。

在定价政策即将放开，当地机动车检测收费由行政指导价模式转为市场自主调节收费的背景下，2017年11月15日，涉案行业协会制订《关于预防和打击机动车检测行业恶性竞争工作方案》（简称《工作方案》），要求会员不得随意降价或减免检测费。作为具体措施，涉案行业协会还要求各会员单位交纳2万元自律保证金，承诺如违规自愿接受处罚。

2017年12月20日，涉案行业协会通过《惠某市机动车检测行业协会会员公约》（即《公约》），要求全体会员严格执行《工作方案》的相关规定。之后，协会35家会员单位如数缴纳了保证金。

2018年1月开始，涉案行业协会陆续征求部分会员的调价意见，3月、4月期间拟定了价格调整的初稿。2018年5月11日，涉案行业协会召开理事监事会，议定：6月份提价，5月中下旬公示，"真正实施日期6月4日"。

2018年5月15日至21日期间，绝大多数的会员单位公示将于6月上调检测费，调价理由大同小异：惠某市机动车安全技术检验收费已取消政府定价，放开由市场自主调节，为了给车主提供更好的服务，自2018年6月4日起（个别检测单位公示自6月1日、2日、3日起）执行新的收费标准。

2018年6月4日（6月2、3日分别是周六、周日，当地检测站均不上班，故不论公示自6月2日、3日或4日起，执行时间都是6月4日周一）起，31家会员单位统一执行新的收费标准，调整后的收费标准几乎完全相同。

---

① 《人民法院反垄断典型案例》，载最高人民法院网 https://www.court.gov.cn/xinshidai-xiangqing-379701.html，最后访问日期：2023年8月10日。

因集体同步统一调价且调价幅度较大，此事引发当地热议和媒体关注。如2018年6月1日"今日惠某网"转载《东某时报》报道："《惠某多家机动车检测站齐声涨价》，市民：有串通涨价嫌疑，协会：否认串通，部门：如查实将从严查处。"

（二）行政处罚决定[①]

2018年6月，广东省市场监督管理局收到涉案行业协会协同、串通涨价的线索。2018年8月23日，广东省市场监督管理局对涉案行业协会开展反垄断调查。2019年1月15日，广东省市场监督管理局正式立案。2020年5月6日，广东省市场监督管理局作出粤市监反垄断行处〔2020〕1号行政处罚决定，认定惠某市机动车检测行业协会制定《工作方案》和《公约》排除、限制竞争，制定机动车检验费的统一收费标准及涨价实施时间，组织会员单位达成并实施垄断协议，违反了《反垄断法》（2007）第16条的规定，根据《反垄断法》（2007）第46条第3款、第49条等规定，决定对惠某市机动车检测行业协会处以罚款40万元。惠某市机动车检测行业协会不服该行政处罚决定，于2020年11月9日向广州知识产权法院提起行政诉讼，请求撤销行政处罚决定。

（三）人民法院判决[②]

广州知识产权法院分别对：（1）涉案行业协会是否通过制订并组织实施《工作方案》和《公约》排除、限制竞争，（2）涉案行业协会是否存在组织会员单位达成垄断协议的行为进行了分析。

经审理认定：广东省市场监督管理局认定涉案行业协会制订并组织实

---

① 广东省市场监督管理局行政处罚决定书（粤市监反垄断行处〔2020〕1号），具体内容参见广州知识产权法院（2020）粤73行初12号行政判决书。。

② 广州知识产权法院（2020）粤73行初12号行政判决书。

施的《工作方案》和《公约》的行为限制、排除了区域市场内同业经营者的竞争，损害了消费者因经营者竞争可能带来的实惠，不利于市场健康有序发展，为《反垄断法》所禁止，认定事实清楚，适用法律正确；在政策放开，惠某市机动车检测收费由行政指导价模式转为市场自主调节收费的背景下，涉案行业协会就集体涨价幅度和时间拟定调价方案，会员中31家单位实际上执行了协会的调价方案，广东省市场监督管理局认定涉案行业协会制定机动车检验费的统一收费标准及涨价实施时间并组织会员单位实施，认定事实清楚，证据充分。经对被诉行政行为进行全面审查后，法院驳回了惠某市机动车检测行业协会的全部诉讼请求。

1. 涉案行业协会是否通过制订并组织实施《工作方案》和《公约》排除、限制竞争

（1）相关市场分析

为了考察涉案行业协会的《工作方案》和《公约》是否具有或者可能具有排除、限制竞争效果，法院首先对相关市场状况进行了简要分析。机动车检测服务市场有别于一般服务市场，除在质量、价格等常规要素外，服务的便捷性和持续性亦为车主重点关切。绝大部分车主倾向于选择本地相熟的检测单位提供长期服务。因此，机动车检测服务市场具有本土性特征，区域封闭性较强。2018年5月之前惠某市机动车检测收费采取行政指导价模式。

（2）排除、限制竞争效果分析

法院结合行业特征、涉案《工作方案》和《公约》的内容，具体分析了在惠某市机动车检测服务市场当中，涉案行业协会通过并组织实施《工作方案》和《公约》是否会具有排除、限制竞争效果。

①行业特征：机动车检测服务行业由传统手工艺发展而来，素有"以老带新"的传统。在技术口碑、服务理念、价格、地段等诸多影响消费者选择的因素中，技术口碑始终最为消费者看重。而检测技艺的打磨、疑难问题的突破、设备的临时支持等，均离不开同行尤其是资深从业者所谓"老

师傅"的心得分享和经验交流，经营者难以脱离集体，自成一派。而涉案行业协会的会长、副会长等核心领导由业内资深从业者担任，影响力不容小觑。涉案行业协会的决定表面上只限制、约束会员，但从地位和影响力而言，无异于对整个区域市场行业的引领。

②《工作方案》和《公约》的内容：《工作方案》《公约》中罗列的"降价或减免检测费……推出的各类优惠活动……推出优惠措施与各种机构签订相关的合作协议……通过各种渠道对外宣传和推广任何优惠措施（含活动）……通过各种渠道公开或隐蔽方式给客户返利或赠送礼品……"等所谓"恶性竞争"行为，恰恰是法律允许，消费者关切，经营者最惯用以提升竞争力的正当有效手段。涉案行业协会要求会员单位摒弃该种行为，组织集体抵制减价，效果必然波及整个区域市场，相当于要求区域市场内的同业经营者继续遵从长期以来"一个价"的收费模式，共同放弃使用价格手段进行竞争。

③可能引发的排除、限制竞争效果：在诸多竞争手段中，价格竞争效果立见，最有机会转化为优势竞争力。试想若区域市场的机动车检测单位都不使用价格竞争手段，而其他市场资源难以重新配置，将很有可能出现新店难以打开局面争取客源，老店固守优势进取动力不足，市场失去活力的情况，对经济秩序的健康发展极为不利。

2.涉案行业协会是否存在组织会员单位达成垄断协议的行为

（1）行业协会拟定调价方案（经营者之间进行过意思联络/信息交流）

经审查，涉案行业协会实施了倡导并组织会员单位实施其拟定的调价方案的行为。具体表现在：第一，倡导以协会为首，集体有控制地同步涨价。涉案行业协会在2018年1月19日会员大会上提出"2018年重点是提价，大家统一意见""由协会去统一协调、控台提价"。第二，议定共同执行的最低收费标准。涉案行业协会以会长为首的核心领导成员在2018年3月拟定了价格调整的初稿，之后修改敲定为终稿，要求各会员单位/各站点4月20日前"根据价格表等于或大于（不可少于）……"说明涉案行业协会议定了新"价格表"，还将之设定为会员单位共同执行的最低限价。第三，议定共同涨价的最迟实施时间：6月提价，5月中下旬公示，"真正实施日期6月4日"。第四，议定监督措施并组织落实。涉案行业协会要求会员单位在4月20日前公示各自准备执行的提价后的新收费标准并将之拍照发到协会群，声称4月30日之前将交叉监督，随机抽查，发现其他站点违规的有奖励。

（2）会员单位实际执行调价方案（经营者市场行为具有一致性）

事实上，涉案行业协会会员单位2018年4月20日前先后纷纷公示将上调收费，其中31家自2018年6月初上调了各类车型的检测收费标准，涨幅一致，实施时间基本一致，也与涉案行业协会拟定的上述调价方案基本一致。

（3）经营者不能对行为的一致性作出合理解释

涉案行业协会的解释与法院的认定理由如图表2.1所示。

图表2.1　涉案行业协会的解释与法院的认定理由

涉案行业协会的解释		法院认定："与事实不符，不能成立。"
关于统一协调提价	集体提价是行业成本上涨的共同需求，与行业协会无关。	在涉案行业协会2017年9月成立前后，当地有少数机动车检测单位正在采取减价优惠措施，可见2018年上调收费并非必然。
		若业内普遍有涨价需求，行业协会无法合理解释为何要"多此一举"将之确定为本年度工作重点并明确由其统一协调。
关于涨价幅度	新的收费标准是经营者成本核算后自主确定的合理收费。	涨价幅度是否合理不影响涉案行业协会行为性质的法律判定。
		营业地点、面积、从业人数及规模等皆有可能影响经营成本。涉案31家会员单位成本核算后不约而同自主决定执行几乎完全相同的收费标准，实难谓巧合。
		根据3人群聊天内容，行业协会三位核心领导成员2018年3月底在对比同类市场和重新预估市场接受程度后，直接将价格调整的初稿修改敲定为终稿，当中再无征求会员单位意见。可知其最终确定作为收费下限的新"价格表"涨幅绝对高于当地经营者普遍预期，会员单位绝无异议，可见涉案行业协会所谓的涨幅合理有待商榷。

续表

涉案行业协会的解释		法院认定："与事实不符，不能成立。"
关于实施时间	会员单位涨价时间有先后，并未同步。	所谓的自6月1日、2日、3日或4日起调价，无非是自周五或周一起调价的区别，相隔不过两日，仍属同步调价。
		涉案行业协会无法合理解释为何惠市发改价〔2018〕54号发布，通知采取市场调节价管理的时间是2018年5月18日，之后至5月底当地无检测单位涨价，6月初却有涉案行业协会31家会员单位集体涨价。

综上，广州知识产权法院认定，在政策放开，对机动车检测价格实施市场自主调节的背景下，涉案行业协会的上述行为阻止经营者充分行使自主经营权，阻碍了消费者获得因经营者公平、有效竞争带来的实惠，有违我国《反垄断法》鼓励公平竞争、促进社会经济健康发展的核心理念。广东省市场监督管理局认定涉案行业协会前述行为构成组织会员单位达成并实施垄断协议的行为，适用法律正确。一审宣判后，双方均未上诉。

第五节　垄断协议的豁免

《反垄断法》（2022）第20条规定经营者能够证明所达成的协议属于下列情形之一的，则不适用该法禁止垄断协议（同法第17条、第18条第1款、第19条）的规定：（1）为改进技术、研究开发新产品的；（2）为提高产品质量、降低成本、增进效率，统一产品规格、标准或者实行专业化分工的；（3）为提高中小经营者经营效率，增强中小经营者竞争力的；（4）为实现节约能源、保护环境、救灾救助等社会公共利益的；（5）因经济不景气，为缓解销售量严重下降或者生产明显过剩的；（6）为保障对外贸易和对外经济合作中的正当利益的；（7）法律和国务院规定的其他情形。并且，经营者若主张协议属于前款第1项至第5项情形，还应当证明所达成的协议不会严重限制相关市场的竞争，并且能够使消费者分享由此产生的利益。

一、经营者如何完成垄断协议豁免的举证责任

经营者是否抽象的从理论上说明涉案协议存在提高质量、降低成本等积极效果的可能性即可呢？

最高人民法院在"驾校联营横向垄断协议纠纷案"①中指出，根据《反垄断法》（2007）第13条、第15条的规定，在认定被诉垄断协议行为是否应当适用豁免时，首先应当界定被诉行为的具体内容，判断被诉行为是否属于《反垄断法》（2007）第13条规定所禁止的行为，然后认定被诉行为实施主体提供的证据能否证明该行为存在《反垄断法》（2007）第15条规定的豁免情形。在具体认定时，如果具有竞争关系的经营者达成固定价格协议、限制产量或者销量协议、划分市场协议等，落入《反垄断法》（2007）第13条第1款规定的横向垄断协议范围，经营者欲以有关协议具有《反垄断法》（2007）第15条第1款第1项至第5项规定情形为由主张豁免，则其应当举证证明三项重要事实：第一，有关协议具有上述五项法定情形之一；第二，有关协议为实现上述五项法定情形之一所必需，因而不会严重限制相关市场的竞争；第三，有关协议能够使消费者分享由此产生的利益。并且，对于上述三项重要事实，经营者应当提供充分证据证明相关协议具有上述五项法定情形之一项下所指积极的竞争效果或经济社会效果，且该效果是具体的、现实的，而不能仅仅依赖一般性推测或者抽象推定。

---

① 最高人民法院（2021）最高法知民终1722号民事判决书。

二、"驾校联营横向垄断协议纠纷案"[①]当事人应当如何主张豁免

最高人民法院指出，具体就本案中东某公司等被诉13家驾培单位所援引的《反垄断法》（2007）第15条第1款第2项规定的豁免情形而言，首先，该经营者需要提供相关证据（例如达成固定价格等垄断协议之前与之后相关市场的服务质量、驾驶培训成本、驾驶培训效率情况等），以对比说明其通过统一服务规范、标准或者实现专业化分工等手段，切实达到提高服务质量、降低服务成本、增进效率的实际效果；其次，该经营者需要提供相关证据证明为实现提高产品质量、降低成本、增进效率所必需，且并未严重限制台某市路某区为中心的机动车驾驶培训服务市场的竞争；最后，该经营者还需要提供相关证据（例如垄断协议达成之前与之后消费者交费标准、参加培训服务的成本以及便利程度等）证明消费者确实从中受益。就本案中东某公司等被诉13家驾培单位所援引的《反垄断法》（2007）第15条第1款第3项规定的豁免情形而言，该经营者需要提供证据证明其作为中小企业相对于某些大企业处于弱势，在竞争中处于不利地位，其签订垄断协议增强了中小企业的竞争力，提高了中小企业的经营效率；同时，该经营者也应当举证证明消费者从中受益的情况。

本案中，浙某公司统一向消费者（驾驶学员）收取的850元服务费中包括制卡费200元，余下650元对应的服务包括统一为驾驶学员提供报名、体检、理论学习培训以及模拟器学习培训等。在浙某公司成立前，上述费用均由涉案15家驾培单位自行收取。浙某公司统一收取服务费的行为实质性地将上述服务价格予以固定，该部分服务费与涉案15家驾培单位自

---

① 最高人民法院（2021）最高法知民终1722号民事判决书。

行收取的费用共同构成本案中固定价格的横向垄断协议，根据其性质和一般市场规律，该类横向垄断协议一般具有排除、限制竞争的效果。东某公司等被诉13家驾培单位依据《反垄断法》（2007）第15条第1款第2项、第3项的规定提出豁免主张，如上所述，其应当提供证据具体证明该横向垄断协议所产生的积极效果，但其未提供证据证明在浙某公司成立前，涉案15家驾培单位在学员报名、体检、理论学习等服务项目中收费的具体价格，未提供证据证明浙某公司成立后其统一提供服务的行为如何以及在何种程度上实际降低了成本并提高了服务质量、增进了效率，也没有提供证据证明浙某公司固定收取的850元费用相比此前各驾校在相关服务项目上自行收取的费用更为低廉。因此，根据东某公司等十三家被诉驾培单位提供的证据，尚不足以认定浙某公司针对统一提供的辅助性服务固定收取850元费用的行为构成《反垄断法》（2007）第15条规定的豁免情形。事实上，如果东某公司等13家被诉驾培单位继续通过浙某公司统一提供辅助性服务、固定收取部分费用，并维持联营协议中关于其他驾培单位后续加入浙某公司联营经营模式需交纳加盟费的机制，则东某公司等13家被诉驾培单位实质性地削弱了该13家被诉驾培单位之间的竞争以及其与未来潜在的相关市场进入者之间的竞争，继续维持排除、限制竞争的效果。原审法院在经营者没有提供真实、有效证据支持其豁免主张情况下，主要根据一般经验推定浙某公司统一提供服务将带来有利于降低成本、提高质量、增进效率以及减少消费者的交通成本和有利于提高中小经营者经营效率、增强中小经营者竞争力的效果，直接认定该项统一收费符合垄断协议豁免情形，不符合《反垄断法》（2007）第15条关于经营者应当证明垄断协议豁免情形及条件的规定，适用法律有所不当，最高人民法院予以纠正。

第六节　垄断协议的法律责任

经营者违反《反垄断法》的规定，达成、实施垄断协议的，不仅会面临反垄断执法机构的行政执法，给他人造成损失的，还要依法承担民事责任。

一、行政处罚

《反垄断法》（2022）第56条第1款规定："经营者违反本法规定，达成并实施垄断协议的，由反垄断执法机构责令停止违法行为，没收违法所得，并处上一年度销售额百分之一以上百分之十以下的罚款，上一年度没有销售额的，处五百万元以下的罚款；尚未实施所达成的垄断协议的，可以处三百万元以下的罚款。经营者的法定代表人、主要负责人和直接责任人员对达成垄断协议负有个人责任的，可以处一百万元以下的罚款。"此处的"上一年度"是哪一个年度？上一年度"销售额"又当如何理解，是全部经营业务销售额还是涉案产品或者服务的销售额？仅从法律条文上来看，答案并不甚明确，实践中也出现了相关争议，司法案例则给出了进一步的解释。

（一）"上一年度"是哪个年度

在"建某混凝土公司诉广东省市场监督管理局反垄断行政处罚案"①中，建某混凝土公司被诉行为于2016年9月开始、10月停止，广东省市场监督管理局以建某混凝土公司2016年的销售额为基数计算了罚款数额。建某混凝土公司依据《国务院反垄断委员会关于认定经营者垄断行为违法所得和

---

① 最高人民法院（2022）最高法知行终29号行政判决书。

确定罚款的指南》（征求意见稿）的内容，主张"'上一年度'为垄断行为停止时的上一会计年度"①，广东省市场监督管理局计算罚款数额的基数选取不当。对此，最高人民法院明确指出，原则上"上一年度"应确定为与作出处罚时在时间上最接近、事实上最关联的违法行为存在年度，广东省市场监督管理局在本案中以建某公司2016年销售额为基数按1%的比例计算罚款并作出处罚，并无不当。

在该案中，对于"上一年度"为何应确定为与作出处罚时在时间上最接近、事实上最关联的违法行为存在年度，最高人民法院作出了如下阐释：

> "上一年度销售额"是计算罚款的基数，其中"上一年度"通常指启动调查时的上一个会计年度；对于垄断行为在反垄断执法机构启动调查时已经停止的，"上一年度"则通常为垄断行为停止时的上一个会计年度；如果垄断行为实施后于当年内停止，则垄断行为实施的会计年度也可以作为《反垄断法》（2007）第46条第1款规定"上一年度销售额"中"上一年度"。即原则上"上一年度"应确定为与作出处罚时在时间上最接近、事实上最关联的违法行为存在年度。执法实践中，之所以绝大多数垄断案件处罚所采纳的"上一年度"是立案调查的上一年度，是因为一旦反垄断执法机构启动立案调查，有关经营者一般会停止涉嫌垄断行为，以立案调查为基准确定"上一年度"主要目的是选择距离垄断行为较近的年度，以经营者在该年度的销售额为基数计算罚款，由此体现行政处罚对垄断行为的震慑性。本案中，涉案垄断行为发生于

---

① 《国务院反垄断委员会关于认定经营者垄断行为违法所得和确定罚款的指南》（征求意见稿）第十七条 "上一年度"的含义

反垄断执法机构通常以启动调查时的上一个会计年度来计算经营者销售额。垄断行为在反垄断执法机构启动调查时已经停止的，"上一年度"为垄断行为停止时的上一个会计年度。

会计年度自公历1月1日起至12月31日止。经营者采用不同会计年度的，按照中国的会计年度进行调整后使用。

2016年且在2016年年底就已经停止，原广东省发改委反垄断局于2017年7月启动对涉案垄断行为的调查。如果以反垄断执法机构启动调查时的上一个会计年度计算，本案应以2016年销售额计算罚款并作出处罚。而且，本案中以2016年销售额作为计算罚款的基准，更接近违法行为发生时涉案企业的实际经营情况，与执法实践中通常以垄断行为停止时的上一个会计年度来计算经营者销售额的基本精神保持一致，也同样符合《行政处罚法》（2017）第4条第2款及《反垄断法》（2007）第49条的规定所体现的过罚相当原则。广东省市场监督管理局作出被诉处罚决定时，考虑了建某混凝土公司等16家企业具有积极配合调查、违法行为持续时间短、对市场竞争损害程度较轻、影响范围较小等因素，因而处以上一年度销售额1%的罚款处罚，而仅对3家牵头企业处以2%的罚款处罚，以达到警示效果。被诉处罚决定与涉案企业违法行为的事实、性质、情节以及社会危害程度相适应，符合过罚相当原则。

（二）上一年度的"销售额"如何理解

在"盛某建设股份公司诉海南省市场监督管理局反垄断行政处罚案"[1]中，最高人民法院指出，上一年度"销售额"原则上解释为全部销售额具有合理性。其阐释如下：首先，从文义解释的角度看，该条款规定计算罚款基数时仅表述为上一年度"销售额"而没有作进一步限定。对该"销售额"的含义在实践中可能存在多种理解，包括：全部产品或者服务的销售额、涉案产品或者服务的销售额、中国境内涉案产品或者服务销售额、相关市场销售额、全球销售额等。在对上一年度"销售额"存在多种理解的情况下，需要结合立法目的和一般法律适用原则探究其合理含义。

---

[1] 最高人民法院（2021）最高法知行终880号行政判决书。

其次，从立法目的解释的角度看，反垄断法的直接立法目的是预防和制止垄断行为。鉴于垄断行为的危害不仅限于其违法经营的范围，还损害市场竞争机制和经济运行效率，垄断行为通常对市场经济的危害性较大，总体上对垄断行为应当处以较为严厉的处罚，方能起到有效的威慑作用，否则难以实现反垄断法预防和制止垄断行为的立法目的，因此，将《反垄断法》（2007）第46条第1款规定的上一年度"销售额"原则上解释为全部销售额具有合理性。

最后，从过罚相当的角度看，《行政处罚法》（2017）第4条第2款规定，设定和实施行政处罚必须以事实为依据，与违法行为的事实、性质、情节以及社会危害程度相当；《反垄断法》（2007）第49条规定，反垄断执法机构确定具体罚款数额时，应当考虑违法行为的性质、程度和持续的时间等因素。据此，审查反垄断执法机构确定的具体罚款数额是否合法适当，需要结合个案具体情况，以有利于实现反垄断法预防和制止垄断行为的立法目的和确保个案处理结果公正为指引进行综合判断。具体可以考虑如下因素：垄断行为的危害性程度，如垄断行为的性质（横向垄断协议通常比纵向垄断协议对市场竞争的危害性更大）、持续时间、所涉及的市场范围、违法销售额及对经营者全部业务的影响等；经营者的主观恶意，如是否明知故犯、恶意违法；经营者在违法行为中所处的地位和作用，如是否属于垄断行为组织者或者主导者等；是否已经并处没收违法所得；经营者是否存在抗拒行政查处或者主动停止违法行为的情节等。

就本案盛某建设股份公司从事的涉案垄断行为而言，海南省市场监督管理局已经考虑了盛某建设股份公司的垄断违法经营销售额情况，且原本应当根据其垄断违法销售情况计算其违法所得予以没收，并同时处以罚款，但该局并没有直接没收违法所得，而是笼统按其2018年度销售额100734213.88元的1%处以罚款1007342.13元。海南省市场监督管理局作出该罚款处罚时，已经考虑盛某建设股份公司达成并实施垄断协议的主观意愿不强、部分检测业务未严格按照垄断协议执行等较轻违法情节，但是盛某建设股份公司垄断业务一年的相关销售额已达939218.43元，且该违法行为持续时间超过两年。综合考虑最终处罚数额应当包含没收违法所得和罚款两项处罚，并结合涉案垄断行为的危害性及持续时间等因素，上述处罚结果在反垄断行政处罚的法定幅度内，符合反垄断法预防和制止垄断行为的立法目的，也并未明显违反过罚相当原则。

二、民事损害赔偿

《反垄断法》（2022）第60条第1款规定："经营者实施垄断行为，给他人造成损失的，依法承担民事责任。"那么，经营者达成涨价协议对交易相对人造成损害的，应当如何认定和计算损害赔偿请求数额呢？陕西省西安市中级人民法院在"福建三某工程公司与嘉某混凝土公司横向垄断协议纠纷案"[①]中，基于经济学原理和一般市场交易规律，对横向垄断协议的损害赔偿计算方法进行了有益探索。

首先，西安市中级人民法院指出了两种计算垄断价格与自由市场竞争价格差额的计算方式。根据西安市中级人民法院的阐释，对于横向垄断的损害赔偿计算标准暂无明确的法定计算标准可以援引，但基于经济学原理和一般市场交易规律，在计算因实施对商品价格统一上涨为特征的横向垄断协议而对下游交易相对方所造成的直接经济损失时，可以采取两种计算标准：（1）垄断协议所固定产品的价格与相对人可接触的自由市场同类产品价格之间的差值，加上交易相对人因接触自由市场同类产品的额外成本；（2）垄断协议所固定的价格与此前在自由市场竞争中与交易相对人所约定产品价格的差值。

然后，西安市中级人民法院进一步分析了上述两种差值计算方式的应用场景，确认基于该案中涉案商品的特征应当选取第二种差价计算方式，

---

① 陕西省西安市中级人民法院（2020）陕01知民初509号民事判决书。

即计算垄断协议达成前后的差价。因为，一般而言，第一种计算方法适用于对运输和仓储不敏感、对服务和技术支持需求不高或存在等效替代品的商品，此种商品可以在较大范围内进行交易流转，并且不依赖于当地交易相对方的技术和服务支持。此类商品需求方因具有较大的自由选择空间，获得同种或替代商品较为容易，并且实施垄断的主体所能采取的影响手段较少，故在面对此类产品的横向垄断涨价时，需求方仍保留有一定的选择权，在计算损失时视情况可采取此种计算方式。而预拌混凝土是建设工程施工中需求量较大、供应要求较高、难以被其他材料取代的重要商品，其运输范围和时间都有严格要求，并且每次拌制的混凝土无法仓储，必须在拌制完成后数小时内从生产单位运输至使用单位。此类商品因其自身理化特性和需求特性，难以脱离当地供应市场而在更大范围内寻求同类或替代产品。因此在当地市场主要混凝土供应单位形成统一涨价的价格联盟时，下游用料企业并无其他选择空间。故综合考虑涉案商品性质、当地需求情况、横向垄断协议参与实施主体及范围等因素，应当采取第二种损失计算方式。

在选定了损害赔偿计算方法后，西安市中级人民法院对涉案垄断协议的达成、实施、终止时间，以及原被告间交易价格的调整情况进行了具体分析。原被告除了2018年7月13日口头约定的（8月1日开始实施）混凝土价格上涨之外，2019年4月嘉某混凝土公司对混凝土价格再次进行了上涨。在合同履行过程中若双方意欲协商对合同价格进行变更，提出价格变更的一方就负有主动磋商，并对价格调整理由进行说明的责任；而接受此提议的一方，亦因此产生重新审查双方交易关系，对市场行情、交易对象进行了解考察的动机。2019年4月，涉案地区十家混凝土企业所采取联合涨价的横向垄断行为已经终止约半年时间。在此期间内，涉案项目监理单位和总包单位就嘉某混凝土公司和其他混凝土供应单位供应混凝土相关问题进行过多次工作联络。福建三某工程公司具备对其他混凝土供应商及该工程其他项目混凝土需求方进行了解的便利条件。同时，福建三某工程公司作为长期从事建筑工程领域的商事主体，也应具备对建筑重要材料价格变化进行了解和掌握的能力。故在2019年4月双方对混凝土价格进行调整时，应当认为福建三某工程公司应当也能够排除先前横向垄断协议所产生的影响，从而较为自由地进行选择和议价。虽双方合同中约定有"在本合同履行中，非经乙方书面同意，同一工程甲方不得使用其他厂家同一预拌混凝土，否则，造成的质量、数量等问题，乙方不承担任何责任"及"在合同履行中，甲方违约不结算，不付款，乙方可以停止供货，但甲方不得以此为由向他人购买混凝土，否则，甲方应承担擅自终止合同的违约责任"的合同条款。但上述条款订立时间早于或晚于横向垄断协议实施期间，并且就合同条款本身而言，并非旨在全然限制福建三某工程公司与其他混凝土供应商进行交易，福建三某工程公司可以通过协商变更，或者不经协商在不同工程项目中另行选择混凝土供应商。故可认定2019年4月双方协议对商品混凝土价格的上涨并非基于横向垄断协议，系双方当事人真实意思表示。

综上，西安市中级人民法院认定，嘉某混凝土公司因实施横向垄断协议对福建三某工程公司所造成的经济损失应按照其与福建三某工程公司在2018年7月13日所调整的混凝土价格与双方原合同约定的混凝土价格之间的总差额进行计算。自2018年8月1日起嘉某混凝土公司按每立方米上涨45元的价格供货持续至2019年3月底，在此期间供货总量为31858立方米。按照垄断协议所固定的价格与此前在自由市场竞争中与交易相对人所约定产品价格的差值计算，嘉某混凝土公司给福建三某工程公司造成损失14336××元。

规 则 提 炼

1. 垄断协议以"排除、限制竞争"为构成要件，但是"排除、限制竞争"不仅包括实际已经发生排除、限制竞争效果，还包括发生排除、限制竞争效果的可能性。

2. 在行政执法过程中，反垄断执法机构认定《反垄断法》上已经明确列举的垄断协议，无须对该协议是否符合"排除、限制竞争"这一构成要件承担举证责任。这种认定可以由经营者通过提交证据进行抗辩予以推翻。

3. 在民事损害赔偿诉讼当中，原告提起损害赔偿请求需以遭受损害为前提，而损害的发生又以排除、限制竞争效果的发生为前提，因此，法院会审查涉案垄断协议是否引发排除、限制竞争效果。

4. 在民事损害赔偿诉讼当中，有关排除、限制竞争效果的举证责任分配，《最高人民法院关于审理因垄断行为引发的民事纠纷案件应用法律若干问题的规定》区分横向垄断协议和纵向垄断协议，作出了不同安排。依据该规定第7条，被诉垄断行为属于《反垄断法》（2007）第13条第1款第1项至第5项规定的垄断协议的，被告应对该协议不具有排除、限制竞争的效果承担举证责任。也就是说，对于《反垄断法》所列明的横向垄断协议的排除、限制竞争效果，适用举证责任倒置规则。而对于纵向垄断协议，由于没有举证责任倒置的特别规定，因此仍应当遵循民事诉讼"谁主张、谁举证"的原则。

延 伸 思 考

1. 纵向垄断协议中的"交易相对人"能否就垄断协议造成的损失获得民事救济？

参考资料[①]

上诉人（接受限制最低转售价格协议的经销商）是本案诉讼的适格原告。

首先，本案上诉人作为接受限制最低转售价格协议的经销商，由于执行该协议而可能失去在最低限价以下销售的机会，进而可能失去部分客户和利润。另外，上诉人由于违反限制最低转售价格协议受到处罚而遭受的损失，可能属于因垄断行为导致的损失。因此，垄断协议的当事人既可能是垄断行为的参与者、实施者，又同样可能是垄断协议的受害者，属于《反垄断法》（2007）第50条规定的因垄断行为遭受损失的主体范围。如果不允许这类当事人依据《反垄断法》针对垄断协议提起民事诉讼，将导致其民事权利救济无从实现。

其次，从反垄断法预防和制止垄断行为、保护公平竞争、维护消费者利益和社会公共利益的立法目的出发，应准许垄断协议的合同当事人提起反垄断民事诉讼。因为，合同当事人之外的利益主体（包括消费者）通常很难知道垄断协议的具体情形，如果不允许知悉内情、掌握证据的垄断协议当事人提起反垄断诉讼，垄断协议这种违法行为就很难受到追究。

① 上海市高级人民法院（2012）沪高民三（知）终字第63号民事判决书。

最后,《最高人民法院关于审理因垄断行为引发的民事纠纷案件应用法律若干问题的规定》(2012)第1条规定"本规定所称因垄断行为引发的民事纠纷案件"是指"因垄断行为受到损失以及因合同内容、行业协会章程等违反反垄断法而发生争议的自然人、法人或其他组织,向人民法院提起的民事诉讼案件",上诉人即是因为本案《经销合同》内容是否违反反垄断法与被上诉人存在争议而提起诉讼,可见,本案上诉人属于可以依据该条规定提起民事诉讼的原告。

2. 横向垄断协议的实施者是否有权要求其他实施者赔偿其因垄断协议受到的经济损失?

参考资料[①]

原审判决认定,吴某公司、四某公司、曹某某、砖瓦协会实施并主导了本案垄断行为,造成张某某旗下的砖厂生产行为被迫停止,应向张某某连带赔偿经济损失。吴某公司上诉主张,张某某系实施垄断行为的经营者,并非《反垄断法》(2007)第50条规定的因垄断行为受到损失的他人,因此不是本案适格原告;被诉垄断行为与张某某的损失之间没有因果关系。此外,吴某公司、曹某某、砖瓦协会还主张,其并非适格被告,不应承担赔偿责任,原审判决关于损害赔偿的计算错误等。前述上诉主张的核心和前提在于,张某某作为本案横向垄断协议的实施者之一,其是否有权要求该垄断协议的其他实施者赔偿其所谓经济损失。对此,应结合《反垄断法》(2007)第50条的立法目的、被诉垄断行为的特点、损害赔偿的法律效果等因素予以考量。

首先,《反垄断法》(2007)第50条的立法目的。《反垄断法》(2007)第50条规定,经营者实施垄断行为,给他人造成损失的,依法承担民事责任。该条的立法目的在于,为制止和打击垄断行为提供民事司法渠道,对因垄断行为而受到损害的主体提供民事救济。如果原告并非反垄断法所规制的垄断行为的受害者,而是该垄断行为的实施者,其主张损害赔偿,实质上是要求瓜分垄断利益,因而其并非反垄断法所意图救济的对象。本案中,张某某系其所指控的本案横向垄断协议参与者和实施者之一,且因参与和实施本案被诉垄断行为在一定期间内获得了垄断利益的分享,其非反垄断法所意图救济的垄断行为受害者。

---

① 最高人民法院(2020)最高法知民终1382号民事判决书。

其次，请求损害赔偿救济者，其行为必须正当合法。自身参与和实施违法行为的主体，即便因参与和实施该违法行为而受到损失，该损失亦因该主体自身行为的不正当性而不应获得救济。本案中，张某某在整改合同中自愿接受停产整改，参与并实施本案横向垄断协议，其行为自身具有违法性，其因此所受损害不应获得救济。

最后，给予垄断行为实施者以损害赔偿会产生鼓励和支持相关垄断行为的消极法律效果。本案中，张某某所主张的因垄断行为所受损失，实质上是要求强制执行本案横向垄断协议，根据该垄断协议关于垄断利益分配的约定瓜分群体垄断所得。如果支持张某某的诉讼主张，则无异于维持和鼓励该违法行为。

综上，横向垄断协议的实施者无权依据反垄断法要求该垄断协议的其他实施者赔偿其所谓经济损失。张某某作为涉案横向垄断协议的实施者，其关于赔偿损失的诉讼请求不能成立，本院不予支持。

3.横向垄断协议的实施者能否起诉请求确认垄断协议所涉合同条款无效？

参考资料[①]

吉某公司、承某公司于2019年9月10日向原审法院提起诉讼，请求法院判决：（1）确认联营协议及《路某区驾校自律公约》（简称自律公约）无效；（2）诉讼费用由东某公司等13家被诉驾培单位负担。事实和理由：涉案15家驾培单位于2018年9月27日共同组建浙某公司，股东由台某市路某区全区15家驾校（即涉案15家驾培单位）组成，每家驾校各出资1000元，各占浙某公司6.66%的股份。全体驾校成员签署联营协议及自律公约，约定驾校统一收费。浙某公司成立后，打破了原有驾校各负盈亏、公平竞争的市场格局，培训学员按照自律公约缴纳驾校培训费，另外由浙某公司统一收取850元（含200元制卡费）。台某市路某区全区经审批可从事驾驶培训服务的机构共15家，全体驾校成员进行横向的行业联合，排除、限制竞争，构成垄断经营。

东某公司等13家被诉驾培单位在原审中共同辩称：吉某公司、承某公司并非本案的适格原告。吉某公司、承某公司系在自愿平等基础上签署联营协议，该两

---

① 最高人民法院（2021）最高法知民终1722号民事判决书。

公司是联营协议的主要推动者和实施者，也未因联营协议而遭受损失，其提起诉讼的目的是退出联营公司。

原审法院认为：本案系横向垄断协议纠纷。根据各方诉辩主张，本案争议焦点依次为：吉某公司、承某公司是否具有诉讼主体资格；涉案15家驾培单位是否已经达成并实施了横向垄断协议；涉案协议是否具有垄断协议豁免情形。

吉某公司、承某公司是联营协议及自律公约的签约方，也是对该两份合同产生争议的经营者，具有提起本案诉讼的诉权。

第三章　滥用市场支配地位

重 点 问 题

1. 什么是市场支配地位?
2. 如何认定互联网领域的市场支配地位?
3. 如何认定特定行为构成滥用市场支配地位?

关 键 术 语

相关市场；市场份额；市场支配地位；排除、限制竞争效果

第一节　市场支配地位及其认定

《反垄断法》（2022）第7条规定，具有市场支配地位的经营者，不得滥用市场支配地位，排除、限制竞争。要判断某一争议行为是否构成滥用市场支配地位行为，首先要弄清楚行为人是否具有市场支配地位。

一、什么是市场支配地位

《反垄断法》（2022）第22条第3款将市场支配地位定义为："经营者在相关市场内具有能够控制商品价格、数量或者其他交易条件，或者能够阻碍、影响其他经营者进入相关市场能力的市场地位。"按照《禁止滥用市场

支配地位行为规定》，所谓"其他交易条件"是指除商品价格、数量之外能够对市场交易产生实质影响的其他因素，包括商品品种、商品品质、付款条件、交付方式、售后服务、交易选择、技术约束等。"能够阻碍、影响其他经营者进入相关市场"，则包括排除其他经营者进入相关市场，或者延缓其他经营者在合理时间内进入相关市场，或者导致其他经营者虽能够进入该相关市场但进入成本大幅提高，无法与现有经营者开展有效竞争等情形。

设想若市场上不存在较高的进入壁垒，进出市场是自由的，那么经营者很难在相关市场内较为任意地控制商品价格等交易条件。因为，较高的商品价格释放着有利可图的信号，更多的竞争者就会涌入这个商品市场，竞争者的涌入会重新触发竞争机制，在竞争机制的作用下，既有的经营者控制商品价格或者其他交易条件的能力就会受到制约。因此，控制商品价格、数量或者其他交易条件的能力与阻碍、影响其他经营者进入相关市场的能力（也就是市场封锁能力）相当于硬币的两面，是相辅相成的。也正是基于此，设定垄断高价行为有时也与独家交易行为以组合拳的形式出现。例如，在"中某网滥用市场支配地位行政处罚案"中，当事人就是在限定学术期刊出版单位、高校只能与当事人进行交易的同时，实施了以不公平的高价销售行为，获取了不当垄断利润。

二、如何认定经营者具有市场支配地位

《反垄断法》（2022）第23条和第24条分别规定了市场支配地位的认定因素和推定情形。

认定经营者具有市场支配地位，应当依据下列因素：（1）该经营者在相关市场的市场份额，以及相关市场的竞争状况；（2）该经营者控制销售市场或者原材料采购市场的能力；（3）该经营者的财力和技术条件；（4）其

他经营者对该经营者在交易上的依赖程度；（5）其他经营者进入相关市场的难易程度；（6）与认定该经营者市场支配地位有关的其他因素。

有下列情形之一的，可以推定经营者具有市场支配地位：（1）一个经营者在相关市场的市场份额达到1/2的；（2）两个经营者在相关市场的市场份额合计达到2/3的；（3）三个经营者在相关市场的市场份额合计达到3/4的。但是，有前款第2项、第3项规定的情形，其中有的经营者市场份额不足1/10的，不应当推定该经营者具有市场支配地位。被推定具有市场支配地位的经营者，有证据证明不具有市场支配地位的，不应当认定其具有市场支配地位。

第二节　互联网领域市场支配地位的认定

认定互联网领域经营者是否具有市场支配地位，需要在《反垄断法》所示的基本考察框架下，着眼互联网领域竞争的特征，进行合理的个案分析。经过反垄断执法、司法的实践积累，对于如何认定互联网领域的市场支配地位，认定市场支配地位需考虑的因素，已经日趋成熟与明确。

一、互联网平台经济领域的特别考虑因素

2023年市场监管总局发布的《禁止滥用市场支配地位行为规定》中提出，认定平台经济领域经营者具有市场支配地位，还可以考虑相关行业竞争特点、经营模式、交易金额、交易数量、用户数量、网络效应、锁定效应、技术特性、市场创新、控制流量的能力、掌握和处理相关数据的能力及经营者在关联市场的市场力量等因素。

2022年11月，最高人民法院发布的《最高人民法院关于审理垄断民事

纠纷案件适用法律若干问题的规定（公开征求意见稿）》[①]提出，认定互联网平台经营者的市场支配地位，人民法院可以综合考虑下列因素：（1）互联网平台的商业模式及其经营者实际受到的竞争约束；（2）互联网平台经营者在相关市场的市场份额及该市场份额的持续时间；（3）互联网平台服务是否存在显著的网络效应、规模效应、范围效应等；（4）互联网平台经营者掌握的相关数据、算法、技术等情况；（5）互联网平台经营者对相邻市场或者在相邻市场的影响；（6）用户或者平台内经营者对互联网平台经营者的依赖程度及制衡能力、使用习惯、同时使用多个互联网平台的情况、转向其他互联网平台经营者的成本等；（7）其他互联网平台经营者进入相关市场的意愿、能力及所面临的规模要求、技术要求、法律限制等市场进入障碍；（8）相关市场的创新和技术变化情况；（9）其他需要考虑的因素。

二、审查框架与指南

依据《反垄断法》和《禁止滥用市场支配地位行为规定》的相关规定，认定经营者是否具有市场支配地位，通常需要综合考察该经营者在相关市场的市场份额，以及相关市场的竞争状况；该经营者控制销售市场或者原材料采购市场的能力；该经营者的财力和技术条件；其他经营者对该经营者在交易上的依赖程度；其他经营者进入相关市场的难易程度等多种因素。2021年2月7日国务院反垄断委员会印发的《国务院反垄断委员会关于平台经济领域的反垄断指南》遵循市场支配地位的基本认定框架，结合平台经济领域的特征，对平台经济领域市场支配地位的认定予以了进一步细化。

---

① 《关于反垄断民事诉讼司法解释稿向社会公开征求意见的公告》，载最高人民法院网 https://www.court.gov.cn/xinshidai-xiangqing-380101.html，最后访问日期：2023年9月13日。

（一）市场份额

确定经营者在相关市场的市场份额，可以考虑一定时期内经营者的特定商品销售金额、销售数量或者其他指标在相关市场所占的比重。确定平台经济领域经营者市场份额，可以考虑交易金额、交易数量、活跃用户数、点击量、使用时长或者其他指标在相关市场所占比重，同时考虑该市场份额持续的时间。

基于不同商品的特征，计算市场份额的合适指标也会有所不同。例如，互联网即时通信领域的竞争更多的是对争夺用户注意力的竞争，经营者以免费的基础即时通信服务吸引用户，并利用用户资源和注意力通过增值服务和广告来获取收益，因此用户的有效使用时间、使用频度、活跃用户数等通常是考察市场份额较为恰当的指标。[①]

此外，依据《最高人民法院关于审理因垄断行为引发的民事纠纷案件应用法律若干问题的规定》第10条的规定，原告可以以被告对外发布的信息作为证明其具有市场支配地位的证据。被告对外发布的信息能够证明其在相关市场内具有支配地位的，人民法院可以据此作出认定，但有相反证据足以推翻的除外。例如，在"链某房地产经纪公司被诉滥用市场支配地位纠纷案"[②]中，链某房地产经纪公司在其官网对外宣称"全市成交二手房中，50%来自链某网"，涉案居间合同背面，链某房地产经纪公司也宣称"北京市每售出两套二手房，其中就有1套是通过链某成交的"，这些由被告自己对外发布的信息可以成为证明其具有市场支配地位的证据。

（二）相关市场的竞争状况

分析相关市场竞争状况，可以考虑相关市场的发展状况、现有竞争者

---

① 最高人民法院（2013）民三终字第4号民事判决书。

② 最高人民法院（2020）最高法知民终1463号民事判决书。

的数量和市场份额、商品差异程度、创新和技术变化、销售和采购模式、潜在竞争者情况等因素。具体到平台经济领域，则可以考虑相关平台市场的发展状况、平台竞争特点、平台差异程度、规模经济等。

在"奇某安全软件公司诉腾某公司滥用市场支配地位纠纷案"中，最高人民法院综合考虑：（1）在被诉垄断行为发生时，中国大陆地区即时通信领域存在数十款即时通信工具；（2）在被诉垄断行为发生前后，越来越多不同背景和技术的企业纷纷进入即时通信领域；（3）即时通信领域的竞争呈现出创新竞争、动态竞争的显著特征，经营者为在市场竞争中站稳脚跟，需要在质量、服务、用户体验等方面持续创新，产品创新周期较短；（4）即时通信领域平台化竞争日趋白热化等实际情况，得出了即时通信领域的竞争格局正在日渐多元化，创新较为活跃，正处于蓬勃发展时期，市场竞争比较充分的结论。

（三）经营者控制销售市场或者原材料采购市场的能力

确定经营者控制销售市场或者原材料采购市场的能力，可以考虑该经营者控制产业链上下游市场的能力，控制销售渠道或者采购渠道的能力，影响或者决定价格、数量、合同期限或者其他交易条件的能力，以及优先获得企业生产经营所必需的原料、半成品、零部件、相关设备以及需要投入的其他资源的能力等因素。具体到平台经济领域还可以考虑该经营者控制其他关联市场的能力，阻碍、影响其他经营者进入相关市场的能力，相关平台经营模式、网络效应，以及影响或者决定流量或者其他交易条件的能力等。

在"中某网滥用市场支配地位行政处罚案"中，市场监管总局考量到了当事人作为中国境内最大的学术文献网络数据库服务经营者，具有影响和决定交易价格等关键交易条件的能力。当事人数据库服务价格明显高于其他竞争者，且连年较大幅度上涨，大量用户仍购买当事人数据库服务，部分用户在停用后，又只能再次续订。2014—2021年，在当事人数据库服务持续涨价的情况下，机构用户数量仍保持年均2%的增长。同时，机构用户普遍希望与当事人开展长期合作维持价格基本稳定，但当事人基本以一年为限签订合同，并在续签合同时提高价格，体现了当事人对市场具有很强控制能力。同时，当事人掌握大量核心学术资源，对不同边用户能够产生很强的跨边网络效应，不断增强对市场和用户的控制能力。[1]

（四）经营者的财力和技术条件

确定经营者的财力和技术条件，可以考虑该经营者的资产规模、盈利能力、融资能力、研发能力、技术装备、技术创新和应用能力、拥有的知识产权等，以及该财力和技术条件能够以何种方式和程度促进该经营者业务扩张或者巩固、维持市场地位等因素。平台经济领域还可以考虑该经营者的投资者情况、资本来源、掌握和处理相关数据的能力等。

实践中，司法机关或者行政执法机构不仅会考虑行为人的财力和技术条件，还会考虑其他竞争者的财力和技术条件，从而对行为人在竞争者当中的相对实力进行判断。在"奇某安全软件公司诉腾某公司滥用市场支配地位纠纷案"中，最高人民法院虽然认可腾某公司具有较为强大的财力和技术条件，但是也注意到了在当时中国大陆地区即时通信领域的多个竞争者均具有雄厚的财力和技术条件，这些大型企业拥有足够的实力对腾某公司的市场领先地位形成冲击。

（五）其他经营者对该经营者在交易上的依赖程度

确定其他经营者对该经营者在交易上的依赖程度，可以考虑其他经营者与该经营者之间的交易关系、交易量、交易持续时间、在合理时间内转

---

[1] 国家市场监督管理总局行政处罚决定书（国市监处罚〔2022〕87号）。

向其他交易相对人的难易程度等因素。平台经济领域还可以考虑锁定效应、用户黏性，以及其他经营者转向其他平台的可能性及转换成本等。

在考察用户粘性的时候，用户多归属（multi-homing）是重要的考虑因素，也是稀释用户粘性的重要因素。所谓用户"多归属"是指，互联网平台用户通过两个以上的互联网平台来获取特定互联网平台服务。例如，在"奇某安全软件公司诉腾某公司滥用市场支配地位纠纷案"中"同时使用2—3款即时通信软件的用户比例逐步增大并在2009年即已超过50%，有8.7%的用户在半年内更换过聊天工具"[①]等实证性资料，可以成为评估依赖程度的重要因素。

在"中某网滥用市场支配地位行政处罚案"中，市场监管总局则综合考虑了学术期刊出版单位和高校等机构用户以及在校师生和研究人员等个人用户对当事人的依赖程度，加之对跨边网络效应的考量，得出了用户对当事人高度依赖的结论。其依据有三[②]：

一是当事人数据库服务具有很强的跨边网络效应。学术期刊出版单位和高校等用户主要通过当事人数据库服务进行网络出版发行，使用数据库服务的用户主要通过当事人数据库查阅、下载中文学术文献。当事人数据库服务平台汇集了大量用户资源，具有很强的锁定效应。

二是当事人数据库服务与国内学术评价高度关联。学术期刊出版单位普遍表示对当事人高度依赖，由于当事人数据库服务具有事实上的学术评价功能，学术文献被当事人数据库收录以及引用、下载的情况，可以衡量学术影响力。当事人可以提供相关文献引用率、转载率等数据，并与国内主要学术评价体系关联，成为评价学术影响力的重要依据。国内高校、科研院所在评价、评级管理中，普遍将研究成果被当事人收录作为基本考核

---

① 最高人民法院（2013）民三终字第4号民事判决书。
② 国家市场监督管理总局行政处罚决定书（国市监处罚〔2022〕87号）。

要求，进一步增强了用户对当事人的依赖程度。

三是当事人数据库服务用户黏性强。高校、科研院所普遍表示在校师生和研究人员对当事人数据库服务高度依赖。学术期刊出版单位等用户普遍表示转向其他数据库服务会失去广泛的读者基础，进而影响学术传播和学术影响力。机构及个人用户普遍表示，由于当事人数据库服务与学术评价评级深度关联，转向其他平台将面临学术评价、职称评定等多方面障碍。因此，用户转向其他数据库服务平台的成本很高、难度较大。

（六）其他经营者进入相关市场的难易程度

确定其他经营者进入相关市场的难易程度，可以考虑市场准入、获取必要资源的难度、采购和销售渠道的控制情况、资金投入规模、技术壁垒、品牌依赖、用户转换成本、消费习惯等因素。平台经济领域还可以考虑平台规模效应、技术壁垒、用户多栖性、用户转换成本、数据获取的难易程度、用户习惯等。

在"奇某安全软件公司诉腾某公司滥用市场支配地位纠纷案"中，在腾某公司占有较高市场份额的时间里，每年都有大量的符合行政许可条件的境内经营者进入即时通信领域，且不少经营者在短时间内就迅速建立起足以支撑其发展的市场份额，最高人民法院认为这些实证性证据能够证明其他经营者可以较为容易进入即时通信服务市场。

相反，在"中某网滥用市场支配地位行政处罚案"中，中文学术文献网络数据库服务同时具有知识产权产品、互联网信息服务、网络出版服务等多重属性。经营者进入中国境内中文学术文献网络数据库服务市场，需要取得《网络出版服务许可证》《电子出版物出版许可证》等资质方可开展经营。同时，中文学术文献网络数据库服务需要获得足够数量的学术文献资源和用户，才能实现有效市场进入，新进入者达到用户临界规模难度大。此外，潜在进入者还面临获取著作权许可以及用户习惯难以改变、用户转换成本高等问题，因此，市场监管总局认为进入相关市场的难度较大。

（七）与认定该经营者市场支配地位有关的其他因素

在平台经济领域可以考虑基于平台经济特点认定经营者具有市场支配地位的其他因素。在"奇某安全软件公司诉腾某公司滥用市场支配地位纠纷案"中，最高人民法院在认定腾某公司的市场地位过程中，除了市场份额，市场的竞争状况，行为人控制价格、质量等其他交易条件的能力，财力和技术条件，用户粘性，市场进入难易度以外，还考虑了实施"二选一"行为所造成的实际影响（图表3.1）。在腾某公司实施"二选一"行为当月，其主要竞争对手的用户数量均有较高增幅，造成了多个竞争对手争抢即时通信服务市场的局面。也就是说，在腾某公司实施"二选一"行为之后，实际上非但没有巩固其市场力量，反而起到了激活即时通信服务市场竞争的效果。

图表3.1　认定经营者市场支配地位的因素

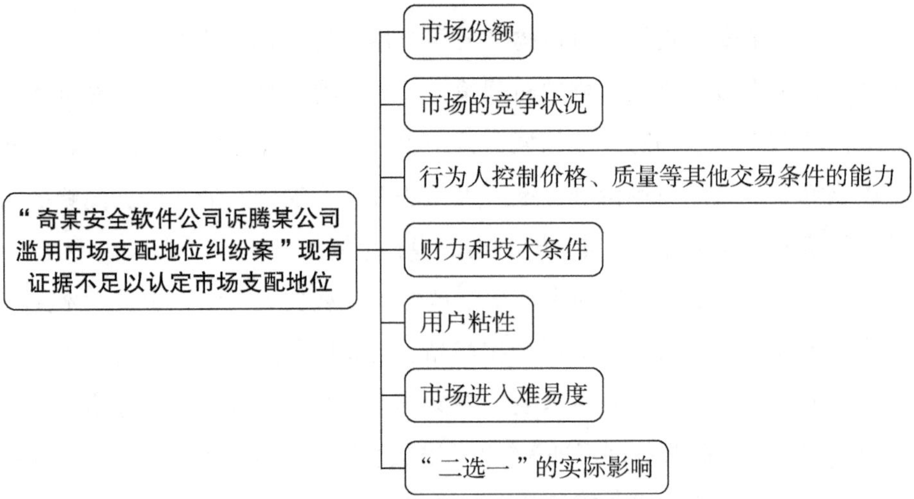

"奇某安全软件公司诉腾某公司滥用市场支配地位纠纷案"现有证据不足以认定市场支配地位
- 市场份额
- 市场的竞争状况
- 行为人控制价格、质量等其他交易条件的能力
- 财力和技术条件
- 用户粘性
- 市场进入难易度
- "二选一"的实际影响

此外，当事人在关联市场的优势往往也成为执法机构的考虑因素。在"阿某公司电商平台'二选一'行政处罚案"中，市场监管总局认为，当事

人在物流、支付、云计算等领域进行了生态化布局，为当事人网络零售平台服务提供了强大的物流服务支撑、支付保障和数据处理能力，进一步巩固和增强了当事人的市场力量。[①]在"某团外卖平台'二选一'行政处罚案"中，市场监管总局认为，当事人在到店餐饮消费、生活服务、酒店旅游、出行等多个领域和餐饮外卖上下游进行生态化布局，为网络餐饮外卖平台带来更多交易机会，加深了平台内经营者对当事人的依赖，进一步巩固和增强了当事人的市场力量。[②]

在"中某网滥用市场支配地位行政处罚案"中，当事人在关联市场中的显著优势也被纳入了市场支配地位的考量因素。当事人围绕中文学术文献网络数据库服务，研究开发了一系列系统或平台，包括学术不端检测系统、期刊采编平台等。以学术不端检测系统为例，与其他主要竞争性平台相比，当事人学术不端检测系统具有显著技术优势，已成为国内学术期刊出版单位、高校、科研院所和个人用户普遍使用的检测工具。故此，市场监管总局认为当事人在数据库关联市场的优势，可以起到巩固和增强其市场力量的作用。[③]

三、市场支配地位的推定

《反垄断法》（2022）第24条以市场份额为标准，规定了市场支配地位推定制度。即一个经营者在相关市场的市场份额达到1/2的；两个经营者在相关市场的市场份额合计达到2/3的；三个经营者在相关市场的市场份额合计达到3/4的，可以推定经营者具有市场支配地位。但是，经营者市场份额不足1/10的，不应当推定该经营者具有市场支配地位。而且，被推定具有市场支配地位的经营者，有证据证明不具有市场支配地位的，不应当认定

---

① 国家市场监督管理总局行政处罚决定书（国市监处〔2021〕28号）。
② 国家市场监督管理总局行政处罚决定书（国市监处罚〔2021〕74号）。
③ 国家市场监督管理总局行政处罚决定书（国市监处罚〔2022〕87号）。

其具有市场支配地位。

实际上，在反垄断执法和司法实践当中，市场支配地位推定制度并没有得到完全的适用。也就是说，无论是在反垄断行政执法还是在司法实践中，市场份额都是作为认定市场支配地位的考虑因素之一，执法机关或者司法机关并没有单纯依据市场份额即武断地推定行为人具有市场支配地位的倾向，特别是在互联网领域尤其如此。在"奇某安全软件公司诉腾某公司滥用市场支配地位纠纷案"中，最高人民法院作出过如下阐释[①]：

> 市场份额在认定市场支配力方面的地位和作用必须根据案件具体情况确定。一般而言，市场份额越高，持续的时间越长，就越可能预示着市场支配地位的存在。尽管如此，市场份额只是判断市场支配地位的一项比较粗糙且可能具有误导性的指标。在市场进入比较容易，或者高市场份额源于经营者更高的市场效率或者提供了更优异的产品，或者市场外产品对经营者形成较强的竞争约束等情况下，高的市场份额并不能直接推断出市场支配地位的存在。特别是，互联网环境下的竞争存在高度动态的特征，相关市场的边界远不如传统领域那样清晰，在此情况下，更不能高估市场份额的指示作用，而应更多地关注市场进入、经营者的市场行为、对竞争的影响等有助于判断市场支配地位的具体事实和证据。

第三节　特定行为构成滥用市场支配地位的认定

《反垄断法》（2022）第7条规定，具有市场支配地位的经营者，不得滥用市场支配地位，排除、限制竞争。同法第22条第1款规定，禁止具有市

---

① 最高人民法院（2013）民三终字第4号民事判决书。

场支配地位的经营者从事下列滥用市场支配地位的行为：（1）以不公平的高价销售商品或者以不公平的低价购买商品；（2）没有正当理由，以低于成本的价格销售商品；（3）没有正当理由，拒绝与交易相对人进行交易；（4）没有正当理由，限定交易相对人只能与其进行交易或者只能与其指定的经营者进行交易；（5）没有正当理由搭售商品，或者在交易时附加其他不合理的交易条件；（6）没有正当理由，对条件相同的交易相对人在交易价格等交易条件上实行差别待遇；（7）国务院反垄断执法机构认定的其他滥用市场支配地位的行为。

那么，对于《反垄断法》（2022）第22条第1款中列举的不公平的价格行为，如何评价公平还是不公平？低于成本销售商品中的成本又要如何计算？拒绝交易、限定交易、搭售、差别待遇等行为是否原则上违法（除非行为人能证明正当理由）？是否需要另行证明行为具有或者可能具有排除、限制竞争效果？需要证明排除、限制竞争效果的话，由谁证明？如何证明？

一、不公平的高价销售/低价购买行为

《国务院反垄断委员会关于平台经济领域的反垄断指南》指出，具有市场支配地位的平台经济领域经营者，可能滥用市场支配地位，以不公平的高价销售商品或者以不公平的低价购买商品。分析是否构成不公平价格行为，可以考虑以下因素：该价格是否明显高于或者明显低于其他同类业务经营者在相同或者相似市场条件下同种商品或者可比较商品的价格；该价格是否明显高于或者明显低于该平台经济领域经营者在其他相同或者相似市场条件下同种商品或者可比较商品的价格；在成本基本稳定的情况下，该平台经济领域经营者是否超过正常幅度提高销售价格或者降低购买价格；该平台经济领域经营者销售商品提价幅度是否明显高于成本增长幅度，或者采购商品降价幅度是否明显低于成本降低幅度。认定市场条件相同或者

相似，一般可以考虑平台类型、经营模式、交易环节、成本结构、交易具体情况等因素。

（一）中某网的数据库服务价格是否构成不公平的高价

在"中某网滥用市场支配地位行政处罚案"中，市场监管总局在综合分析了当事人定价行为的基础上认定：自2014年以来，当事人利用市场支配地位，在数据库服务成本基本稳定的基础上，采取多种不公平手段，连续大幅提高数据库服务价格，价格涨幅远超其他竞争性平台，实施了以不公平的高价销售商品的行为，获取了不当垄断利润。市场监管总局在认定中某网的定价是否公平的过程中，分别对（1）中某网在成本基本稳定的情况下，是否超过正常幅度提高销售价格，（2）中某网的定价是否明显高于其他同类业务经营者在相同或者相似市场条件下同种商品或者可比较商品的价格，（3）中某网推动涨价的方式，作出了如下阐释[1]：

> 经查，自2014年以来，当事人为获取超额利润，滥用具有的市场支配地位，通过连续大幅提高服务价格、拆分数据库变相涨价等方式，实施了以不公平的高价销售中文学术文献网络数据库服务的行为。

> 1.在成本基本稳定的情况下，超过正常幅度提高数据库服务价格

> 中文学术文献网络数据库服务价格应当由经营者依据生产经营成本和市场供求状况合理制定。当事人提供的网络数据库服务属于信息化产品服务，具有"低边际成本"的特点，可以极低成本"复制"销售给用户。由于当事人具有市场支配地位，缺乏有效竞争约束，用户对当事人数据库服务具有较强依赖性，需求价格弹性低，在当事人持续大幅提高数据库服务价格的情况下，用

---

[1] 国家市场监督管理总局行政处罚决定书（国市监处罚〔2022〕87号）。

户仍需购买当事人数据库服务，被动接受涨价。

（1）当事人数据库服务成本长期基本稳定。当事人提供中文学术文献网络数据库服务需从学术期刊出版单位、高校获取学术文献资源，并对文献进行扫描、标引、识别编改、学科分类、作者和机构规范、引文链接和数据集成等人工编辑加工，再通过网络平台向用户提供学术文献检索、下载等服务。当事人网络数据库服务成本主要由学术文献采购成本、数据加工成本、网络运维成本构成。由于当事人网络运维成本占数据库服务总成本的比例很低，该部分成本变化不会显著影响总成本。因此，当事人数据库服务成本变化主要体现在学术文献采购成本和数据加工成本。

经查，当事人数据库服务成本长期基本稳定。一是学术文献采购成本长期稳定。当事人与学术期刊出版单位、高校等签订长期合作协议，锁定学术资源，并保持采购成本稳定。自2014年以来，当事人与学术期刊出版单位和高校签订获取学术资源合作协议的期限绝大部分超过3年，当事人每年支付的版权费用基本稳定。证据显示，当事人学术文献版权成本年均仅增长1.50%，且该项成本中还包含了当事人为获取独家学术资源而多支付的合作费用。二是数据加工成本基本稳定。数据加工的成本主要是人工成本，人工成本与数据加工量和效率相关。证据显示，当事人通过优化流程、升级技术、精细化管理等，数据加工效率不断提高，如期刊加工工时由5工时减到2.2工时，因此当事人单位数据加工成本不断降低。同时，当事人每年数据加工量保持基本稳定。

（2）超过正常增长幅度提高销售价格。自2014年以来，当事人在数据库服务价格较高的情况下，仍连续多年以较大幅度提高数据库服务价格，年均涨幅达10.06%。自2014年以来，用户采购当事人数据库服务年均价格涨幅超过30%的有66家，10%—30%

的达622家。部分用户2021年数据库采购价格达到2014年的数倍，其中，高于4倍的有91家，高于3倍的有157家。由于购买当事人数据库服务的主要用户为高校、科研院所等财政拨款单位，用户对当事人数据库服务为刚性需求且议价能力弱，只能压缩其他费用支出，以高价购买当事人数据库服务。

2. 当事人数据库服务价格涨幅显著高于同行业竞争者

自2014年以来，当事人数据库服务的成本及内容的变化与同行业竞争者相比，并无显著差异，同行业竞争者数据库服务价格平均涨幅均不超过4%，当事人数据库服务价格的涨价幅度明显高于同行业竞争者。当事人利用具有的支配地位，通过逐年提高数据库服务价格获得超高利润。自2014年以来，当事人数据库服务毛利率远高于行业平均水平。

3. 当事人通过不公平的手段持续推高数据库服务价格

（1）将学术价值较高的期刊拆分进行单独销售，变相提高整体销售价格。经查，自2017年以来，当事人为提高数据库整体价格，从期刊总库中挑选学术价值较高的部分独家合作期刊作为个刊进行单独销售。由于个刊库的期刊学术影响力大、使用频率较高，用户对其高度依赖。当事人将个刊拆出后，用户要同时购买期刊库和个刊库才能满足需求。当事人拆出个刊后，期刊库资源数量、质量逐年下降，而销售价格并没有明显下降，但个刊库的销售价格连年持续提高，变相大幅提高数据库服务整体销售价格，用户购买"期刊库＋个刊库"服务价格大幅上涨。证据显示，2017年期刊总库服务平均售价为30.82万元，2021年"期刊库＋个刊库"服务平均总售价上涨至54.23万元，相较2017年涨幅达76%。部分用户采购成本上升3倍以上。

（2）实施不合理的定价机制推高数据库价格。当事人采取高定价、高折扣空间的价格策略，价格折扣无明确标准且不公开透明。当事人根据不同用户历史价格、使用需求、经费预算等，提供不同的报价和折扣方案，提高了数据库服务整体价格。同时，当事人将数据库服务价格与并发数（同时在线使用数据库服务的用户数量）关联，并设置较低的并发数，导致频繁出现数据库无法登录、无法下载、下载掉线等问题。高校、科研院所等用户为满足数据库基本需求，不得不增加并发数，接受当事人涨价要求，向当事人支付更高的数据库服务价格。

（3）实施以不合理涨价为目标的销售激励措施。当事人销售数据库服务以推动涨价作为主要目标，要求用户每年续订数据库服务的价格涨幅在10%以上，进而逐年提高数据库服务销售价格。为确保实现涨价目标，当事人采取严格的内部管理和奖罚措施，明确用户续订数据库服务销售人员获得一定比例的提成，如续订且实现价格上涨则提成比例更高，激励销售人员推高数据库服务价格。

综合以上分析，自2014年以来，当事人利用具有的市场支配地位，在数据库服务成本基本稳定的基础上，采取多种不公平手段，连续大幅提高数据库服务价格，价格涨幅远超其他竞争性平台，实施了以不公平的高价销售商品的行为，获取了不当垄断利润。

以上事实，有当事人提交材料及相关人员询问笔录、工作群沟通记录、财务报表、销售政策、自查报告等，当事人与学术期刊出版单位、高校等签订的协议，其他竞争性平台、学术期刊出版单位、高校、科研院所、公共图书馆等相关人员询问笔录等证据证明。

（二）链某房地产经纪公司的居间服务费是否构成不公平的高价

"链某房地产经纪公司被诉滥用市场支配地位纠纷案"中，最高人民法院认为，根据王某某提交的现有证据不能证明链某房地产经纪公司按照涉案房屋交易价格的2.2%收取居间服务费，构成反垄断法意义上的不公平高价行为。其裁判理由如下[①]：

《反垄断法》（2007）第17条第1款第1项所禁止的以不公平的高价销售商品的行为是指具有支配地位的经营者凭借其地位在交易活动中以不公平的高价销售商品，损害交易对方利益的行为。

本案中，首先，根据《最高人民法院关于审理因垄断行为引发的民事纠纷案件应用法律若干问题的规定》第8条第1款的规定，王某某应当对链某房地产经纪公司将服务费率确定为2.2%所获得的利润可能存在下列情形承担证明责任：（1）该费率明显高于其他经纪服务机构在相同或者相似条件下确定的费率；（2）该费率明显高于链某房地产经纪公司在相同或者相似条件下的北京市地域之外其他地域存量住房经纪服务的可比较价格。

其次，王某某提交了北京发改委2011年降价通知，以证明存量住房买卖经纪服务的公平价格应当是该通知确定的成交价总额500万元及以下的收费标准最高不超过2%的费率。而根据链某房地产经纪公司提交的证据可以认定北京发改委2011年降价通知系房地产经纪服务执行政府定价时要求的费率，该通知在2016年已经作废，房地产经纪服务已经转变为执行市场定价，根据链某房地产经纪公司提交的第40878号、第44210号、第44215号、第44216号公证书等证据，可以认定将存量房成交价总额500万元及以下的收费标准确定为2.2%的费率是存量住房买卖经纪服务市场普遍采用的费率。

最后，王某某提供的中国网新闻报道显示，一直专注租房业务的爱某屋高调宣布进入存量住房买卖经纪服务业务，佣金只收

---

① 最高人民法院（2020）最高法知民终1463号民事判决书。

1%；房某下网站显示，房某下二手房电商佣金买卖双方合计只收
0.5%，虽然能够证明爱某屋、房某下电商提供的存量住房买卖经
纪服务价格低于2.2%的服务费率，但是，其并没有进一步证明爱
某屋、房某下电商网系在与链某房地产经纪公司提供相同或者相
似条件下的经纪服务中确定了较低费率。而链某房地产经纪公司
为证明该公司收取2.2%服务费率系基于市场定价和基于该公司投
入较高成本且提供了优秀服务，一方面，提交了第40878号、第
44210号、第44215号、第44216号公证书等以证明与链某房地产
经纪公司有竞争关系的我某家、麦某房产和中某地产均采用2.2%
的居间服务费率；另一方面，提交了该公司内部颁布的（相关内
容涉及链某房地产经纪公司商业秘密予以删除）、第40879号公证
书载明的搜狐网报道内容等证据，以证明链某房地产经纪公司在
提高服务质量、经纪人管理、培训等方面投入了较大成本，链某
房地产经纪公司的费率定价是源自其优秀的服务。在王某某没有
提交爱某屋、房某下电商也同样投入较大成本且提供了与链某房
地产经纪公司相同或者相近服务质量的相关证据情况下，可以认
定链某房地产经纪公司系基于该公司提供存量住房买卖经纪服务
的成本、服务质量、交易条件、市场状况等确定了按照涉案房屋
交易价格2.2%的标准收取居间服务费，而不是基于该公司在北京
市存量住房买卖经纪服务市场的市场支配地位所确定的费率。

二、低于成本销售

《国务院反垄断委员会关于平台经济领域的反垄断指南》指出，具有市
场支配地位的平台经济领域经营者，可能滥用市场支配地位，没有正当理
由，以低于成本的价格销售商品，排除、限制市场竞争。分析是否构成低

于成本销售，一般重点考虑平台经济领域经营者是否以低于成本的价格排挤具有竞争关系的其他经营者，以及是否可能在将其他经营者排挤出市场后，提高价格获取不当利益、损害市场公平竞争和消费者合法权益等情况。在计算成本时，一般需要综合考虑平台涉及多边市场中各相关市场之间的成本关联情况。平台经济领域经营者低于成本销售可能具有以下正当理由：在合理期限内为发展平台内其他业务；在合理期限内为促进新商品进入市场；在合理期限内为吸引新用户；在合理期限内开展促销活动；能够证明行为具有正当性的其他理由。

三、拒绝交易

《国务院反垄断委员会关于平台经济领域的反垄断指南》指出，具有市场支配地位的平台经济领域经营者，可能滥用其市场支配地位，无正当理由拒绝与交易相对人进行交易，排除、限制市场竞争。分析是否构成拒绝交易，可以考虑以下因素：停止、拖延、中断与交易相对人的现有交易；拒绝与交易相对人开展新的交易；实质性削减与交易相对人的现有交易数量；在平台规则、算法、技术、流量分配等方面设置不合理的限制和障碍，使交易相对人难以开展交易；控制平台经济领域必需设施的经营者拒绝与交易相对人以合理条件进行交易。

认定相关平台是否构成必需设施，一般需要综合考虑该平台占有数据情况、其他平台的可替代性、是否存在潜在可用平台、发展竞争性平台的可行性、交易相对人对该平台的依赖程度、开放平台对该平台经营者可能造成的影响等因素。

平台经济领域经营者拒绝交易也可能具有以下正当理由：因不可抗力等客观原因无法进行交易；因交易相对人原因，影响交易安全；与交易相对人交易将使平台经济领域经营者利益发生不当减损；交易相对人明确表示或者实际不遵守公平、合理、无歧视的平台规则；能够证明行为具有正当性的其他理由。

四、限定交易

《国务院反垄断委员会关于平台经济领域的反垄断指南》指出，具有市场支配地位的平台经济领域经营者，可能滥用市场支配地位，无正当理由对交易相对人进行限定交易，排除、限制市场竞争。分析是否构成限定交易行为，可以考虑以下因素：平台经济领域经营者是否要求平台内经营者在竞争性平台间进行"二选一"，或者限定交易相对人与其进行独家交易的其他行为；是否限定交易相对人只能与其指定的经营者进行交易，或者通过其指定渠道等限定方式进行交易；是否限定交易相对人不得与特定经营者进行交易。上述限定可能通过书面协议的方式实现，也可能通过电话、口头方式与交易相对人商定的方式实现，还可能通过平台规则、数据、算法、技术等方面的实际设置限制或者障碍的方式实现。

分析是否构成限定交易，可以重点考虑以下两种情形：一是平台经营者通过屏蔽店铺、搜索降权、流量限制、技术障碍、扣取保证金等惩罚性措施实施的限制，因对市场竞争和消费者利益产生直接损害，一般可以认定构成限定交易行为。二是平台经营者通过补贴、折扣、优惠、流量资源支持等激励性方式实施的限制，可能对平台内经营者、消费者利益和社会整体福利具有一定积极效果，但如果有证据证明对市场竞争产生明显的排除、限制影响，也可能被认定构成限定交易行为。然而，平台经济领域经营者限定交易也可能具有以下正当理由：为保护交易相对人和消费者利益所必须；为保护知识产权、商业机密或者数据安全所必须；为保护针对交易进行的特定资源投入所必须；为维护合理的经营模式所必须；能够证明行为具有正当性的其他理由。

（一）腾某公司的"产品不兼容"是否构成限定交易

在"奇某安全软件公司诉腾某公司滥用市场支配地位纠纷案"中，奇某安全软件公司主张腾某公司拒绝向安装有奇某公司安全软件的用户提供即时通信软件服务，强制用户删除奇某公司安全软件等"产品不兼容"（"二选一"）行为构成限制交易。最高人民法院则指出，即使被诉经营者具有市场支配地位，判断其是否构成滥用市场支配地位，也需要综合评估该行为对消费者和竞争造成的消极效果和可能具有的积极效果，进而对该行为的合法性与否作出判断。

在分析涉案"产品不兼容"行为对安全软件市场的影响时，最高人民法院虽认定涉案"产品不兼容"行为的确对上诉人（奇某安全软件公司）的市场份额造成一定程度的消极影响，但是，最高人民法院更明确指出反垄断法所关注的重心并非个别经营者的利益，而是健康的市场竞争机制是否受到扭曲或者破坏。那么如何评价"健康的市场竞争机制是否受到扭曲或者破坏"呢？

其一，分析涉案"产品不兼容"行为对消费者利益有无重大影响。涉案"产品不兼容"行为是专门针对奇某安全软件公司的产品和服务实施的。最高人民法院认为这一行为表面上是要求用户在使用腾某公司即时通信软件和奇某公司安全软件之间作出选择，实质上是腾某公司限定了自己即时通信软件的使用环境。虽然这一限制可能对消费者使用腾某公司即时通信软件和奇某公司安全软件造成不便，但是由于在即时通信市场和安全软件市场均有充分的替代选择，腾某公司的即时通信软件并非必需品，因此，这种不便对消费者利益并无重大影响。

其二，考虑涉案"产品不兼容"行为是否是为了排除、限制即时通信服务市场的竞争，从而巩固既有即时通信服务市场上的领先地位。最高人民法院认为，在该案中，没有充分证据证明被上诉人实施"产品不兼容"行为是为了排除潜在的竞争对手进入腾某公司占有领先地位的即时通信服务市场。理由在于：（1）在腾某公司实施"产品不兼容"行为之前，腾某公司即时通信软件与奇某公司安全软件长期兼容共存；（2）被上诉人实施"产品不兼容"行为的背景是，奇某安全软件公司专门针对腾某公司即时通信软件开发、经营保镖软件，实施不正当竞争行为，腾某公司被迫对此作出回应。

其三，"产品不兼容"行为是否具有排除、限制即时通信服务市场竞争的效果，从而巩固既有市场地位。腾某公司实施"产品不兼容"行为仅持续一天，却给该市场带来了更活跃的竞争。在腾某公司实施"产品不兼容"行为后2—3周，其主要竞争对手的用户数量均有较高增幅，新的竞争者也乘机进入市场，下载量猛增。与竞争者的状况形成对比的是，腾某公司自身的市场份额反而有了小幅下降，结合竞争对手的市场变化来看，如果"产品不兼容"行为持续更长时间，腾某公司的市场份额将大幅下滑。也就是说"产品不兼容"行为并不能起到巩固腾某公司既有市场力量的效果，反而招致了用户"用脚投票"，也可以佐证腾某公司不具有市场支配地位的结论。

其四，"产品不兼容"行为是否具有排除、限制安全软件市场竞争的效果，从而将即时通信服务市场上的地位传导至安全软件服务市场。腾某公司实施的"产品不兼容"行为的确对奇某安全软件公司的市场份额造成一定程度的消极影响。但是，最高人民法院强调"反垄断法所关注的重心并非个别经营者的利益，而是健康的市场竞争机制是否受到扭曲或者破坏"。根据腾某公司委托专家的计算结果，奇某安全软件公司在安全软件中的市场份额下降了3.3个百分点，即从74.6%下降至71.3%。在同一时期，腾某公司的市场份额则仅仅增长了0.57个百分点，即从3.89%增长至4.46%。因此，腾某公司实施的"产品不兼容"行为对安全软件市场的影响是极其微弱的，并未显著排除或者限制安全软件市场的竞争。也就是说，腾某公司的"产品不兼容"行为并不能将其在即时通信领域中可能存在的市场支配力量延伸到安全软件领域。

综上，最高人民法院认定，虽然被上诉人（腾某公司）实施的"产品不兼容"行为对用户造成了不便，但是并未导致排除或者限制竞争的明显效果。这一方面说明被上诉人（腾某公司）实施的"产品不兼容"行为不构成反垄断法所禁止的滥用市场支配地位行为，也从另一方面佐证了被上诉人（腾某公司）不具有市场支配地位的结论。①

（二）阿某公司与某团的"二选一"行为是否构成限定交易

在"阿某公司电商平台'二选一'行政处罚案"和"某团外卖平台'二选一'行政处罚案"中，市场监管总局在分析涉案"二选一"行为是否构成限定交易的过程中，均采取了"三步走"的分析框架。即首先对涉案行为进行分析，然后对当事人提出的正当理由能否成立进行分析，最后对排除、限制竞争效果进行分析。这与"奇某安全软件公司诉腾某公司滥用市场支配地位纠纷案"中最高人民法院提出的"即使被诉经营者具有市场支配地位，判断其是否构成滥用市场支配地位，也需要综合评估该行为对消费者和竞争造成的消极效果和可能具有的积极效果，进而对该行为的合法性与否作出判断"的认定方法也是大体一致的。

（三）中某网的独家合作是否构成限定交易

在"中某网滥用市场支配地位行政处罚案"中，市场监管总局认定当事人通过独家合作限定学术期刊出版单位、高校只能向其提供学术文献数据，违反《反垄断法》"没有正当理由，限定交易相对人只能与其进行交易"的规定，构成滥用市场支配地位行为。在认定限定交易行为违法性的过程中，市场监管总局同样遵循了"三步走"的分析框架，首先对涉案行

---

① 最高人民法院（2013）民三终字第4号民事判决书。

为进行分析，然后对当事人提出的正当理由能否成立进行分析，最后对排除、限制竞争效果进行分析。[①]

1. 限定交易行为分析

当事人作为中文学术文献网络数据库服务经营者，学术文献特别是重要学术文献（核心期刊、"双一流"高校博硕士学位论文等）的数量和质量是当事人参与市场竞争的核心要素。获取学术文献数量越多、质量越高，就越能提升数据库服务的学术影响力和市场价值，进而形成正向反馈效应，使更多用户向当事人提供优质学术资源，同时吸引更多用户购买数据库服务，增强市场力量，持续保持竞争优势。自2014年以来，当事人通过与学术期刊出版单位、高校签订格式化独家合作协议等方式，要求学术期刊出版单位、高校向当事人独家授权使用期刊、博硕士学位论文等学术资源，不得授权其他竞争性平台使用，并以多种手段保障独家合作协议实施。

（1）当事人与学术期刊出版单位签订独家合作协议，要求其不得向其他竞争性平台授权使用相关文献数据。证据显示，当事人与学术期刊出版单位签订数字出版合作协议，约定学术期刊出版单位授权当事人独家使用期刊文献的数字化汇编和复制权、数字化制品发行权、信息网络传播权等权利，同时要求学术期刊出版单位不得向其他竞争性平台授权，且协议终止后，当事人仍可在较长时间内独家使用，导致其他竞争性平台无法与相关学术期刊出版单位合作，获取提供数据库服务所必需的数据要素。自2014年以来，当事人每年达成独家合作协议的期刊数量为920种至1525种不等。其中，独家合作的北京大学中文核心期刊数量为575种至993种不等，占当事人独家合作期刊总量的比例一直保持在62%以上。

自2018年以来，当事人从期刊数据库中选取部分学术价值高、学术影响力大、用户刚需的重点期刊，在独家合作协议基础上，与学术期刊出版

[①]　国家市场监督管理总局行政处罚决定书（国市监处罚〔2022〕87号）。

单位签订补充协议，要求其授权当事人独家享有数字版和纸质版发行权利，形成个刊数据库单独定价销售，进一步挤压其他竞争性平台获取期刊数据资源的空间。自2018年以来，当事人个刊数量快速增长，从2018年年底的212种增长至2022年的683种。

（2）当事人与高校签订独家合作协议，要求其不得向其他竞争性平台提供博硕士学位论文数据。当事人与高校签订博硕士学位论文独家合作协议，约定高校未经当事人同意"不再组织向其他机构或个人提交博硕士学位论文以网络、光盘或其他数字形式传播"，导致其他中文学术文献网络数据库服务平台无法获得相关高校的博硕士学位论文数据。自2014年以来，当事人独家合作的高校数量和占比逐年增长，2022年5月达490家，占与当事人合作高校总数的63.1%。

（3）当事人采取多种奖惩措施保障独家合作协议实施

一是当事人根据是否独家合作，支付差别性的版权使用费。学术期刊出版单位与当事人签订非独家合作协议，仅能按销售额的11%左右获取版权使用费，年收入多在万元以内；如与当事人签订独家合作协议的，则能获得数倍以上版权使用费，收入大幅增加；如与当事人签订个刊合作协议，合作费用会更高。高校与当事人签订博硕士学位论文独家合作协议，当事人支付的费用也显著提高。

二是当事人通过免费提供学术不端检测等服务，要求学术期刊出版单位、高校执行独家合作协议。当事人学术不端检测系统技术先进，并且依托数据库海量学术文献资源，已经成为学术期刊出版单位、高校需要的重要服务。当事人为与学术期刊出版单位、高校开展独家合作，为其免费提供学术不端检测服务。部分学术期刊出版单位、高校为获得当事人提供的免费学术不端检测服务，与当事人签订独家合作协议，作为交换条件，高校还需将博硕士学位论文独家授权给当事人使用。当事人通过免费提供学术不端检测服务，促使学术期刊出版单位、高校执行独家合作协议，进一步锁定核心学术资源，以达到排除、限制竞争，不当维持、巩固当事人市场力量的目的。

三是当事人通过多种方式，要求学术期刊出版单位停止与其他竞争性平台合作。当事人通过在竞争性平台、学术期刊出版单位自有网站检索等方式，监测独家合作协议的执行情况，如发现学术期刊出版单位在其他竞争性平台发布相关学术文献，当事人则要求其停止与其他竞争性平台合作，同时向相关竞争性平台发函，要求删除相关数据。自2014年以来，当事人直接或间接要求学术期刊出版单位向竞争性平台发函超过3200件。学术期刊出版单位如不配合发函，当事人则暂停支付版权使用费。从当事人版权使用费支付情况看，执行独家合作协议是学术期刊出版单位取得版权使用费的前置条件。

2.正当理由分析

调查过程中，当事人提出未强迫合作对象签署独家合作协议，且独家合作行为并非出于滥用市场支配地位的主观目的，同时结合相关市场情况和行业情况来看，独家合作形式具有一定程度的合理性；独家合作未对学术发展产生重大负面影响，近年来中某网独家合作学术期刊的被引用量和下载量均稳步提升，且学术期刊出版单位可以在其自有网站上发布，并未影响期刊论文的有效传播和交流使用。

市场监管总局研究认为，当事人提出的理由不能成立：

一是当事人凭借市场支配地位，主动签订格式化独家合作协议，要求学术期刊出版单位、高校授权当事人独家使用期刊、博硕士学位论文数据，并以多种手段保障独家合作协议实施，排除、限制竞争的主观意图明显，破坏了公平竞争的市场秩序。

二是从行业合作模式看，除当事人与学术期刊出版单位、高校签订大量独家合作协议外，境内同行业竞争者较少与学术期刊出版单位、高校签订独家合作协议。调查表明，当事人独家合作行为不利于行业规范健康发展，不具有合理性。

三是调查证据和大量诉讼表明，独家合作未产生当事人所声称的保护知识产权的效果，独家合作与保护知识产权并没有必然联系。

四是学术资源具有多栖性，学术期刊出版单位在自有网站上的发布只是众多传播渠道之一，独家合作限制了学术资源的传播渠道，影响了学术期刊获得更多市场机会。

五是独家合作行为影响了学术交流及传播，期刊论文被引用量和下载量在中某网的提升，并不能说明独家合作行为未产生不利影响，如果不存在独家合作行为，更有利于相关学术期刊广泛传播。

3.排除、限制竞争效果分析

当事人滥用在中文学术文献网络数据库服务市场的支配地位，通过独家合作维持、巩固、强化自身市场支配地位，排除、限制了相关市场竞争，以不公平的高价销售数据库服务，损害了用户合法利益，阻碍了中文学术文献网络数据库服务市场技术进步和创新发展，影响了学术交流传播，破坏了良好的科研学术生态环境。

（1）排除、限制了中文学术文献网络数据库服务市场竞争

当事人实施独家合作和不公平高价行为，直接削弱了其他竞争性平台的竞争能力，提高了潜在竞争者进入相关市场的难度，排除、限制了相关市场竞争。

一是限制了相关市场经营者之间的公平竞争。当事人凭借市场支配地位，通过独家合作限制数量庞大的优质学术资源不得在其他平台传播，使其他竞争性平台无法获取优质学术资源，导致其竞争能力明显削弱，破坏了公平竞争的市场秩序。

二是不当提高市场进入壁垒，削弱了潜在竞争约束。当事人要求学术期刊出版单位和高校不得向其他竞争性平台提供学术资源数据，提高了市场进入壁垒，从而增加了潜在进入者充分获取参与市场竞争所需学术资源

的难度，削弱了市场潜在进入者带来的竞争约束。

三是不当挤压了市场竞争空间。由于中文学术文献网络数据库服务的用户主要是高校、科研院所、公共图书馆等，经费相对有限，当事人不断提高数据库服务价格，使部分用户不得不放弃购买其他竞争性平台的服务，挤压了其他竞争性平台和潜在进入者的市场竞争空间。

（2）损害了学术期刊出版单位、高校及作者利益

当事人实施独家合作行为，直接限制了学术期刊出版单位和高校自主选择学术传播渠道，影响学术传播的范围和效率，损害了学术期刊出版单位、高校以及作者的利益。

一是损害了学术期刊出版单位和高校的学术资源自主发布权。当事人要求相关学术资源独家发布和传播，限制了学术期刊出版单位和高校自主选择合作平台的权利，使相关学术资源损失了原本可以在其他竞争性平台发布和传播的机会。

二是降低了学术期刊出版单位和高校的学术传播效率。由于当事人与学术期刊出版单位和高校长期开展独家合作，形成"绑定效应"，影响学术期刊出版单位和高校的学术资源获得更多市场机会。同时，当事人限定学术期刊出版单位和高校学术资源传播渠道和范围，影响学术传播。

（3）损害数据库用户合法利益

当事人开展学术资源独家合作，使学术资源无法充分有效触达用户，损害了用户利益。当事人实施不公平高价行为，使用户为了满足需求不得不支付更高的价格，不当增加了用户成本。

一是侵害了用户合法权益。当事人实施独家合作行为锁定了学术资源，导致其他竞争性平台上可选择学术资源大幅减少，限制了用户的选择空间，使用户只能被动接受当事人的交易条件，无法从其他竞争性平台获得相关学术文献资源。

二是不当增加了用户负担。当事人滥用具有的市场支配地位，从2014

年开始持续较大幅度提高数据库服务价格，高校、科研院所、公共图书馆等用户获取数据库服务的支出大幅上涨，不当增加了用户负担。

（4）损害了学术生态环境，影响了中文学术文献网络数据库服务市场创新发展

当事人实施独家合作行为并以不公平的高价销售数据库服务，限制了学术资源自由流动和传播，人为限制知识获取渠道，提高知识获取成本，不利于我国中文学术文献网络数据库服务市场规范健康创新发展，提升服务质量和水平，增进社会总体福利。

一是阻碍学术资源自由流动和传播，影响构建良好学术生态。当事人通过独家合作垄断学术资源，使学术期刊和博硕士学位论文等重要学术资源不能通过更多途径自由流动和传播，影响了用户及时有效获取学术资源。当事人滥用市场支配地位以不公平高价销售数据库服务，人为制造知识获取壁垒，不利于知识传播和共享。

二是阻碍市场创新和服务提升，影响了中文学术文献网络数据库服务市场发展。当事人实施独家合作和不公平高价行为，降低了市场竞争的层次和水平，影响了学术资源的有效配置和畅通传播，破坏了中文学术文献网络数据库服务市场良性竞争，妨碍模式创新抑制了创新动力和发展活力，影响了中文学术文献网络数据库服务市场持续优化和发展。

以上事实，有当事人提交材料及相关人员询问笔录、自查报告，其他竞争性平台提交材料及相关人员询问笔录，学术期刊出版单位、高校、科研院所、公共图书馆等相关人员询问笔录等证据证明。

五、搭售或者附加不合理交易条件

《国务院反垄断委员会关于平台经济领域的反垄断指南》指出，具有市场支配地位的平台经济领域经营者，可能滥用市场支配地位，无正当

理由实施搭售或者附加不合理交易条件，排除、限制市场竞争。分析是否构成搭售或者附加不合理交易条件，可以考虑以下因素：平台经济领域经营者是否利用格式条款、弹窗、操作必经步骤等交易相对人无法选择、更改、拒绝的方式，将不同商品进行捆绑销售；是否以搜索降权、流量限制、技术障碍等惩罚性措施，强制交易相对人接受其他商品；是否对交易条件和方式、服务提供方式、付款方式和手段、售后保障等附加不合理限制；是否在交易价格之外额外收取不合理费用；是否强制收集非必要用户信息或者附加与交易标的无关的交易条件、交易流程、服务项目。而平台经济领域经营者实施搭售可能具有以下正当理由：符合正当的行业惯例和交易习惯；为保护交易相对人和消费者利益所必须；为提升商品使用价值或者效率所必须；能够证明行为具有正当性的其他理由。

在"奇某安全软件公司诉腾某公司滥用市场支配地位纠纷案"中，最高人民法院提出了反垄断法所禁止的搭售行为的五个构成要件：（1）搭售产品和被搭售产品是各自独立的产品；（2）搭售者在搭售产品市场上具有支配地位；（3）搭售者对购买者实施了某种强制，使其不得不接受被搭售产品；（4）搭售不具有正当性，不符合交易惯例、消费习惯等或者无视商品的功能；（5）搭售对竞争具有消极效果。此外，最高人民法院还进一步阐释，搭售行为本身既可能产生积极效果，也可能造成消极效果。搭售的积极效果是在特定情况下可以提高产品质量、降低成本、促进销售、确保安全，从而提高效率，其消极效果是搭售可能使得在搭售产品市场上具有支配地位的经营者将其竞争优势延伸到被搭售产品市场上。而在该案中，既没有证据显示腾某公司的被诉搭售行为（将即时通信软件和安全软件进行捆绑）导致奇某安全软件公司在安全软件市场的市场份额发生显著下降，也没有证据显示腾某公司的被诉搭售行为对安全软件市场内的其他经营者产生了排除或者限制竞争的效果。也就是说，没有可靠的证据表明被诉搭售行为使得腾某公司将其在即时通信市场上的领先地位延伸到安全软件市场。

六、差别待遇

《国务院反垄断委员会关于平台经济领域的反垄断指南》指出，具有市场支配地位的平台经济领域经营者，可能滥用市场支配地位，无正当理由对交易条件相同的交易相对人实施差别待遇，排除、限制市场竞争。分析是否构成差别待遇，可以考虑以下因素：基于大数据和算法，根据交易相对人的支付能力、消费偏好、使用习惯等，实行差异性交易价格或者其他交易条件；实行差异性标准、规则、算法；实行差异性付款条件和交易方式。

所谓交易条件相同，是指交易相对人之间在交易安全、交易成本、信用状况、所处交易环节、交易持续时间等方面不存在实质性影响交易的差别。平台在交易中获取的交易相对人的隐私信息、交易历史、个体偏好、消费习惯等方面存在的差异不影响认定交易相对人条件相同。

平台经济领域经营者实施差别待遇行为可能具有以下正当理由：根据交易相对人实际需求且符合正当的交易习惯和行业惯例，实行不同交易条件；针对新用户在合理期限内开展的优惠活动；基于平台公平、合理、无歧视的规则实施的随机性交易；能够证明行为具有正当性的其他理由。

七、国务院反垄断执法机构认定的其他滥用市场支配地位的行为

依据《禁止滥用市场支配地位行为规定》第20条，市场监管总局认定其他滥用市场支配地位行为，应当同时符合下列条件：（1）经营者具有市场支配地位；（2）经营者实施了排除、限制竞争行为；（3）经营者实施相关行为不具有正当理由；（4）经营者相关行为对市场竞争具有排除、限制影响。

在2016年的"利某集团滥用市场支配地位行政处罚案"[①]中，利某集团的"忠诚折扣"行为被首次作为"国务院反垄断执法机构认定的其他滥用市场支配地位的行为"受到处罚。[②]忠诚折扣是经营者以交易相对人在一定时期内累计的商品交易数量、交易金额、交易份额为条件或根据其他忠诚度表现给予的折扣。在该案中，原国家工商行政管理总局指出，折扣是常见的商业行为，可以促进市场竞争，有利于消费者，但是具有市场支配地位的经营者实施的忠诚折扣与特定的市场条件相结合，产生明显反竞争效果时，应当予以规制。

经过综合分析利某集团所实施的折扣情况，特定的市场条件，以及涉案忠诚折扣对包材市场竞争的影响，原国家工商行政管理总局认为，利某集团实施的忠诚折扣在特定的市场条件下具有明显的排除、限制竞争效果。其中，原国家工商行政管理总局对利某集团实施忠诚折扣所具有的特定的市场条件分析如下：

一是部分客户对利某集团产品种类和产能的依赖。一些产品种类仅能由利某集团提供，产品线较为丰富的下游企业在包材种类上依赖利某集团，部分客户的巨大需求依赖于利某集团的产能，客户在部分产品种类上对利某集团产能的依赖是形成不可竞争部分需求的重要因素。

二是利某集团在提供设备和技术服务过程中搭售包材的影响。利某集团通过合同条款限制和诱导客户在设备绩效确认期、保证期以及履行千包协议过程中使用利某集团包材，这些行为将一部分可竞争需求锁定为不可竞争需求，进一步扩大了不可竞争部分需求的范围。尽管这些行为实施的时间范围有限，但效果是不可忽略的。

三是利某集团多种折扣叠加使用的影响。如目标折扣能够锁定

---

①　国家工商行政管理总局行政处罚决定书（工商竞争案字〔2016〕1号）。

②　孙晋，万召宗，徐则林：《滥用市场支配地位实施"忠诚折扣"行为的性质——以利乐案和伊士曼案为例》，载《中国市场监管研究》2020年第11期。

特定客户的采购比例和采购量，将原本可竞争部分需求变为不可竞争部分需求，有效地增加了不可竞争部分需求规模。此外，其他折扣，如品类折扣和特殊折扣能通过进一步降低竞争对手需要匹配的价格，增加追溯累计折扣的反竞争效果。

在分析涉案忠诚折扣对市场竞争的影响时，原国家工商行政管理总局则分别分析了短期效果和长期效果：

本案中，利某集团的忠诚折扣迫使竞争对手以更大的折扣幅度匹配利某集团的价格并参与竞争。短期内，这种竞争可能对客户有利，但竞争对手为了争夺一部分采购量，不仅要对可竞争部分给出不低于利某集团的折扣，还必须要弥补客户由于减少从利某集团采购而损失的不可竞争部分的折扣，从而导致竞争对手在可竞争部分给出的价格必须低于利某集团的折后净价。在本案特定市场条件导致可竞争部分需求有限的情况下，竞争对手需要匹配的价格会很低，提高了竞争对手参与竞争的难度，甚至有可能退出竞争，这样会诱导客户进一步选择利某集团，对竞争对手造成封锁，排除、限制了市场竞争。

长期来看，忠诚折扣使得其他包材厂商的销量和利润受到限制，导致产能利用率不足，生存发展受到限制，进而影响到包材市场的竞争和消费者利益。当竞争对手受到利某集团忠诚折扣影响，难以在长时期内以与利某集团相似的成本参与竞争时，会妨碍其扩大或充分利用产能、增强盈利能力，从而无法获得与利某集团同等的竞争能力，在这种情况下，利某集团的忠诚折扣存在反竞争效果。

长期销量不足、利润减少和产能闲置，会造成包材厂商投资意愿和市场预期的下降，长此以往市场竞争力和生存空间会越来越小，潜在的竞争者也会因为市场预期的下降而止步。现有其他包材厂商的竞争力下降及潜在竞争者的被阻止进入，会导致包材市场竞争的减弱，并最终损害消费者福利。数据显示，在市场需求快速增长的背景下，2009年至2013年中国大陆市场众多中小包材厂商经营状况一直没有得到明显改善，无论是毛利率还是产能利用率一直在低位徘徊，一定程度上也说明了其生存发展受到阻碍的现实。

综上，利某集团的忠诚折扣将客户不可竞争部分需求捆绑可竞争部分需求，与其他折扣叠加运用，短期内对竞争对手造成封锁，导致长期内无法与利某集团在相同或相似的成本上竞争，其实质是凭借其在包材市场的支配地位实施排除、限制竞争行为。因此，利某集团的忠诚折扣构成了《反垄断法》（2007）第17条第1款第7项规定的"其他滥用市场支配地位的行为"。

第四节 滥用市场支配地位的法律责任

《反垄断法》（2022）第57条规定："经营者违反本法规定，滥用市场支配地位的，由反垄断执法机构责令停止违法行为，没收违法所得，并处上一年度销售额百分之一以上百分之十以下的罚款。"同法第60条第1款还规定："经营者实施垄断行为，给他人造成损失的，依法承担民事责任。"也就是说，经营者实施滥用市场支配地位行为的法律责任同达成并实施垄断协议大体一致，在受到行政处罚的同时还可能面临民事损害赔偿诉讼。行政处罚中"上一年度"与"销售额"的含义在前文垄断协议的行政处罚部分已有阐释，不再赘述。此处主要探讨民事损害赔偿诉讼中，原告有哪些损失可以得到赔偿，提交怎样的证据才能获得赔偿。

在"宏某置业公司诉某水务集团滥用市场支配地位纠纷案"中，最高人民法院明确了限定交易垄断行为造成损失的认定标准和举证责任分配，为类案审理中确定垄断行为的损害赔偿责任提供了裁判指引，也为垄断行为受害者通过提起反垄断民事诉讼积极寻求救济提供了规则指引。[①]在该案中，有关因限定交易行为提起的损害赔偿举证责任和损失认定标准，最高人民法院作出的阐释如下[②]：

> 《反垄断法》（2007）第50条规定："经营者实施垄断行为，给他人造成损失的，依法承担民事责任。"《最高人民法院关于审理因垄断行为引发的民事纠纷案件应用法律若干问题的规定》第14条第1款规定："被告实施垄断行为，给原告造成损失的，根据原告的诉讼请求和查明的事实，人民法院可以依法判令被告承担停止侵害、赔偿损失等民事责任。"根据上述法律和司法解释的规定，宏某置业公司主张损害赔偿，应当举证证明其损失以及损失与垄断行为之间的因果关系。
>
> 一般情况下，因限定交易行为而遭受的损失，应当以限定交易的实际支出高于正常竞争条件下的合理交易价格的差额来计算，当事人主张这部分损失的，对此负有举证责任。如果当事人未举证证明上述差额或提出具体差额计算方法，或者不存在或难以确定可供对比的合理交易价格，导致具体损失数额难以确定的，人民法院在特定条件情况下也可以合理酌定赔偿数额。
>
> 本案中，宏某置业公司在正常竞争（非垄断）市场条件下所应支出的重建费用，属于其本应支出的合理费用，原则上不应纳入其损失范围。如果宏某置业公司在限定交易情况下超出正常竞争条件下的合理交易价格而多支出了额外费用，该额外费用则属于其因垄断行为而遭受的损失，应当纳入赔偿范围。即在宏某置业公司支出的全部重建费用中，原则上其仅可请求某水务集团赔偿

---

① 《人民法院反垄断典型案例》，载最高人民法院网 https://www.court.gov.cn/xinshidai-xiangqing-379701.html，最后访问日期：2023年8月10日。

② 最高人民法院（2022）最高法知民终395号民事判决书。

其中限定交易情况下的额外费用部分。对此，宏某置业公司应当举证证明其实际支出的重建费用高于正常竞争条件下的合理交易价格（包括由此计算的差额）。但是，宏某置业公司没有提供证据证明某水务集团所限定的单位实际设计和施工价格高于其他具有同等资质的设计、施工单位的正常市场价格，宏某置业公司本身对涉案给排水设施的拆除重建负有主要责任，其也没有提供证据证明可供酌定损失的相关因素，本案缺乏酌定损失的必要条件，故对于宏某置业公司要求赔偿经济损失的上诉请求，本院难以支持。

《最高人民法院关于审理因垄断行为引发的民事纠纷案件应用法律若干问题的规定》第14条第2款规定："根据原告的请求，人民法院可以将原告因调查、制止垄断行为所支付的合理开支计入损失赔偿范围。"本案中，某水务集团存在限定交易的垄断行为，宏某置业公司所主张的维权支出15万元系为本案诉讼聘请律师的费用，上述律师费属于为调查、制止垄断行为所支付的合理开支，对于宏某置业公司该项上诉请求，本院予以支持。

规 则 提 炼

《反垄断法》（2022）第7条规定，具有市场支配地位的经营者，不得滥用市场支配地位，排除、限制竞争。要判断某一争议行为是否构成滥用市场支配地位行为，首先要弄清楚行为人是否具有市场支配地位。所谓市场支配地位是指，经营者在相关市场内具有能够控制商品价格、数量或者其他交易条件，或者能够阻碍、影响其他经营者进入相关市场能力的市场地位。

认定经营者具有市场支配地位，应当依据下列因素：（1）该经营者在相关市场的市场份额，以及相关市场的竞争状况；（2）该经营者控制销售市场或者原材料采购市场的能力；（3）该经营者的财力和技术条件；（4）其他经营者对该经营者在交易上的依赖程度；（5）其他经营者进入相关市场的难易程度；（6）与认定该经营者市场支配地位有关的其他因素。

即使涉案行为人具有市场支配地位，判断涉案行为是否构成滥用市场支配地位，也需要综合评估该行为对消费者和竞争造成的消极效果和可能具有的积极效果，进而对该行为的合法性与否作出判断。

延伸思考

在"奇某安全软件公司诉腾某公司滥用市场支配地位纠纷案"中，最高人民法院提及"关于被上诉人实施'产品不兼容'行为的动机。在被上诉人实施'产品不兼容'行为之前，被上诉人的即时通信软件与上诉人的安全软件长期兼容共存。本案中，没有充分证据证明被上诉人实施'产品不兼容'行为是为了排除潜在的竞争对手进入被上诉人占有领先地位的即时通信服务市场。特别应注意的是，被上诉人实施'产品不兼容'行为的背景是，上诉人及其关联公司专门针对腾某公司即时通信软件开发、经营保镖软件，实施不正当竞争行为，被上诉人被迫对此作出回应。可见，被上诉人为排除、限制即时通信服务市场的竞争而采取'产品不兼容'行为的动机并不明显"。

那么"动机"是滥用市场支配地位行为违法性构成要件还是考虑因素？如果说动机是滥用市场支配地位行为的违法性构成要件的话，动机和行为效果均需证明？还是动机或行为效果证明其一即可？如何去证明"动机"？

参考资料[①]

·美国

The Sherman Antitrust Act (1890)

Sec. 2. Every person who shall monopolize, or attempt to monopolize, or combine or conspire with any other person or persons, to monopolize any part of the trade or commerce among the several States, or with foreign nations, shall be deemed guilty of a misdemeanor, and, on conviction thereof; shall be punished by fine not exceeding five thousand dollars, or by imprisonment not exceeding one year, or by both said punishments, in the discretion of the court.

《谢尔曼反托拉斯法》(1890)

第2条 任何人垄断或企图垄断，或与任何其他人或多人联合或共谋，以垄断州际或者国际贸易或商业的任何部分，应被视为违法行为，一经定罪，应由法院酌情处以不超过五千美元的罚金，或不超过一年的监禁，或两者并处。

[①] 中文版为作者翻译，部分当事人名称为音译或意译，供读者参考。

U.S. Supreme Court

United States v. Grinnell Corp., 384 U.S. 563 (1966)

The offense of monopoly under § 2 of the Sherman Act has two elements: (1) the possession of monopoly power in the relevant market and (2) the willful acquisition or maintenance of that power as distinguished from growth or development as a consequence of a superior product, business acumen, or historic accident.

美国最高法院，美国诉格林内尔公司案，《美国判例汇编》第384卷第563页（1966年）

《谢尔曼法》第2条规定的违法的垄断行为有两个要素：（1）在相关市场上拥有垄断力量；（2）故意获得或维持这种垄断力量，而不是通过卓越的产品、敏锐的商业头脑或偶然的历史事件来实现成长或发展。

U.S. Supreme Court

Spectrum Sports, Inc. v. McQuillan, 506 U.S. 447 (1993)

Petitioners may not be liable for attempted monopolization under § 2 absent proof of a dangerous probability that they would monopolize a relevant market and specific intent to monopolize. The conduct of a single firm, governed by § 2, is unlawful "only when it threatens actual monopolization." Copperweld Corp. v. Independence Tube Corp., 467 U. S. 752, 767. Consistent with this approach, Courts of Appeals other than the court below have generally required a plaintiff in an attempted monopolization case to prove that (1) the defendant has engaged in predatory or anticompetitive conduct with (2) a specific intent to monopolize and (3) a dangerous probability of achieving monopoly power. Unfair or predatory conduct may be sufficient to prove the necessary intent to monopolize. However, intent alone is insufficient to establish the dangerous probability of success, Swift & Co. v. United States, 196 U. S. 375, 402, which requires inquiry into the relevant product and geographic market and the defendant's economic power in that market.

美国最高法院，光谱体育公司诉麦奎兰，《美国判例汇编》第506卷第447页（1993年）

根据第2条，如果没有证据证明申请人垄断相关市场的高度可能性和垄断的特定意图，申请人则无须为第2条所规定的企图垄断行为承担责任。第2条所规制的单个公司的行为"只有在具有实际垄断风险的情况下"才违法。【科珀韦尔德公司诉独立管公司案，《美国判例汇编》第467卷第752、767页】。其他上诉法院通常也采取此种态度，要求控诉企图垄断行为案件中的原告证明（1）被告实施了掠夺性或反竞争行为，（2）具有垄断的特定意图和（3）获得垄断力量的高度可能性。不公平或掠夺性行为本身可能足以证明垄断意图。然而，仅凭意图不足以认定实现垄断的高度可能性，【斯威夫特公司诉美国案，《美国判例汇编》第196卷第375、402页】，考察是否具有实现垄断的高度可能性需要对相关产品和地域市场以及被告在该市场的经济实力进行调查。

U.S. Supreme Court

Aspen Skiing Co. v. Aspen Highlands Skiing, 472 U.S. 585 (1985)

In Lorain Journal, the violation of § 2 was an "attempt to monopolize," rather than monopolization, but the question of intent is relevant to both offenses. In the former case it is necessary to prove a "specific intent" to accomplish the forbidden objective as Judge Hand explained, "an intent which goes beyond the mere intent to do the act." United States v. Aluminum Co. of America, 148 F.2d 416, 432 (CA2 1945). In the latter case evidence of intent is merely relevant to the question whether the challenged conduct is fairly characterized as "exclusionary" or "anticompetitive" --to use the words in the trial court's instructions--or "predatory," to use a word that scholars seem to favor. Whichever label is used, there is agreement on the proposition that "no monopolist monopolizes unconscious of what he is doing." As Judge Bork stated more recently: "Improper exclusion (exclusion not the result of superior efficiency) is always deliberately intended."

美国最高法院，阿斯彭滑雪公司诉阿斯彭高地滑雪公司案，《美国判例汇编》第472卷第585页（1985年）

在洛伦杂志案中，违反第2条的是"企图垄断"而不是垄断，但意图问题与这两种违法行为均有关系。在前一种情况下，有必要证明存在实现法律所禁止的特定目标（垄断）的"特定意图"，正如汉德法官解释的"这种意图超越了单纯实施该行为的意图"。【美国诉美国铝业公司案，《联邦判例汇编（第二辑）》第148卷第416、432页(美国联邦第二巡回上诉法院，1945年)】。在后一种情况下，意图的证据仅仅与被质疑的行为是否被公正地定性为"排他性"或"反竞争性"（初审法院的表述）或"掠夺性"（学者们更喜欢的表述）有关。无论使用哪一种表述，人们一致认为，"没有一个垄断者会在不知情的情况下进行垄断"。正如博克法官最近所说："不正当的排除（排除不是效率更高的结果）总是有意为之。"

US Court of Appeals for the District of Columbia Circuit
U.S. v. Microsoft Corp., 253 F.3d 34 (D.C. Cir. 2001)

Finally, in considering whether the monopolist's conduct on balance harms competition and is therefore condemned as exclusionary for purposes of 2, our focus is upon the effect of that conduct, not upon the intent behind it. Evidence of the intent behind the conduct of a monopolist is relevant only to the extent it helps us understand the likely effect of the monopolist's conduct. See, e.g., Chicago Bd. of Trade v. United States, 246 U.S. 231, 238 (1918) ("knowledge of intent may help the court to interpret facts and to predict consequences"); Aspen Skiing Co. v. Aspen Highlands Skiing Corp., 472 U.S. 585, 603 (1985).

美国哥伦比亚特区巡回上诉法院，美国诉微软公司案，《联邦判例汇编（第三辑）》第253卷第34页（哥伦比亚特区巡回上诉法院，2001年）

最后，在考虑垄断者的行为是否损害了竞争，因此被认定为第2条所规制的排他性行为时，我们考察的重点是该行为的影响，而不是其背后的意图。垄断者行为背后意图的证据只是帮助我们分析垄断者行为可能产生的影响。参见芝加哥期货交易所诉美国案，《美国判例汇编》第246卷第231、238页（1918年）（"了解意图可以帮助法院解释事实和预测后果"）；阿斯彭滑雪公司诉阿斯彭高地滑雪公司案，《美国判例汇编》第472卷第585、603页（1985年）。

·欧盟
Judgment of the Court of 13 February 1979.
Hoffmann-La Roche & Co. AG v Commission of the European Communities.
Case 85/76.

The concept of abuse is an objective concept relating to the behavior of an undertaking in a dominant position which is such as to influence the structure of a market where, as a result of the very presence of the undertaking in question, the degree of competition is weakened and which, through recourse to methods different from those which condition normal competition in products or services on the basis of the transactions of commercial operators, has the effect of hindering the maintenance of the degree of competition still existing in the market or the growth of that competition.

罗氏公司诉欧共体委员会案，1979年2月13日法院判决，案例编号：85/76。

滥用概念是一个客观概念，涉及市场支配经营者的行为，这种行为会影响市场结构（而正是由于该市场支配经营者的存在，市场上的竞争程度已经被削弱），而且这种行为是通过非正常的竞争方法，导致阻碍市场上残存竞争程度的维持或增长的效果。

Judgment of the Court of First Instance (Second Chamber) of 1 April 1993.

BPB Industries Plc and British Gypsum Ltd v Commission of the European Communities.

Case T-65/89.

The Court further observes that the concept of abuse is an objective one (see paragraph 91 of the judgment of the Court of Justice in Case 85/76 Hoffman-La Roche, cited above) and that, accordingly, the conduct of an undertaking in a dominant position may be regarded as abusive within the meaning of Article 86 of the EEC Treaty even in the absence of any fault. Consequently,the applicants' argument according to which BG never had any intention to discourage or weaken Iberian has no bearing on the legal classification of the facts.

BPB工业公司和英国石膏有限公司诉欧洲共同体委员会案，1993年4月1日一审法院（第二法庭）判决，案例编号：欧盟普通法院65/89。

法院进一步指出，滥用的概念是一个客观的概念（见上文第85/76号罗氏公司诉欧共体委员会案法院判决第91段），因此，即使在没有任何过错的情况下，具有市场支配地位的企业的行为也可被认定为《欧洲经济共同体条约》第86条意义上的滥用。因此，申请人有关其子公司（BG）从未怀有任何意图去阻碍或削弱伊比利亚公司的主张，不能影响对事实的法律认定。

第四章　经营者集中

重 点 问 题

1. 什么是经营者集中？
2. 如何审查经营者集中？
3. 经营者集中被认定为具有或者可能具有排除、限制竞争效果会怎样？
4. 未依法申报即实施经营者集中会怎样？

关 键 术 语

经营者集中；排除、限制竞争效果；限制性条件

第一节　经营者集中及其认定

《反垄断法》(2022)第3条明确规定："本法规定的垄断行为包括：（一）经营者达成垄断协议；（二）经营者滥用市场支配地位；（三）具有或者可能具有排除、限制竞争效果的经营者集中。"同时，《反垄断法》(2022)第6条规定："经营者可以通过公平竞争、自愿联合，依法实施集中，扩大经营规模，提高市场竞争能力。"可见，《反垄断法》并不一概禁止经营者集中，只是筛查其中具有或者可能具有排除、限制竞争效果的经营者集中加以规制。那么，什么是经营者集中？经营者集中又为何会带来排除、限制竞争风险呢？

一、什么是经营者集中

《反垄断法》（2022）第25条对经营者集中的概念进行了描述，指出经营者集中是指下列三种情形：（1）经营者合并；（2）经营者通过取得股权或者资产的方式取得对其他经营者的控制权；（3）经营者通过合同等方式取得对其他经营者的控制权或者能够对其他经营者施加决定性影响。

交易前后经营者的控制权是否发生了变化，是认定是否构成经营者集中的重要标准。《关于经营者集中申报的指导意见》（2018年9月29日修订）第3条指出，经营者集中所指的控制权，包括单独控制权和共同控制权。控制权取得，可由经营者直接取得，也可通过其已控制的经营者间接取得。例如，在"腾某公司通过虎某公司收购斗某公司案"中，虎某公司由腾某公司单独控制，根据集中协议，腾某公司拟通过虎某公司收购斗某公司全部股权。交易前，斗某公司由腾某公司与斗某公司创始人陈某团队共同控制；交易后，腾某公司将取得合并后实体的单独控制权。此种情形构成《反垄断法》上的经营者集中。在"腾某公司收购中某音乐集团股权违法实施经营者集中行政处罚案"中，集中前，中某音乐集团由自然人（略）作为一致行动人拥有共同控制权；集中后，腾某公司获得中某音乐集团61.64%股权，取得对中某音乐集团单独控制权。这种情形也属于《反垄断法》规定的经营者集中。

《关于经营者集中申报的指导意见》第3条还指出，判断经营者是否通过交易取得对其他经营者的控制权或者能够对其他经营者施加决定性影响（控制权和决定性影响以下统称为"控制权"），取决于大量法律和事实因素。集中协议和其他经营者的章程是重要判断依据，但不是唯一的依据。虽然从集中协议和章程中无法判断取得控制权，但由于其他股权分散等原因，实际上赋予了该经营者事实上的控制权，也属于经营者集中所指的控制权取得。

　　而判断经营者是否通过交易取得其他经营者的控制权，通常考虑包括但不限于下列因素：（1）交易的目的和未来的计划；（2）交易前后其他经营者的股权结构及其变化；（3）其他经营者股东大会的表决事项及其表决机制，以及其历史出席率和表决情况；（4）其他经营者董事会或监事会的组成及其表决机制；（5）其他经营者高级管理人员的任免等；（6）其他经营者股东、董事之间的关系，是否存在委托行使投票权、一致行动人等；（7）该经营者与其他经营者是否存在重大商业关系、合作协议等。

　　根据经营者集中当事人之间是竞争关系还是交易关系，经营者集中一般可分为横向集中、纵向集中和混合集中。横向集中是指，具有竞争关系的经营者之间进行的集中。因为横向集中会直接减少竞争者数量，由此可能提高市场集中度，对市场竞争状况的影响也最为直接。纵向集中是指，存在上下游关系，即交易关系的经营者之间的集中。由于参与纵向集中的经营者处于生产经营的不同阶段，集中可能会带来企业市场力量的纵向延伸，对上下游市场的竞争均可能产生影响。混合集中则是指，既不存在横向关系，也不存在纵向关系的经营者之间的集中。实施混合集中的经营者之间可能会存在相邻互补关系，此时，混合集中可能滋生搭售等排除、限制竞争行为。

二、为何要审查经营者集中

　　经营者集中有助于扩大经营规模，增强市场竞争力，从而提高经济效率，促进国民经济发展。经营者通过集中，可能实现更好地整合技术研发的资源和力量，对技术进步产生积极影响。经营者集中能通过提高经济效率、实现规模经济效应和范围经济效应、降低产品成本和提高产品多样化，从而对消费者利益产生积极影响。经营者集中还可能提高相关市场经营者的竞争压力，有利于促使其他经营者提高产品质量，降低产品价格，增进消费者利益。

既然经营者集中有如此诸多的益处，为什么还要对经营者集中进行审查？《反垄断法》并不是要一概禁止企业之间通过自愿联合，扩大经营规模，提高市场竞争能力，而仅是通过审查，筛查出具有或者可能具有排除、限制竞争效果的经营者集中，来进行合理规制。经营者集中可能提高相关市场的进入壁垒，集中后的经营者可行使其通过集中而取得或增强的市场控制力，通过控制生产要素、销售渠道、技术优势、关键设施等方式，使其他经营者进入相关市场更加困难。凭借通过集中而取得或增强的市场控制力，参与集中的经营者可能通过实施某些经营策略或手段，限制其他经营者扩大经营规模或削弱其他经营者的竞争能力，从而减少相关市场的竞争，也可能对其上下游市场或关联市场竞争产生排除、限制竞争效果。

经营者集中也可能通过以下方式对技术进步产生消极影响：减弱参与集中的经营者的竞争压力，降低其科技创新的动力和投入；参与集中的经营者也可通过集中提高其市场控制力，阻碍其他经营者对相关技术的投入、研发和利用。集中也可能提高参与集中经营者的市场控制力，增强其采取排除、限制竞争行为的能力，使其更有可能通过提高价格、降低质量、限制产销量、减少科技研发投资等方式损害消费者利益。在特定情况下，经营者集中还可能破坏相关市场的有效竞争和相关行业的健康发展，对国民经济造成不利影响。

第二节　互联网领域经营者集中的审查

经营者集中对竞争秩序可能产生正反两方面的影响。一方面，经营者集中有利于形成规模经济，优化资源配置，提高经营者的竞争力和综合实力；另一方面，经营者集中也可能导致市场中竞争者数目减少，产生或者加强市场支配地位，对市场竞争产生不利影响。那么，如何审查经营者集中？互联网领域的经营者集中审查又面临哪些新挑战？立法与执法采取了哪些应对措施？

一、经营者集中申报与执法机构主动调查

《反垄断法》（2022）第26条规定，经营者集中达到国务院规定的申报标准的，经营者应当事先向国务院反垄断执法机构申报，未申报的不得实施集中。经营者集中未达到国务院规定的申报标准，但有证据证明该经营者集中具有或者可能具有排除、限制竞争效果的，国务院反垄断执法机构可以要求经营者申报。经营者未依照前两款规定进行申报的，国务院反垄断执法机构应当依法进行调查。

"国务院规定的申报标准"则由《国务院关于经营者集中申报标准的规定》（2008年8月3日国务院令第529号公布　根据2018年9月18日《国务院关于修改部分行政法规的决定》修订）进行了明确。依据《国务院关于经营者集中申报标准的规定》第3条，经营者集中达到下列标准之一的，经营者应当事先向国务院反垄断执法机构申报，未申报的不得实施集中：（1）参与集中的所有经营者上一会计年度在全球范围内的营业额合计超过100亿元人民币，并且其中至少两个经营者上一会计年度在中国境内的营业额均超过4亿元人民币；（2）参与集中的所有经营者上一会计年度在中国境内的营业额合计超过20亿元人民币，并且其中至少两个经营者上一会计年度在中国境内的营业额均超过4亿元人民币。

二、互联网领域经营者集中申报门槛的窘境与解决方案

从现行"国务院规定的申报标准"可以看出，经营者集中申报标准是以"营业额"为指标的，且对参与集中的至少两个经营者的营业额都有门槛要求。然而，在互联网平台经济领域，经营者在业务起步阶段往往会将重心放在吸引用户，提供无价格的服务也会成为重要经营手段，此时的营业额可能会非常低。问题在于营业额低未必意味着市场影响力也同样微弱，在这种情况下，现行的"营业额"标准就出现了对平台经济领域的不适应性。

面对平台经济领域经营者集中申报门槛的困境，部分国家已经展开了积极探索与实践。2017年德国《反对限制竞争法》进行了第九次修订，为了解决数字经济时代经营者集中交易额非常高而营业额却没有达到申报标准的情况，德国在既有的经营者集中申报标准中增设"交易额条款"。按照交易额条款的规定，即使营业额达不到既有申报标准，如果经营者集中交易额达到4亿欧元，经营者仍有可能负有申报义务。①

参考资料②

Gesetz gegen Wettbewerbsbeschränkungen (GWB)

"Gesetz gegen Wettbewerbsbeschränkungen in der Fassung der Bekanntmachung vom 26. Juni 2013 (BGBl. I S.1750, 3245), das zuletzt durch Artikel 2 des Gesetzes vom 23. Juni 2023 (BGBl. 2023 I Nr. 167) geändert wordenist"

§35 Geltungsbereich der Zusammenschlusskontrolle

(1a) Die Vorschriften über die Zusammenschlusskontrolle finden auch Anwendung, wenn

　　1. die Voraussetzungen des Absatzes 1 Nummer 1 erfüllt sind,

　　2. im Inland im letzten Geschäftsjahr vor dem Zusammenschluss

---

① 周万里：《〈德国反限制竞争法〉的第九次修订》，载《德国研究》2018年第4期。

② 中文版为作者翻译，供读者参考。

a) ein beteiligtes Unternehmen Umsatzerlöse von mehr als 50 Millionen Euro erzielt hat und

b) weder das zu erwerbende Unternehmen noch ein anderes beteiligtes Unternehmen Umsatzerlöse von jeweils mehr als 17,5 Millionen Euro erzielt haben,

3. der Wert der Gegenleistung für den Zusammenschluss mehr als 400 Millionen Euro beträgt und

4. das zu erwerbende Unternehmen nach Nummer 2 in erheblichem Umfang im Inland tätig ist.

《德国反限制竞争法》

版本信息：2013年6月26日发布（联邦法律公报第一期，2013年，第1750、3245页），经2023年6月23日法案第2条修订（联邦法律公报第一期，第167号）

第35条　经营者集中审查范围

第（1a）款：有关经营者集中审查的规定同样适用于以下情况：

1. 满足第（1）款第1项下的要求，

2. 集中之前的最后一个营业年度（a）其中一家参与合并企业的国内营业额超过5000万欧元，并且（b）拟被收购企业或任何其他相关企业的国内营业额均未超过1750万欧元，

3. 收购对价超过4亿欧元，并且

4. 第2项中提到的拟被收购企业在德国有实质性的经营活动。

　　我国也已经对经营者集中申报标准及执法机构主动调查的现代化展开了积极探索。《国务院反垄断委员会关于平台经济领域的反垄断指南》表示，国务院反垄断执法机构高度关注参与集中的一方经营者为初创企业或者新兴平台、参与集中的经营者因采取免费或者低价模式导致营业额较低、相关市场集中度较高、参与竞争者数量较少等类型的平台经济领域的经营者集中，对未达到申报标准但具有或者可能具有排除、限制竞争效果的，国务院反垄断执法机构将依法进行调查处理。

　　市场监管总局于2022年6月27日发布的《国务院关于经营者集中申报标准的规定（修订草案征求意见稿）》，则要求中国境内营业额超过1000

亿元的经营者，并购市值（或估值）8亿元以上并且超过1/3营业额来自中国境内的经营者，构成集中的，需要进行申报。因为，根据案件申报和审查情况，大型企业一般市场力量较强，相比中小经营者，其集中行为具有或者可能具有排除、限制竞争效果的可能性较高。同时，关注大型企业并购也符合国际趋势。对于具有或者可能具有排除、限制竞争效果的集中，经营者集中审查制度可以在事前有效预防产生垄断的市场结构，减少集中对竞争产生的不利影响，增强反垄断治理的准确性和有效性，保护市场主体创新活力。[①]

三、评估竞争影响的考虑因素

《反垄断法》（2022）第33条规定了审查经营者集中应当考虑的因素（图表4.1左列），《经营者集中审查规定》对各因素进行了细化（图表4.1右列）。

图表4.1 评估竞争影响的考虑因素

考虑因素	细化规定
参与集中的经营者在相关市场的市场份额及其对市场的控制力	评估参与集中的经营者对市场的控制力，可以考虑参与集中的经营者在相关市场的市场份额、产品或者服务的替代程度、控制销售市场或者原材料采购市场的能力、财力和技术条件、掌握和处理数据的能力，以及相关市场的市场结构、其他经营者的生产能力、下游客户购买能力和转换供应商的能力、潜在竞争者进入的抵消效果等因素。

[①] 《市场监管总局关于公开征求〈国务院关于经营者集中申报标准的规定（修订草案征求意见稿）〉意见的公告》，附件2：关于《国务院关于经营者集中申报标准的规定（修订草案征求意见稿）》的说明，载国家市场监督管理总局网 https://www.samr.gov.cn/fldes/tzgg/zqyjgg/art/2023/art_1c119d88523f42ca8bb8bb436f364ecb.html，最后访问日期：2023年8月10日。

续表

考虑因素	细化规定
相关市场的市场集中度	评估相关市场的市场集中度，可以考虑相关市场的经营者数量及市场份额等因素。
集中对市场进入的影响	评估经营者集中对市场进入的影响，可以考虑经营者通过控制生产要素、销售和采购渠道、关键技术、关键设施、数据等方式影响市场进入的情况，并考虑进入的可能性、及时性和充分性。
集中对技术进步的影响	评估经营者集中对技术进步的影响，可以考虑经营者集中对技术创新动力和能力、技术研发投入和利用、技术资源整合等方面的影响。
经营者集中对消费者的影响	评估经营者集中对消费者的影响，可以考虑经营者集中对产品或者服务的数量、价格、质量、多样化等方面的影响。
经营者集中对其他有关经营者的影响	评估经营者集中对其他有关经营者的影响，可以考虑经营者集中对同一相关市场、上下游市场或者关联市场经营者的市场进入、交易机会等竞争条件的影响。
经营者集中对国民经济发展的影响	评估经营者集中对国民经济发展的影响，可以考虑经营者集中对经济效率、经营规模及其对相关行业发展等方面的影响。
国务院反垄断执法机构认为应当考虑的影响市场竞争的其他因素	评估经营者集中的竞争影响，还可以综合考虑集中对公共利益的影响、参与集中的经营者是否为濒临破产的企业等因素。

　　《经营者集中审查规定》第32条还规定，评估经营者集中的竞争影响，可以考察相关经营者单独或者共同排除、限制竞争的能力、动机及可能性。集中涉及上下游市场或者关联市场的，可以考察相关经营者利用在一个或者多个市场的控制力，排除、限制其他市场竞争的能力、动机及可能性。

　　在"腾某公司通过虎某公司收购斗某公司案"中，即出现了参与集中的经营者既存在上下游关系，又存在水平竞争关系的情况。虎某公司和斗某公司在游戏直播、娱乐直播、电商直播和短视频市场存在横向重叠，腾某公司则在游戏直播的上游从事网络游戏运营服务（图表4.2）。

图表4.2　经营者之间的市场关系

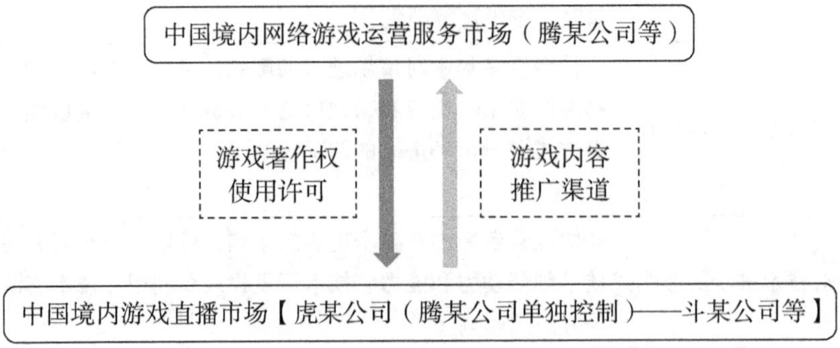

中国境内网络游戏运营服务市场（腾某公司等）

游戏著作权
使用许可

游戏内容
推广渠道

中国境内游戏直播市场【虎某公司（腾某公司单独控制）——斗某公司等】

市场监管总局在相关市场界定阶段，认定了游戏直播、娱乐直播、电商直播、短视频、网络游戏运营服务，分别构成单独的相关商品市场。也就是说可能受到经营者集中影响的市场，均会被纳入考察范围。继而，在竞争影响分析阶段，市场监管总局从参与集中的经营者在相关市场的市场份额及其对市场的控制力、相关市场的市场集中度、集中对下游用户企业和其他有关经营者的影响等方面，深入分析了此项经营者集中对市场竞争的影响。最终，市场监管总局认为此项集中对中国境内游戏直播市场和网络游戏运营服务市场具有或者可能具有排除、限制竞争效果。"腾某公司通过虎某公司收购斗某公司案"的排除、限制竞争效果分析如下：

（一）集中将强化腾某公司在中国境内游戏直播市场上的支配地位，具有排除、限制竞争效果

1.集中将进一步强化集中后实体市场支配地位。在中国境内游戏直播市场，从营业额看，虎某公司和斗某公司市场份额分别超过40%、30%，合计超过70%；从活跃用户数看，双方市场份额分别超过45%和35%，合计超过80%；从主播资源看，双方市场份

额均超过30%，合计超过60%。虎某公司和斗某公司是市场上前两大游戏直播平台，市场力量远超其他竞争者。交易前，腾某公司已具有虎某公司单独控制权和斗某公司共同控制权，但虎某公司和斗某公司之间尚存在一定的竞争，本项集中将彻底消除这种竞争，进一步强化其市场支配地位。

2.游戏直播市场进入壁垒高，短期内出现新进入者可能性不大。游戏直播市场进入门槛较高，主要体现在著作权使用许可、资金和主播资源等方面。

3.集中可能对消费者造成不利影响。交易将彻底消除市场上两家最大游戏直播平台之间的竞争，进一步减少消费者选择权。集中后实体有可能利用其市场力量，降低产品质量，提高服务价格或者降低用户体验感受，损害消费者权益。

4.集中可能损害游戏直播从业者利益。交易将完全消除虎某公司和斗某公司之间的竞争，进一步减少主播平台选择权，降低主播和游戏主播工会议价能力，损害从业者权利。

（二）集中将使腾某公司在上游中国境内网络游戏运营服务市场和下游中国境内游戏直播市场拥有双向封锁能力，可能具有排除、限制竞争效果

1.腾某公司在上下游市场均拥有较强的市场控制力，有能力实施双向纵向封锁。一是集中后实体在上下游均拥有较强的市场力量。在上游中国境内网络游戏运营服务市场，腾某公司市场份额超过40%，排名第一。其他竞争者市场份额远低于腾某公司，难以对其构成有效竞争约束。在下游中国境内游戏直播市场，如前所述，集中后实体以营业额、活跃用户数和主播资源计算的市场份额均超过60%。二是网络游戏运营服务市场进入壁垒高，短期内出现新进入者可能性不大。进入市场的资金和时间成本较高，且需要取

得有关资质、获得游戏版号。宣发渠道对游戏推广具有重要作用，游戏直播是网络游戏的重要推广渠道，交易将进一步提高网络游戏运营服务市场进入门槛。

2. 集中后实体有动机实施双向纵向封锁。一方面，网络游戏运营服务商拥有的游戏著作权使用许可是开展游戏直播的关键。腾某公司有动机通过网络游戏著作权许可封锁，排除、限制游戏直播市场竞争，进一步强化其在游戏直播市场的竞争优势。另一方面，游戏直播是重要的游戏内容推广渠道，二者用户具有高度重合性，可以相互转化。网络游戏运营服务商的主要盈利来自玩家付费或广告商付费。交易完成后，腾某公司有动机利用其控制的游戏直播平台对网络游戏市场竞争者实施推广渠道封锁，排除、限制上游网络游戏运营服务市场竞争。

因此，本项集中后，腾某公司在上下游均拥有较强的市场控制力，有能力和动机对下游游戏直播市场的竞争对手实施网络游戏著作权许可封锁，对上游网络游戏运营服务市场的竞争对手实施直播推广渠道封锁，在上下游市场形成闭环，排挤现有竞争对手、扼杀潜在竞争对手。

《国务院反垄断委员会关于平台经济领域的反垄断指南》还结合平台经济的特点，提出了评估平台经济领域经营者集中竞争影响的具体考虑因素：

（1）经营者在相关市场的市场份额。计算市场份额，除以营业额为指标外，还可以考虑采用交易金额、交易数量、活跃用户数、点击量、使用时长或者其他指标在相关市场所占比重，并可以视情况对较长时间段内的市场份额进行综合评估，判断其动态变化趋势。

（2）经营者对市场的控制力。可以考虑经营者是否对关键性、稀缺性资源拥有独占权利以及该独占权利持续时间，平台用户黏性、多栖性，经营者掌握和处理数据的能力，对数据接口的控制能力，向其他市场渗透或者扩展的能力，经营者的盈利能力及利润率水平，技术创新的频率和速度、商品的生命周期、是否存在或者可能出现颠覆性创新等。

（3）相关市场的集中度。可以考虑相关平台市场的发展状况、现有竞争者数量和市场份额等。

（4）经营者集中对市场进入的影响。可以考虑市场准入情况，经营者获得技术、知识产权、数据、渠道、用户等必要资源和必需设施的难度，进入相关市场需要的资金投入规模，用户在费用、数据迁移、谈判、学习、搜索等各方面的转换成本，并考虑进入的可能性、及时性和充分性。

（5）经营者集中对技术进步的影响。可以考虑现有市场竞争者在技术和商业模式等创新方面的竞争，对经营者创新动机和能力的影响，对初创企业、新兴平台的收购是否会影响创新。

（6）经营者集中对消费者的影响。可以考虑集中后经营者是否有能力和动机以提高商品价格、降低商品质量、减少商品多样性、损害消费者选择能力和范围、区别对待不同消费者群体、不恰当使用消费者数据等方式损害消费者利益。

（7）国务院反垄断执法机构认为应当考虑的影响市场竞争的其他因素。包括对其他经营者的影响、对国民经济发展的影响等。

对涉及双边或者多边平台的经营者集中，可能需要综合考虑平台的双边或者多边业务，以及经营者从事的其他业务，并对直接和间接网络外部性进行评估。

四、具有或者可能具有排除、限制竞争效果的经营者集中一定会被禁止吗

《反垄断法》（2022）第34条规定："经营者集中具有或者可能具有排除、限制竞争效果的，国务院反垄断执法机构应当作出禁止经营者集

中的决定。但是，经营者能够证明该集中对竞争产生的有利影响明显大于不利影响，或者符合社会公共利益的，国务院反垄断执法机构可以作出对经营者集中不予禁止的决定。"同法第35条规定："对不予禁止的经营者集中，国务院反垄断执法机构可以决定附加减少集中对竞争产生不利影响的限制性条件。"

那么，如图表4.3所示，附加条件是否以"经营者证明对竞争的有利影响明显大于不利影响，或者符合公共利益"为前提条件？若附加条件商谈不成，反垄断执法是否要禁止一项被证明"对竞争的有利影响明显大于不利影响，或者符合公共利益"的集中？

图表4.3 附加条件的适用

对具有或者可能具有排除、限制竞争效果的经营者集中的处理

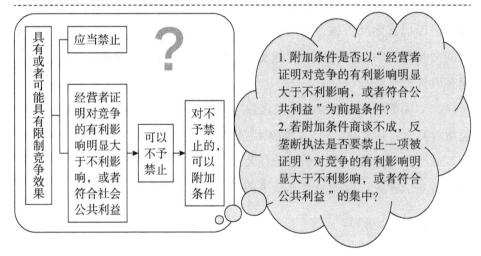

在"腾某公司通过虎某公司收购斗某公司案"的审查决定指出，审查过程中，市场监管总局将本案具有或者可能具有排除、限制竞争效果的审查意见及时告知申报方，并与申报方就如何减少该经营者集中对竞争产生的不利影响等有关问题进行了多轮商谈。申报方提交了多轮附加限制性条

件承诺方案（简称承诺方案），2021年4月22日，提交了最终承诺方案。对申报方提交的承诺方案，市场监管总局按照《反垄断法》《经营者集中审查暂行规定》（国家市场监督管理总局令第30号），重点从承诺方案的有效性、可行性和及时性方面进行了评估。经评估，市场监管总局认定，申报方提交的承诺方案不能有效减少集中对中国境内游戏直播市场和网络游戏运营服务市场竞争的不利影响。鉴于此项经营者集中对中国境内游戏直播市场和网络游戏运营服务市场具有或者可能具有排除、限制竞争的效果，申报方未能证明集中对竞争产生的有利影响明显大于不利影响，或者符合社会公共利益，且申报方提交的承诺方案无法有效减少集中对竞争产生的不利影响，市场监管总局决定，根据《反垄断法》（2007）第28条和《经营者集中审查暂行规定》（2022）第35条规定，禁止此项经营者集中。①

根据上述审查决定内容可知：（1）申报方并没有证明对竞争的有利影响明显大于不利影响，或者符合社会公共利益；（2）市场监管总局与申报方就限制性条件进行了多轮商谈；（3）最终承诺方案不能有效减少集中对中国境内游戏直播市场和网络游戏运营服务市场竞争的不利影响，结果该项集中被禁止。那么，若商谈成功，最终承诺方案成立的话会怎样？

《经营者集中审查暂行规定》（2022）第35条规定："对于具有或者可能具有排除、限制竞争效果的经营者集中，参与集中的经营者提出的附加限制性条件承诺方案能够有效减少集中对竞争产生的不利影响的，市场监管总局可以作出附加限制性条件批准决定。参与集中的经营者未能在规定期限内提出附加限制性条件承诺方案，或者所提出的承诺方案不能有效减少集中对竞争产生的不利影响的，市场监管总局应当作出禁止经营者集中的决定。"结合"腾某公司通过虎某公司收购斗某公司案"的实际审查情况来

---

① 《市场监管总局关于禁止虎牙公司与斗鱼国际控股有限公司合并案反垄断审查决定的公告》（2021年7月10日）。

看，附加限制性条件商谈的开启并不以"经营者证明对竞争的有利影响明显大于不利影响，或者符合公共利益"为前提条件。

那么"限制性条件"又是怎样的条件呢？依据《经营者集中审查规定》第40条，根据经营者集中交易具体情况，限制性条件可以包括三种类型：（1）结构性条件：剥离有形资产，知识产权、数据等无形资产或者相关权益（简称剥离业务）等。剥离业务一般应当具有在相关市场开展有效竞争所需要的所有要素，包括有形资产、无形资产、股权、关键人员以及客户协议或者供应协议等权益。剥离对象可以是参与集中经营者的子公司、分支机构或者业务部门等。（2）行为性条件：开放其网络或者平台等基础设施、许可关键技术（包括专利、专有技术或者其他知识产权）、终止排他性或者独占性协议、保持独立运营、修改平台规则或者算法、承诺兼容或者不降低互操作性水平等。（3）综合性条件：结构性条件和行为性条件的结合。

第三节　违法实施经营者集中的法律责任

一、何为"违法实施的经营者集中"

《反垄断法》（2022）第26条第1款规定："经营者集中达到国务院规定的申报标准的，经营者应当事先向国务院反垄断执法机构申报，未申报的不得实施集中。"同时，该法第58条规定："经营者违反本法规定实施集中，且具有或者可能具有排除、限制竞争效果的，由国务院反垄断执法机构责令停止实施集中、限期处分股份或者资产、限期转让营业以及采取其他必要措施恢复到集中前的状态，处上一年度销售额百分之十以下的罚款；不具有排除、限制竞争效果的，处五百万元以下的罚款。"由此可见，"违法实施的经营者集中"有三个构成要件：其一，存在一项"经营者集中"；其二，该项经营者集中达到国务院规定的申报标准；其三，经营者未申报就实施了集中。

在"腾某公司收购中某音乐集团股权违法实施经营者集中行政处罚案"中，市场监管总局首先认定了腾某公司收购中某音乐集团股权属于"经营者集中"。腾某公司与中某音乐集团集中前，中某音乐集团由自然人（略）共同控制；集中后，腾某公司获得中某音乐集团61.64%股权，取得对中某音乐集团单独控制权，因此属于《反垄断法》规定的经营者集中。其次，市场监管总局认定了该项集中达到国务院规定的申报标准。腾某公司2015年全球营业额为1028.63亿元，中国境内营业额为962.51亿元，中某音乐集团2015年全球及中国境内营业额均为（略），达到《国务院关于经营者集中申报标准的规定》第3条规定的申报标准，属于应当申报的情形。最后，市场监管总局认定了该项集中未经申报就已经实施。2017年12月6日，腾某公司完成股权变更登记，在此之前未向市场监管总局进行申报，因此构成"违法实施的经营者集中"。

二、如何处理"违法实施的经营者集中"

《反垄断法》（2007）第48条规定："经营者违反本法规定实施集中的，由国务院反垄断执法机构责令停止实施集中、限期处分股份或者资产、限期转让营业以及采取其他必要措施恢复到集中前的状态，可以处五十万元以下的罚款。"也就是说，只要经营者集中属于应申报而未申报的情形，国务院反垄断执法机构就要责令停止实施集中、限期处分股份或者资产、限期转让营业以及采取其他必要措施恢复到集中前的状态，而"五十万元以下的罚款"则属于可选项。但是，这样的规定合理吗？实践中又是怎样处理的呢？

（一）不具有排除、限制竞争效果的情况

2021年3月12日，市场监管总局发布公告"市场监管总局依法对互联网领域十起违法实施经营者集中案作出行政处罚决定"。^①该十起案件均违反了《反垄断法》（2007）第21条，构成违法实施经营者集中，但被评估认为不具有排除、限制竞争效果。市场监管总局根据《反垄断法》（2007）第48条、第49条作出行政处罚决定，对涉案企业分别处以50万元人民币罚款。

2021年4月30日，市场监管总局发布公告"市场监管总局依法对互联网领域九起违法实施经营者集中案作出行政处罚决定"。^②相关九起案件均违反了《反垄断法》（2007）第21条，构成违法实施经营者集中，但被评估认为不具有排除、限制竞争效果。市场监管总局根据《反垄断法》（2007）第48条、第49条作出行政处罚决定，对涉案企业分别处以50万元人民币罚款。

2021年7月7日，市场监管总局发布公告"市场监管总局依法对互联网领域二十二起违法实施经营者集中案作出行政处罚决定"。^③相关22起案件均违反了《反垄断法》（2007）第21条，构成违法实施经营者集中，但被评估认为不具有排除、限制竞争效果。市场监管总局根据《反垄断法》（2007）第48条、第49条作出行政处罚决定，对涉案企业分别处以50万元人民币罚款。

2021年11月20日，市场监管总局发布公告"市场监管总局依法对43起未依法申报违法实施经营者集中案作出行政处罚决定"。该43起案件均违反

---

① 《市场监管总局依法对互联网领域十起违法实施经营者集中案作出行政处罚决定》，载国家市场监督管理总局网 https://www.samr.gov.cn/xw/zj/art/2023/art_1f22ec38ab104caca3b754b5b7b644a6.html，最后访问日期：2023年8月10日。

② 《市场监管总局依法对互联网领域九起违法实施经营者集中案作出行政处罚决定》，载国家市场监督管理总局网 https://www.samr.gov.cn/zt/qhfldzf/art/2021/art_d722606a59524c259f75e09a40987cb2.html，最后访问日期：2023年8月10日。

③ 《市场监管总局依法对互联网领域二十二起违法实施经营者集中案作出行政处罚决定》，载国家市场监督管理总局网 https://www.samr.gov.cn/xw/zj/art/2023/art_134c5f3fce7f43e89494141024479b18.html，最后访问日期：2023年8月10日。

了《反垄断法》（2007）第21条，构成未依法申报违法实施经营者集中，但被评估认为不具有排除、限制竞争效果。市场监管总局同样是根据《反垄断法》（2007）第48条、第49条作出行政处罚决定，对涉案企业分别处以50万元罚款。同时，市场监管总局表示，"随着反垄断执法的深入推进，企业经营者集中申报意识不断提高，主动梳理和报告以前未依法申报违法实施的经营者集中，并积极配合调查。本次公布的案件均为过去应当申报而未申报的交易，案件数量多、涉及企业广泛、交易时间跨度较长。依法处理未依法申报案件，既能保障各类市场主体公平参与竞争，维护反垄断法权威，不断优化公平、透明、可预期的竞争环境；又能有效督促企业提升合规意识和能力，推动企业和行业持续健康发展。"①

通过上述执法实践梳理可知，即便是违反《反垄断法》的规定，应申报而未申报的经营者集中，也不是被一律要求"恢复到集中前的状态"。若未依法申报的经营者集中，被评估认为不具有排除、限制竞争效果，仅会面临罚款处罚。《反垄断法》（2022）第58条区分是否"具有或者可能具有排除、限制竞争效果"，对原有规定进行了细化，并且相应提高了罚款限度。即经营者违反《反垄断法》的规定实施集中，且具有或者可能具有排除、限制竞争效果的，由国务院反垄断执法机构责令停止实施集中、限期处分股份或者资产、限期转让营业以及采取其他必要措施恢复到集中前的状态，处上一年度销售额10%以下的罚款；不具有排除、限制竞争效果的，处500万元以下的罚款。

（二）具有排除、限制竞争效果的情况

依据《反垄断法》（2022）第58条的规定，经营者违反本法规定实施集

---

① 《市场监管总局依法对43起未依法申报违法实施经营者集中案作出行政处罚决定》，载国家市场监督管理总局网 https://www.samr.gov.cn/xw/zj/art/2023/art_58890b3964a947438e050bec99133f7e.html，最后访问日期：2023年8月10日。

中，且具有或者可能具有排除、限制竞争效果的，由国务院反垄断执法机构责令停止实施集中、限期处分股份或者资产、限期转让营业以及采取其他必要措施恢复到集中前的状态，处上一年度销售额10%以下的罚款。那么，这里所说的"恢复到集中前的状态"又是何意？如果集中是通过收购股份来实现的，那么是不是一定要处分了股份才算是"恢复到集中前的状态"呢？

在"腾某公司收购中某音乐集团股权违法实施经营者集中行政处罚案"中，市场监管总局经深入研究，首先确认了本项集中对中国境内网络音乐播放平台市场具有或者可能具有排除、限制竞争效果。这里需要注意的是，在竞争分析方面，未依法申报的经营者集中与正常申报的经营者集中是存在一些差异的。在正常申报环节，集中尚未实施，审查小组只能根据集中前的相关市场状况、行业特点等，对集中可能造成的单边或协同效应作出预判，得到无条件/附条件/禁止的审查结果。而对于未依法申报经营者集中案件，集中在数月甚至数年前已经实施，已持续影响相关市场，此时竞争分析需要兼顾事前和事后，不仅要获取集中前的相关市场状况，也要掌握集中实施后的市场数据，以此判断由集中产生的竞争影响。[①] "腾某公司收购中某音乐集团股权违法实施经营者集中行政处罚案"的排除、限制竞争效果分析：

1.集中后实体在相关市场具有较高市场份额

2016年7月集中发生时，腾某公司和中某音乐集团的月活跃用户数分别为1.6亿人、2.3亿人，市场份额分别为33.96%、49.07%；用户月使用时长分别为8.05亿小时、6.98亿小时，市场份额分别为45.77%、39.65%，集中双方均列市场前两位，合计市场份额超过80%。2016年集中双方在相关市场的销售金额合计（略），约

---

① 国家市场监督管理总局反垄断局：《中国反垄断立法与执法实践》，中国工商出版社2020年版，第192页。

占相关市场总收入规模的70%。以音乐版权核心资源占有率计算，腾某公司和中某音乐集团的曲库数量分别为1210万、821万，其中独家曲库为314万、130万，曲库和独家资源的市场占有率均超过80%。

从该市场赫芬达尔－赫希曼指数（HHI指数）分析，交易后为6950，为高度集中市场，集中产生的增量为3350。交易导致相关市场集中度进一步提高，竞争被进一步削弱。

2.集中减少相关市场主要竞争对手

调查显示，交易前集中双方居市场前两位，竞争实力相当，彼此竞争较为紧密。根据消费者在替代性平台之间的流向选择显示，腾某公司旗下Q×音乐73.6%的用户流向了中某音乐集团旗下的酷狗音乐和酷我音乐，表明如果Q×音乐提高价格或降低服务水平，可能有73.6%的用户流向中某音乐集团旗下平台，双方互为较为紧密竞争者。集中减少相关市场主要竞争对手，进一步削弱市场竞争。

3.集中可能进一步提高相关市场进入壁垒

一是可能提高版权资源壁垒。在集中后实体锁定较多独家版权资源的情况下，新进入者须依靠其转授权，进入相关市场较为困难。由集中带来的市场规模也使其有能力通过提前支付不可返还的高额预付金等方式向上游版权方支付版权费用，可能进一步提高市场进入壁垒。

二是可能增加用户转换成本。集中为腾某公司带来较为丰富的曲库资源、较大的用户规模及充足的使用数据，相比新进入平台更能推荐符合消费者偏好的歌曲，导致用户转换平台意愿降低，从而进一步扩大用户规模，可能阻止其他竞争者达到或维持临界规模。

三是集中后市场进入活跃度不高。数据显示,网络音乐播放平台市场的主要进入发生在2016年年初至2017年7月,2017年年底集中完成后,该市场进入活跃度下降较明显。

综上,腾某公司通过本项集中在中国境内网络音乐播放平台市场具有较高市场份额,可能使其有能力促使上游版权方对其进行独家版权授权,或者向其提供优于竞争对手的条件,也可能使腾某公司有能力通过支付高额预付金等方式提高市场进入壁垒,对相关市场具有或者可能具有排除、限制竞争的效果。

但是,市场监管总局还同时确认了中国网络音乐播放平台市场竞争出现活跃势头。通过调查发现,中国网络音乐播放平台市场发展较为迅速,腾某主要竞争对手(略)的市场份额也呈现较快速度增长,由集中发生时的不足6%增长至近18%,增长200%左右,说明竞争对手对其竞争约束有增强的趋势。此外,网络音乐播放平台与其他平台之间近年来呈现出一定的动态竞争和跨界融合趋势,一些拥有广泛用户基础的短视频平台,如果再获得足够数量的音乐版权资源,在未来还有可能成为相关市场的竞争者。

结合中国网络音乐播放平台市场发展的实际状况,立足相关市场竞争的堵点问题,市场监管总局并没有要求腾某公司处分股份,而是责令腾某公司及其关联公司采取以下措施恢复相关市场竞争状态:

第一,不得与上游版权方达成或变相达成独家版权协议(版权范围包括所有音乐作品及录音制品的信息网络传播权)或其他排他性协议,已经达成的,须在本决定发布之日起30日内解除,与独立音乐人(是指音乐作品或录音制品的原始权利人,并以个人名义与音乐平台进行版权授权,且从未与任何唱片公司或经纪公司签订协议的自然人)或新歌首发的独家合作除外。与独立音乐人的独家合作期限不得超过3年,与新歌首发的独家合作期限不得超过30日。

第二，没有正当理由，不得要求或变相要求上游版权方给予当事人优于其他竞争对手的条件，包括但不限于授权范围、授权金额、授权期限等，或与之相关的任何协议或协议条款。已经达成的，须在本决定发布之日起30日内解除。

第三，依据版权实际使用情况、用户付费情况、歌曲单价、应用场景、签约期限等因素向上游版权方报价，不得通过高额预付金等方式变相提高竞争对手成本，排除、限制竞争。

规 则 提 炼

经营者集中是指下列情形：（1）经营者合并；（2）经营者通过取得股权或者资产的方式取得对其他经营者的控制权；（3）经营者通过合同等方式取得对其他经营者的控制权或者能够对其他经营者施加决定性影响。《反垄断法》仅规制具有或者可能具有排除、限制竞争效果的经营者集中。

经营者集中达到国务院规定的申报标准的，经营者应当事先向国务院反垄断执法机构申报，未申报的不得实施集中。经营者集中未达到国务院规定的申报标准，但有证据证明该经营者集中具有或者可能具有排除、限制竞争效果的，国务院反垄断执法机构可以要求经营者申报。

评估经营者集中对竞争产生不利影响的可能性时，首先考察集中是否产生或加强了某一经营者单独排除、限制竞争的能力、动机及其可能性（"单边效应"）。当集中所涉及的相关市场中有少数几家经营者时，还应考察集中是否产生或加强了相关经营者共同排除、限制竞争的能力、动机及其可能性（"协调效应"）。当参与集中的经营者不属于同一相关市场的实际或潜在竞争者时，重点考察集中在上下游市场或关联市场是否具有或可能具有排除、限制竞争效果。

市场监管总局认为经营者集中具有或者可能具有排除、限制竞争效果的，应当告知申报人。为减少集中具有或者可能具有的排除、限制竞争的效果，参与集中的经营者可以向市场监管总局提出附加限制性条件承诺方案。市场监管总局认为承诺方案不足以减少集中对竞争的不利影响的，可以与参与集中的经营者就限制性条件进行磋商，要求其在合理期限内提出其他承诺方案。

经营者违反《反垄断法》规定实施集中，且具有或者可能具有排除、限制竞争效果的，由国务院反垄断执法机构责令停止实施集中、限期处分股份或者资产、限期转让营业以及采取其他必要措施恢复到集中前的状态，处上一年度销售额10%以下的罚款；不具有排除、限制竞争效果的，处500万元以下的罚款。

延 伸 思 考

经营者集中审查是否必须以相关市场界定为起点？

参考资料

Horizontal Merger Guidelines, U.S. Department of Justice and the Federal Trade Commission, Issued: August 19, 2010

4. Market Definition

......

The Agencies' analysis need not start with market definition. Some of the analytical tools used by the Agencies to assess competitive effects do not rely on market definition, although evaluation of competitive alternatives available to customers is always necessary at some point in the analysis.

Evidence of competitive effects can inform market definition, just as market definition can be informative regarding competitive effects. For example, evidence that a reduction in the number of significant rivals offering a group of products causes prices for those products to rise significantly can itself establish that those products form a relevant market. Such evidence also may more directly predict the competitive effects of a merger, reducing the role of inferences from market definition and market shares.

《横向合并指南》

美国司法部与联邦贸易委员会，发布时间：2010年8月19日

4.市场界定

......

执法部门的分析不需要从市场界定开始。尽管评估客户可获得的竞争性替代产品在分析中的某些时刻总是必需的，执法部门使用的一些评估竞争效果的分析工具并不依赖市场界定。

　　正如市场界定能够给判断竞争效果提供信息一样，有关竞争效果的证据也能够给市场界定提供信息。例如，如果能够证明提供某组产品的重要竞争者数量的减少，导致这些产品价格明显上升，这一证据本身就能证明这些产品构成一个相关市场。这样的证据可能更为直接的预测一项合并的竞争效果，而减轻了通过市场界定及市场份额进行推断的作用。[①]

---

　　① 韩伟：《横向合并指南》，载《产业组织评论》2012年第4期。

第二编

互联网领域反不正当竞争

核心法条

中华人民共和国反不正当竞争法[①]

（1993年9月2日第八届全国人民代表大会常务委员会第三次会议通过　2017年11月4日第十二届全国人民代表大会常务委员会第三十次会议修订　根据2019年4月23日第十三届全国人民代表大会常务委员会第十次会议《关于修改〈中华人民共和国建筑法〉等八部法律的决定》修正）

第二条第一款、第二款　经营者在生产经营活动中，应当遵循自愿、平等、公平、诚信的原则，遵守法律和商业道德。

本法所称的不正当竞争行为，是指经营者在生产经营活动中，违反本法规定，扰乱市场竞争秩序，损害其他经营者或者消费者的合法权益的行为。

第六条　经营者不得实施下列混淆行为，引人误认为是他人商品或者与他人存在特定联系：

（一）擅自使用与他人有一定影响的商品名称、包装、装潢等相同或者近似的标识；

（二）擅自使用他人有一定影响的企业名称（包括简称、字号等）、社会组织名称（包括简称等）、姓名（包括笔名、艺名、译名等）；

（三）擅自使用他人有一定影响的域名主体部分、网站名称、网页等；

（四）其他足以引人误认为是他人商品或者与他人存在特定联系的混淆行为。

第七条　经营者不得采用财物或者其他手段贿赂下列单位或者个人，以谋取交易机会或者竞争优势：

（一）交易相对方的工作人员；

（二）受交易相对方委托办理相关事务的单位或者个人；

[①]　简称《反不正当竞争法》。

（三）利用职权或者影响力影响交易的单位或者个人。

经营者在交易活动中，可以以明示方式向交易相对方支付折扣，或者向中间人支付佣金。经营者向交易相对方支付折扣、向中间人支付佣金的，应当如实入账。接受折扣、佣金的经营者也应当如实入账。

经营者的工作人员进行贿赂的，应当认定为经营者的行为；但是，经营者有证据证明该工作人员的行为与为经营者谋取交易机会或者竞争优势无关的除外。

第八条 经营者不得对其商品的性能、功能、质量、销售状况、用户评价、曾获荣誉等作虚假或者引人误解的商业宣传，欺骗、误导消费者。

经营者不得通过组织虚假交易等方式，帮助其他经营者进行虚假或者引人误解的商业宣传。

第九条 经营者不得实施下列侵犯商业秘密的行为：

（一）以盗窃、贿赂、欺诈、胁迫、电子侵入或者其他不正当手段获取权利人的商业秘密；

（二）披露、使用或者允许他人使用以前项手段获取的权利人的商业秘密；

（三）违反保密义务或者违反权利人有关保守商业秘密的要求，披露、使用或者允许他人使用其所掌握的商业秘密；

（四）教唆、引诱、帮助他人违反保密义务或者违反权利人有关保守商业秘密的要求，获取、披露、使用或者允许他人使用权利人的商业秘密。

经营者以外的其他自然人、法人和非法人组织实施前款所列违法行为的，视为侵犯商业秘密。

第三人明知或者应知商业秘密权利人的员工、前员工或者其他单位、个人实施本条第一款所列违法行为，仍获取、披露、使用或者允许他人使用该商业秘密的，视为侵犯商业秘密。

本法所称的商业秘密，是指不为公众所知悉、具有商业价值并经权利人采取相应保密措施的技术信息、经营信息等商业信息。

第十条　经营者进行有奖销售不得存在下列情形：

（一）所设奖的种类、兑奖条件、奖金金额或者奖品等有奖销售信息不明确，影响兑奖；

（二）采用谎称有奖或者故意让内定人员中奖的欺骗方式进行有奖销售；

（三）抽奖式的有奖销售，最高奖的金额超过五万元。

第十一条　经营者不得编造、传播虚假信息或者误导性信息，损害竞争对手的商业信誉、商品声誉。

第十二条　经营者利用网络从事生产经营活动，应当遵守本法的各项规定。

经营者不得利用技术手段，通过影响用户选择或者其他方式，实施下列妨碍、破坏其他经营者合法提供的网络产品或者服务正常运行的行为：

（一）未经其他经营者同意，在其合法提供的网络产品或者服务中，插入链接、强制进行目标跳转；

（二）误导、欺骗、强迫用户修改、关闭、卸载其他经营者合法提供的网络产品或者服务；

（三）恶意对其他经营者合法提供的网络产品或者服务实施不兼容；

（四）其他妨碍、破坏其他经营者合法提供的网络产品或者服务正常运行的行为。

典型案例检索

案件名称	基本案情	典型意义
"尚某圈文化传播公司诉为×读诗公司、首某文化产业公司擅自使用知名服务特有名称纠纷案"【北京知识产权法院（2016）京73民终75号民事判决书】	2013年6月，尚某圈文化传播公司联合北京青年报社等发起"为×读诗"公益诗歌艺术活动；同时尚某圈文化传播公司创建微信公众号"为×读诗"，每天以配乐加朗读的形式推送一期读诗作品，同时以视频的形式展现所朗诵内容的字幕。另外，每期读诗作品中还配有图文，包括对诗歌及作者、朗诵者的介绍，所诵读诗歌的文字内容等。截至2014年9月16日，尚某圈文化传播公司共发布473期节目，诗歌朗读者含各行业精英与明星。 2014年9月16日，首某音乐创意公司在苹果应用商店推出"为×读诗"App（应用程序），其于2015年6月23日更名为"为×读诗公司"。2015年1月1日，首某文化产业公司创建名为"为×读诗官方客户端"的微信公众号。"为×读诗"App的功能包括诗歌朗诵录制、配音、上传分享及收听他人的诗歌朗诵作品。"为×读诗官方客户端"的微信公众号主要用于发布相关信息。尚某圈文化传播公司诉至法院，请求法院判令二被告立即停止擅自使用"为×读诗"名称的不正当竞争行为、赔偿经济损失。	本案的焦点问题涉及知名微信公众号名称的不正当竞争保护。由于移动互联网络具有受众范围广、传播速度快等特点，故其产业经营特点、竞争方式有别于传统产业。对于涉互联网不正当竞争纠纷案件的处理，既要准确理解、适用法律，也要充分了解特定产业的特点。对于互联网环境下的竞争纠纷，要结合网络本身所具有的特点，充分考量互联网软件产品或服务的模式创新以及市场主体的劳动付出，通过司法裁判，促进和规范市场竞争秩序。[①]

---

① 《最高人民法院发布第一批涉互联网典型案例》，载最高人民法院网 https://www.court.gov.cn/zixun-xiangqing-112611.html，最后访问日期：2023年8月1日。

续表

案件名称	基本案情	典型意义
"'quna.com'在先注册域名不正当竞争纠纷案"【广东省高级人民法院（2013）粤高法民三终字第565号民事判决书；最高人民法院（2014）民申字第1414号民事裁定书】	2005年5月9日，庄某某注册了"qunar.com"域名并创建了"去哪儿"网。2006年3月17日，北京某趣拿公司成立，受让"qunar.com"域名。经过多年使用，"去哪儿""去哪儿网""qunar.com"等服务标识成为知名服务的特有名称。广州某去哪公司的前身成立于2003年12月10日，后于2009年5月26日变更为现名，经营范围与北京某趣拿公司相近。2003年6月6日，"quna.com"域名登记注册，后于2009年7月转让给广州某去哪公司。广州某去哪公司随后注册了"123quna.com""mquna.com"域名，并使用"去哪""去哪儿""去哪网""quna.com"名义对外宣传和经营。北京某趣拿公司以广州某去哪公司上述行为构成不正当竞争为由，请求判令广州某去哪公司停止不正当竞争行为并赔偿损失300万元等。	本案区分了域名近似与商标近似判断标准的不同，以及权利冲突处理原则。"quna.com"与"qunar.com"两个域名仅相差一个字母"r"，构成相近似的域名，但法院认为可以长期共存，依据在于：一是域名具有全球唯一性，由于域名有长度限制，全球域名注册的最大容量不超过43亿，如果规定近似域名不得注册，从经济学角度是没有效益的。二是域名由计算机系统识别，计算机对非常相似的域名也可以精确地区分开来，绝不会出现混淆情况。电子技术手段和感觉感官在精确性上的巨大差异是造成域名近似与商标近似判断标准不同的主要原因。①

---

① 《"quna.com"在先注册域名不正当竞争纠纷案》，载中国法院网 https://www.chinacourt.org/article/detail/2015/04/id/1598578.shtml，最后访问日期：2023年7月31日。

续表

案件名称	基本案情	典型意义
"爱某艺公司与飞某公司等视频刷量不正当竞争纠纷案"【上海知识产权法院（2019）沪73民终4号民事判决书】	飞某公司是一家专门提供视频刷量服务的公司，其与吕某、胡某分工合作，通过运用多个域名、不断更换访问IP地址等方式，连续访问爱某艺网站视频，在短时间内迅速提高视频访问量，达到刷单成绩，以牟取利益。经统计，飞某公司在四个月内就实施了9.5亿次的刷量，侵权规模可见一斑。爱某艺公司诉称，飞某公司的行为已经严重损害了其合法权益，破坏了视频行业的公平竞争秩序。飞某公司、吕某、胡某辩称，爱某艺公司与飞某公司的经营范围、盈利模式均不相同，不具有竞争关系，并且涉案的刷量行为未在《反不正当竞争法》禁止之列，故飞某公司的刷量行为不构成不正当竞争。	本案对《反不正当竞争法》一般条款的适用条件、视频刷量行为的定性、反不正当竞争案件相关裁判思路的探索，对同类案件具有较高参考价值。[①]
"汉某公司诉金某碑公司不正当竞争纠纷案"【四川省成都市中级人民法院（2021）川01民初913号民事判决书】	在汉某公司运营的"大×点评"平台中，消费者在某店铺消费后，可对店铺进行打分与文字点评，上述内容显示在店铺主页且所有用户可见。汉某公司认为，金某碑公司在其运营的"捧×客"软件中，利用发放红包的方式诱使消费者对特定商家进行点赞、打分、点评、收藏等行为，导致商户评价与消费者实际评价不符，造成虚假的宣传效果，构成帮助其他经营者进行虚假或引人误解的商业宣传，遂诉至法院。四川省成都市中级人民法院审理认为，金某碑公司以营利为目的，通过诱导消费者对其合作商户在"大×	本案是打击互联网环境下虚假宣传行为的典型案例。判决积极回应实践需求，通过制止利用"刷单炒信"行为帮助其他经营者进行虚假宣传等不正当竞争行为，保护经营者和消费者的合法权益，有力维护和促进网络生态健康发展，有助于形成崇

① 何渊：《北京爱奇艺与杭州飞益视频刷量不正当竞争纠纷案》，载【上知案例洞察】第4期澎湃新闻·澎湃号·政务 https://www.thepaper.cn/newsDetail_forward_9035188，最后访问日期：2023年8月4日。

案件名称	基本案情	典型意义
	点评"平台进行特定分数的好评、评论、收藏等行为，造成平台内展示的商户数据失真，影响平台的信用体系，扰乱平台内商户的竞争秩序，构成不正当竞争行为。遂判令金某碑公司停止不正当竞争行为并赔偿汉某公司经济损失50万元及合理开支。一审宣判后，各方当事人均未上诉。	尚、保护和促进公平竞争的市场环境。[1]
"腾某公司诉数某公司、谭某不正当竞争纠纷案"【重庆市第五中级人民法院（2019）渝05民初3618号民事判决书】	数某公司为自然人独资有限公司，谭某系数某公司执行董事兼总经理，是该公司的唯一股东。数某公司、谭某自2017年12月至2019年7月分别开设了"某代商网""某代刷网"等6个网站接受客户订单，将订单转让或转托他人，利用网络技术手段，对腾某公司的网站和产品服务内容信息的点击量、浏览量、阅读量进行虚假提高，并予以宣传，获取订单与转托刷量之间的差价。重庆市第五中级人民法院经审理认为，数某公司、谭某有偿提供虚假刷量服务的行为构成不正当竞争，判决数某公司与谭某连带赔偿原告经济损失及合理开支共计120万元。	本案是打击网络黑灰产业的典型案例，明确了互联网经营者有偿提供虚假刷量服务的行为违反诚实信用原则和商业道德，损害合法经营者、用户和消费者的权益，扰乱正常竞争秩序，应纳入反不正当竞争法予以规制。本案对《反不正当竞争法》第12条规定的"其他"不正当竞争行为进行了有益探索，为审理涉及互联网黑灰产业的类似案件提供了裁判指引。[2]

---

① 《最高法发布人民法院反垄断和反不正当竞争典型案例》，载中国法院网 https://www.chinacourt.org/article/detail/2022/11/id/7022553.shtml，最后访问日期：2023年8月5日。

② 《数推公司、谭某不正当竞争纠纷案——网络刷单行为的不正当竞争认定》，载中国法院网 https://www.chinacourt.org/article/detail/2021/09/id/6288521.shtml，最后访问日期：2023年8月8日。

续表

案件名称	基本案情	典型意义
"仟某公司、鹏某公司诉徐某、肖某等侵害技术秘密纠纷案"【广东省高级人民法院（2019）粤知民终457号民事判决书】	仟某公司、鹏某公司系"帝王××"游戏软件源代码权利人。该公司员工徐某、肖某在任职期间，参与了前述游戏源代码的开发。二人离职后以新成立的策某公司与南某公司共同开发名为"×国""×国逐鹿"的页游游戏并上网运营。仟某公司指控徐某、肖某窃取了其"帝王××"游戏源代码，并用于制作被诉侵权游戏。故以其构成侵权为由起诉至法院，请求判令前述员工及被诉公司停止侵权，连带赔偿经济损失2550万元。案件审理中，仟某公司、鹏某公司申请保全被诉游戏软件源代码作为本案证据，拟与主张保护的源代码进行实质性相似的比对。徐某、肖某和策某公司拒不执行法院作出的保全裁定书。南某公司向法院提交了其所谓的"被诉游戏源代码"文件，经验证后被认定为并非其实际开发运营的被诉游戏源代码。	在窃取、使用网络游戏软件源代码的商业秘密诉讼中，由于被诉游戏源代码由被诉侵害人暗自掌控，被诉侵害行为发生后，商业秘密权利人难以取得关键证据。本案在诉讼进程中合理分配证明责任，促使双方当事人交替履行证明责任，最终将诉讼不利后果归责于未履行证明责任的一方，改判被诉侵权方承担侵权责任，体现了严格保护知识产权的裁判理念，有力地保护了企业的合法权利，规范了游戏市场竞争秩序。①
"优某公司诉苏州市吴江区市场监督管理局行政处罚案"【苏州市吴江区人民法院（2021）苏0509行初44号行政判决书】	优某公司在微信公众号"某亲子游泳俱乐部"举办抽奖活动，参与者需要填写个人信息，如转发朋友圈邀请他人报名还可获得额外抽奖机会。王某夫妻抽中终极大奖，但领奖后发现奖品实物与公众号发布的图片不一致，且差距较大，故向江苏省苏州市吴江区市场监督管理局举报。该局调查后认定，优某公司兑奖宣传页面未明确奖品的价格、品	本案是规制不正当有奖销售行为的典型案例。判决立足反不正当竞争法的立法目的，认定以截取流量、获取竞争优势为目的的微信抽奖活动属于有奖销售，并依

---

① 《广东法院保护商业秘密典型案例》，载广东法院网 https://www.gdcourts.gov.cn/gsxx/quanweifabu/anlihuicui/content/post_1047432.html，最后访问日期：2023年8月6日。

续表

案件名称	基本案情	典型意义
	牌等具体信息，导致消费者对奖品实际价格认知产生分歧，优某公司的行为违反《反不正当竞争法》第10条第1项规定，遂责令其停止违法行为并处以罚款。优某公司不服处罚决定，提起行政诉讼。江苏省苏州市吴江区人民法院判决认为，优某公司举办的微信抽奖活动虽不以消费为前提，但目的在于扩大公司知名度，宣传商品或服务，发掘潜在客户、获取更大利润，实质上是一种有奖销售活动，应当受到反不正当竞争法规制。市场监管部门认定优某公司举办的微信抽奖活动属于有奖销售并无不当，遂判决驳回优某公司的诉讼请求。一审宣判后，各方当事人均未上诉。	法支持行政机关对奖品信息不明确，实际奖品与发布的图片不一致，欺诈消费者的有奖销售行为认定为不正当竞争行为并进行行政处罚，对建立诚实信用、公平有序的互联网服务市场秩序，保护消费者利益具有积极意义。①
"九某泉公司与瀚某瑞达公司商业诋毁纠纷案"【甘肃省高级人民法院（2019）甘民终591号民事判决书】	九某泉公司系"杏香源"杏皮茶生产经销商并于2017年12月14日取得"杏香源"商标。2018年6月，该公司发现瀚某瑞达公司法定代表人在其微信朋友圈发送"郑重声明"载明："经由老味道饮料厂生产的杏香园牌杏皮茶现有非常严重的产品质量问题，我厂要求市场全部撤回，请各店方务必重视，立即联系配货人员无条件将产品如数退回，如无视此声明出现的任何相关问题，均由店方全部承担，本厂概不负责。同时我厂老味道牌杏皮茶、独壹品牌杏皮茶无问题正常使用。"该声明经在微信朋友圈传播对九某泉公司的商誉造成不良影响。九某泉公司遂向工商部	通过微信朋友圈等互联网平台捏造、散布虚假的、易于引起公众误解的信息，损害竞争对手商业信誉和商品声誉，足以使相关公众产生误导性的恶劣影响，构成商业诋毁类不正当竞争行为。法院判令翰某瑞达公司在原微信朋友圈刊登声明消除影响，丰富了消除影响责任

---

① 《人民法院反不正当竞争典型案例》，载最高人民法院网 https://www.court.gov.cn/zixun-xiangqing-379711.html，最后访问日期：2023年8月8日。

续表

案件名称	基本案情	典型意义
	门举报，甘肃省酒泉市肃州区工商局依法作出对瀚某瑞达公司罚款1万元的处罚决定。后九某泉公司以诋毁商誉为由提起诉讼，要求瀚某瑞达公司停止侵害、消除影响并赔偿损失。	适用的具体方式。①
"亿某仕公司诉捷某斯公司商业诋毁纠纷案"【辽宁省大连市中级人民法院（2019）辽02民终1083号民事判决书】	原告亿某仕公司于2017年7月10日在淘×网开设"亿某仕官方店"店铺，主要销售新日石ENEOS等多型号原装日本进口机油等商品。被告捷某斯公司于2015年12月1日在淘×网上开设"引某仕官方旗舰店"，销售ENEOS引能仕品牌系列润滑油。2017年10月11日，JXTG能源株式会社委托捷某斯公司作为知识产权代理，在中国互联网平台对"引能仕、ENEOS、SUSTINA"等商标的侵权行为进行投诉，对涉嫌侵犯委托人享有的知识产权的嫌疑商品进行购买并进行真伪鉴定等。 2017年7月11日，捷某斯公司针对亿某仕公司淘×店铺销售的商品向淘×网发起投诉，投诉类型为涉嫌出售假冒/盗版商品侵权。亿某仕公司向淘×网提供了其与案外人签订的《销售合同》、发票、海关进口货物报关单等用于申诉，以证明其销售商品的合法来源。淘×公司认定卖家申诉成立，信息恢复。2017年8月15日至2017年11月3日，	本案将传统的商业诋毁法律规则创造性地适用于互联网商业模式下，精准有效地规制了这一新型商业诋毁行为。该案已被最高人民法院评为2019年度全国法院50件典型知识产权案例。②

① 《酒泉九眼泉食品有限责任公司与酒泉市瀚森瑞达商贸有限责任公司商业诋毁纠纷案〔（2019）甘民终591号，甘肃省高级人民法院〕》，载中国法院网https://www.chinacourt.org/article/detail/2021/05/id/6070740.shtml，最后访问日期：2023年8月7日。

② 《维权还是侵权？恶意投诉亦须担责》，载辽宁省大连市中级人民法院网http://dl.lncourt.gov.cn/article/detail/2021/01/id/6490405.shtml，最后访问日期：2023年8月7日。

续表

案件名称	基本案情	典型意义
	捷某斯公司又多次针对涉案商品向淘×网发出投诉，投诉结果均为卖家申诉成立。其间，亿某仕公司委托律师向捷某斯公司发出《律师函》，声明其销售的所有 ENEOS 品牌润滑油均为委托第三方在大连海关正规完税清关的原装进口产品，要求捷某斯公司停止恶意投诉行为。捷某斯公司未予答复。	
"淘某公司诉易某公司设置相同 URL Scheme① 不正当竞争纠纷案"【浙江省杭州市中级人民法院（2020）浙01民终8743号民事判决书】	易某公司是易某 App 的运营者和网络服务提供者。易某公司将易某 App 客户端的"URL Scheme"规则中输入了对应淘某网的协议名称"tao×"，用户下载安装易某 App 后，使用支某宝、钉钉、UC 浏览器、Safari 浏览器等访问手机淘×时，弹出的页面仅显示打开 App 的提示框，且用户只能选择"打开"或"取消"，用户点击"打开"后页面直接跳转至易某 App。原告认为，易某公司通过篡改唤醒协议的技术手段，强制进行应用间跳转，劫持原告用户流量，牟取不正当商业利益，构成不正当竞争。易某公司则辩称：易某 App 系由他人开发与维护，其作为易某 App 的使用者已尽到相应的注意义务，涉案纠纷源于 URL Scheme 本身技术漏洞，且易某 App 与淘× App 的产品定位和用户群体具有明显差异，不会对原告的商业利益造成实质性影响。	本案判决一是明确了流量劫持类型的不正当竞争纠纷适用《反不正当竞争法》第12条第1项的条件是审查具体行为是否符合该类型化条款的要件；二是对用户原选定应用目标能否得以实现为主要切入点，通过对被诉行为对用户选择权和他人网络产品或服务正常经营的影响程度，分析了竞争行为的不正当性；三是以否扰乱市场竞争秩序等方面进行综合评判，明确了互联网新型流量劫持不正当竞争行为的判定标准，对类案的处理具

---

① URL Scheme 是 App 提供给外部的可以直接操作 App 的规则。

续表

案件名称	基本案情	典型意义
		有典型的指导和借鉴意义。[1]
"支某宝公司诉斑某公司设置相同 URL Scheme 不正当竞争纠纷案"【上海市浦东新区人民法院（2020）沪0115民初87715号民事判决书】	支某宝公司系"支某宝"App支付功能的运营主体。经许可，支某宝公司在经营活动中使用"alipay"注册商标，并以www.alipay.com作为其官方网站的网址。斑某公司系"家政×"App的运营主体。支某宝公司认为，斑某公司无正当理由，在其开发、运营的"家政×"App中设置与"支某宝"App一致的链接，导致用户选择通过"支某宝"App进行付款结算时将被跳转至"家政×"App，该不正当竞争行为损害了支某宝公司的经济利益及商业信誉。支某宝公司遂诉至法院，请求判令斑某公司消除影响并赔偿经济损失及合理费用。上海市浦东新区人民法院认定斑某公司实施的上述行为构成不正当竞争，判令其承担消除影响及赔偿经济损失与合理支出共计48万余元的民事责任。斑某公司提起上诉后又撤回上诉，一审判决即生效。	本案是规范互联网不正当竞争行为的典型案例。秉持对经营者利益、消费者利益及社会公共利益应当予以一体保护的精神，依法认定涉案被诉行为构成不正当竞争，有力制止了非法干扰他人软件运行的互联网不正当竞争行为，促进了科技金融服务市场电子收付领域的效率与安全。[2]
"聚某美梅州分公司新型互联网不正当竞争行为行政处罚案"	当事人为更好地拓展梅州城区的外卖业务，对上线其他外卖平台网络订餐平台的多平台商户，利用后台管理软件实施限制措施，具体限制措施有：在用餐高峰期将商户设置置	本案系广东省市场监督管理局发布的"2020年反不正当竞争十大典型案例"之

① 《杭州互联网法院2020年度知识产权司法保护十大案例》，载"杭州互联网法院"澎湃新闻·澎湃号·政务 https://www.thepaper.cn/newsDetail_forward_12409780，最后访问日期：2023年8月9日。

② 《人民法院反不正当竞争典型案例》，载最高人民法院网 https://www.court.gov.cn/zixun-xiangqing-379711.html，最后访问日期：2023年8月14日。

续表

案件名称	基本案情	典型意义
【梅州市市场监督管理局行政处罚决定书（梅市市监执监处字〔2020〕31号）①】	休状态、缩小商户配送范围等手段，并通过告知要求等方式强迫入驻商户下线、关闭、卸载其他外卖平台网络订餐平台合法提供的网络服务。 当事人的行为违反了《反不正当竞争法》第12条第2款第2项的有关规定，构成了实施互联网新型不正当竞争行为。依据《反不正当竞争法》第24条的规定，执法机关责令当事人立即停止违法行为，并作出处以罚款13万元的行政处罚决定。	一。以案为鉴，提醒广大经营者公平竞争，诚信经营，维护市场秩序。②
"拉某斯公司诉聚某美公司不正当竞争纠纷案"【广东省梅州市中级人民法院（2021）粤14民初132号民事判决书】	拉某斯公司是"饿×么"平台的运营者，聚某美梅州分公司负责梅州地区的"某团"外卖平台管理服务，双方系同业竞争者。2019年11月至12月，聚某美梅州分公司为更好地拓展梅江区、梅县区的外卖业务，对上线其他外卖平台网络订餐平台的多平台入驻商户，利用后台管理软件实施限制措施，如在用餐高峰期将入驻商户设置置休状态、缩小商户配送范围等，强迫入驻商户下线、关闭、卸载其他外卖平台网络订餐平台。拉某斯公司认为聚某美公司、聚某美梅州分公司的上述行为构成不正当竞争，遂诉至法院。	平台通过技术措施或者限制性条款，强迫入驻商户"二选一"以达成垄断，排除竞争对手交易机会，损害了平台入驻商户、消费者、竞争对手的合法权益，构成不正当竞争。人民法院判令平台经营者承担民事赔偿责任，有力规制扰乱市场竞争秩序的行为，消除市场封锁，防止资本无序扩张。③

---

① 内容参见广东省梅州市中级人民法院（2021）粤14民初132号民事判决书。

② 《广东公布2020年反不正当竞争十大典型案例》，载广东省市场监督管理局网 http://amr. gd.gov.cn/gkmlpt/content/3/3220/post_3220536.html#2317，最后访问日期：2023年8月9日。

③ 《广东梅州法院发布知识产权司法保护典型案例》，载中国保护知识产权网 http://ipr. mofcom.gov.cn/article/gnxw/sfjg/rmfy/dffy/202212/1975259.html，最后访问日期：2023年8月9日。

续表

案件名称	基本案情	典型意义
"拉某斯公司（饿×么）与北京某快公司金华分公司等（某团）不正当竞争纠纷"【浙江省高级人民法院（2021）浙民终601号民事判决书】	北京某快公司系"某团"外卖平台的经营主体，拉某斯公司系"饿×么"平台的经营主体。北京某快公司金华分公司于2016—2017年间在金华地区通过调整收费优惠比例的方式，诱使商户与"某团"独家开展经营活动；通过不允许附加"某团外卖"服务和不签协议等方式，迫使商户签署只与"某团"进行外卖在线平台合作的约定，以排除商户与拉某斯公司等同行业竞争者的合作；通过强制关停与"饿×么"平台有合作关系的商户在"某团外卖"的网店并停止客户端账户使用的方式，迫使商户终止与"饿×么"平台等同行业竞争方合作。拉某斯公司认为上述行为构成不正当竞争，遂诉至法院，请求判令北京某快公司赔偿经济损失以及合理费用共计100万元，并刊登声明、消除影响。	近年来，网络平台"二选一"行为广受社会关注和热议，此类行为既与反垄断法中的排他性交易相关，也可能构成不正当竞争。金华市中级人民法院受理的"饿×么"诉"某团"案是全国第一起网络平台"二选一"不正当竞争纠纷，该案一审判决作出后即登上新×微博热搜，阅读量达2.2亿，获5.8万人点赞。该案判决从反不正当竞争行为的构成要件出发，以是否破坏市场竞争秩序为落脚点，在综合评判被诉行为对经营者、平台商户、消费者多元主体利益影响的基础上，认定外卖平台强制"二选一"行为违反商业道德，构成不正当竞争，对规范互联网行业竞争秩序，遏制互联网平台恶性竞争，防止资本无序扩张，维护

续表

案件名称	基本案情	典型意义
		健康营商环境起到了积极作用。①
"陆某所公司诉陆某投公司自动抢购不正当竞争纠纷案"【上海市浦东新区人民法院（2019）沪0115民初11133号民事判决书】	陆某所金融服务平台是知名互联网财富管理平台，债权转让产品交易是其中的热门服务。为抢购债权转让产品，网站会员需经常登录涉案平台，频繁刷新关注债权转让产品信息。陆某投公司提供"陆某所代购工具"软件，用户通过安装运行该软件，无须关注涉案平台发布的债权转让产品信息即可根据预设条件实现自动抢购，并先于手动抢购的会员完成交易。陆某所认为，陆某投公司的上述行为构成不正当竞争，诉至法院。	网络抢购服务是互联网金融迅猛发展的伴生品。本案明确了互联网不正当竞争案件的审理思路及裁判规则，及时回应了社会关切，兼顾了科技金融企业的竞争利益与投资用户的消费者权益，更对维护金融平台营商环境具有重要意义。为科技金融行业有序发展提供了明确的规则指引。本案判决后当事人息诉服判，案件取得了较好的法律效果和社会效果。②
"爱某艺公司与龙某公司VIP账号非法分时出租不正当竞争纠纷案"	爱某艺公司是爱某艺网和爱某艺App的经营者，用户支付相应对价成为爱某艺VIP会员后能够享受跳过广告和观看VIP视频等会员特权，但会员所获得的使用权，不得转让、出借、出租、售卖或分享给他人使用。爱某	本案是擅自分时段出租视频网站VIP账号而引发的新型网络不正当竞争典型案例。当前，网络视频服务

---

① 《浙江法院知识产权司法保护宣传周启动啦！》，载浙江天平公众号，https://mp.weixin.QQ.com/s/eAX1Lyp5rf7smfC4RXOK1Q，最后访问日期：2023年8月10日。

② 《最高人民法院发布人民法院反垄断和反不正当竞争典型案例》，载中国政府网https://ipc.court.gov.cn/zh-cn/news/view-1560.html，最后访问日期：2023年8月15日。

续表

案件名称	基本案情	典型意义
【北京知识产权法院（2019）京73民终3263号民事判决书】	艺公司发现龙某公司在"马上×"App（简称涉案App）中通过技术手段将爱某艺VIP账号非法分时出租，使其用户无须向爱某艺公司付费即可获得爱某艺VIP视频服务。爱某艺公司认为龙某公司所实施的涉案行为一方面通过吸引用户观看视频进行导流，造成爱某艺App下载量降低；另一方面对爱某艺App部分功能进行限制，导致用户体验感下降，损害了其合法权益，故诉至法院，要求龙某公司消除影响并赔偿经济损失及合理开支共计300万元。	已成为各年龄段消费者文化娱乐生活中必不可少的服务类型，对网络视频的点播关注已是网络行业用户流量的重要来源。本案准确适用《反不正当竞争法》第12条"互联网专条"，对名为"分享经济"，实为不正当攫取他人视频资源并以此获得用户流量，以及采用技术手段限制他人网络视频服务功能的行为，认定属于寄附于他人商业模式下缺乏价值增量的恶意搭便车行为，妨碍、破坏了他人合法提供的网络服务得以正常运行。①
"腾某公司与某道公司、聚某通公司群控软件不正当竞争纠纷案"	某道公司、聚某通公司（以下统称两被告）开发运营的"聚某通群控软件"，利用Xposed外挂技术将该软件中的"个人号"功能模块嵌套于个人微信产品中运行，为购	本案系涉及数据权益归属判断及数据抓取行为正当性认定的典型案件。本案判决兼

---

① 《海淀法院三案入选！北京法院发布2020年度知识产权司法保护十大案例》，载海淀法院网https://bjhdfy.bjcourt.gov.cn/article/detail/2021/04/id/5991207.shtml，最后访问日期：2023年8月16日。

案件名称	基本案情	典型意义
【浙江省杭州铁路运输法院（2019）浙8601民初1987号民事判决书】	买该软件服务的微信用户在个人微信平台中开展商业营销、商业管理活动提供帮助。腾某公司提起诉讼，主张其享有微信平台的数据权益，两被告擅自获取、使用涉案数据，构成不正当竞争。一审法院认为，网络平台方对于数据资源整体与单一原始数据个体享有不同的数据权益。两被告通过被控侵权软件擅自收集微信用户数据，存储于自己所控制的服务器内的行为，不仅危及微信用户的数据安全，且对腾某公司基于数据资源整体获得的竞争权益构成了实质性损害。两被告的行为有违商业道德，且违反了网络安全法的相关规定，构成不正当竞争。	顾平衡了各相关方的利益，合理划分了各类数据权益的权属及边界，为数据权益司法保护提供了理性分析基础，也为防止数据垄断、完善数字经济法律制度、促进数字经济健康发展提供了可借鉴的司法例证。[①]
"奇某公司诉某度公司利用robots协议限制搜索引擎抓取不正当竞争纠纷案"【北京市高级人民法院（2017）京民终487号民事判决书】"字某跳动公司诉微某创科公司不正当竞争纠纷案"	"奇某公司诉某度公司利用robots协议限制搜索引擎抓取不正当竞争纠纷案"系因某度公司对robots协议的设置方式导致3×0搜索引擎无法抓取其相关网页内容所引起的纠纷。"字某跳动公司诉微某创科公司不正当竞争纠纷案"系微某创科公司在其网站robots协议中以文字宣示方式单方限制字某跳动公司的网络机器人抓取其对公众和其他所有网络机器人完全公开的相关网页内容所引起的纠纷。	北京市高级人民法院区分限制搜索引擎抓取的情形与限制非搜索引擎抓取的情形，点明《互联网搜索引擎服务自律公约》仅可作为搜索引擎服务行业的商业道德，而不能成为互联网行业通行的商业道德，阐释了判断利用robots协议限制抓取行为正当性的方法。

---

① 《数据权益不正当竞争纠纷案》，载中国法院网 https://www.chinacourt.org/article/detail/2021/04/id/5993099.shtml，最后访问日期：2023年8月16日。

案件名称	基本案情	典型意义
【北京知识产权法院（2017）京73民初2020号民事判决书；北京市高级人民法院（2021）京民终281号民事判决书】		
"汉某公司诉某度公司大量使用点评信息不正当竞争纠纷案"【上海知识产权法院（2016）沪73民终242号民事判决书】	汉某公司是大众×评网的经营者。大众×评网为网络用户提供商户信息、消费评价、优惠信息、团购等服务，积累有大量消费者对商户的评价信息。某度公司在其经营的某度地图和某度知道中大量使用了大众×评网的点评信息。汉某公司认为某度公司的行为替代了大众×评网向用户提供内容，某度公司由此迅速获得用户和流量，攫取汉某公司的市场份额，削减汉某公司的竞争优势及交易机会，给汉某公司造成了巨额损失。其行为违背公认的商业道德和诚实信用原则，构成不正当竞争。某度公司认为双方不存在竞争关系，且某度公司对信息的使用方式合理，不构成不正当竞争。	在判断经营者使用他人信息的相关行为是否违反商业道德、扰乱公平竞争的市场秩序时，一方面，需要考虑产业发展和互联网环境所具有信息共享、互联互通的特点；另一方面，要兼顾信息获取者、信息使用者和社会公众三方的利益，在利益平衡的基础上划定行为的边界。①
"微某公司与淘某天下公司非法获取微博用户信息不正当竞争纠纷案"	微某公司经营新×微博。被告经营的脉×软件是一款移动端的人脉社交应用，上线之初因为和新×微博合作，用户可以通过新×微博账号和个人手机号注册登录脉×软件，用户注册时还要向脉×上传个人手机通讯录联	本案是全国首例社交网络平台不正当竞争纠纷案，也是将消费者权益保护作为判断经营者行为正当性依

---

① 范静波：《汉涛公司诉百度公司等不正当竞争纠纷案》，载中国法院网 https://www.chinacourt.org/article/detail/2017/11/id/3076212.shtml，最后访问日期：2023年8月19日。

续表

案件名称	基本案情	典型意义
【北京知识产权法院（2016）京73民终588号民事判决书】	系人，脉×根据与微某公司的合作可以获得新×微博用户的ID头像、昵称、好友关系、标签、性别等信息。微某公司后来发现，脉×用户的一度人脉中，大量非脉×用户直接显示有新×微博用户头像、名称（昵称）、职业、教育等信息。后双方终止合作，但非脉×用户的新×微博用户信息没有在合理时间内删除。微某公司提出被告存在非法抓取、使用新×微博用户职业、教育等信息，以及非法获取并使用脉×注册用户手机通讯录联系人与新×微博用户的对应关系的不正当竞争行为。	据的典型案件。本案对大数据时代背景下网络用户信息的保护作出了指引。[1]
"快某阳光公司与唯某公司浏览器屏蔽视频广告不正当竞争纠纷案"【广州知识产权法院（2018）粤73民终1022号民事判决书】	快某阳光公司是芒×TV网站的经营者。唯某公司于2013年开始运营7×0浏览器。网络用户通过7×0浏览器的内置功能可以实现默认拦截屏蔽芒×TV网站片头广告及暂停广告、会员免广告的功能。快某阳光公司认为唯某公司的行为构成不正当竞争，故诉至法院。一审法院判决驳回快某阳光公司的诉讼请求。广州知识产权法院二审则认为，唯某公司的上述行为违反诚实信用原则和公认的商业道德、扰乱社会经济秩序，构成不正当竞争，判令唯某公司赔偿快某阳光公司经济损失及合理开支80万元。	浏览器屏蔽视频广告是社会关注度极高的互联网竞争行为，也是司法实践认定的难点。本案二审判决对浏览器屏蔽视频广告行为进行了多角度综合评价，细化了互联网不正当竞争行为认定的构成要素和适用场景，对《反不正当竞争法》一般条款适用等法律适用难点进行了有益探索。[2]

---

[1] 《网络不正当竞争典型案例分析》，载人民网http://it.people.com.cn/n1/2018/0425/c1009-29948760.html，最后访问日期：2023年8月9日。

[2] 《最高人民法院发布人民法院反垄断和反不正当竞争典型案例》，载中国政府网https://ipc.court.gov.cn/zh-cn/news/view-1560.html，最后访问日期：2023年8月19日。

第五章　传统不正当竞争行为的线上化

重点问题

1. 一般条款的适用条件是什么？
2. 如何处理近似域名的权利冲突？
3. 视频刷量行为的法律定性为何？
4. 商业秘密的构成要件是什么？
5. 消费者未支付货币对价也能认定经营者存在"销售"行为吗？
6. 消费者可以依据《反不正当竞争法》提起民事损害赔偿之诉吗？
7. 向平台恶意投诉可以认定存在"散布"行为吗？

关键术语

混淆；虚假宣传；商业秘密；有奖销售；商誉

第一节　混淆行为

《反不正当竞争法》(1993)

第五条　经营者不得采用下列不正当手段从事市场交易，损害竞争对手：

（一）假冒他人的注册商标；

《反不正当竞争法》(2017、2019)

第六条　经营者不得实施下列混淆行为，引人误认为是他人商品或者与他人存在特定联系：

（一）擅自使用与他人有一定影响的商品名称、包装、装潢等相同或者近似的标识；

（二）擅自使用知名商品特有的名称、包装、装潢，或者使用与知名商品近似的名称、包装、装潢，造成和他人的知名商品相混淆，使购买者误认为是该知名商品；

（三）擅自使用他人的企业名称或者姓名，引人误认为是他人的商品；

（四）在商品上伪造或者冒用认证标志、名优标志等质量标志，伪造产地，对商品质量作引人误解的虚假表示。

（二）擅自使用他人有一定影响的企业名称（包括简称、字号等）、社会组织名称（包括简称等）、姓名（包括笔名、艺名、译名等）；

（三）擅自使用他人有一定影响的域名主体部分、网站名称、网页等；

（四）其他足以引人误认为是他人商品或者与他人存在特定联系的混淆行为。

《反不正当竞争法》（2019）第6条第1项至第3项禁止经营者擅自使用：他人有一定影响的商品名称、包装、装潢等相同或者近似的标识；他人有一定影响的企业名称（包括简称、字号等）、社会组织名称（包括简称等）、姓名（包括笔名、艺名、译名等）；他人有一定影响的域名主体部分、网站名称、网页等混淆行为，引人误认为是他人商品或者与他人存在特定联系。这其中"有一定影响的"是判断行为是否会构成不正当的混淆行为的要件之一。如何判断他人的标识是不是"有一定影响的"？"引人误认为是他人商品或者与他人存在特定联系"又要如何判断？《反不正当竞争法》第6条第4项提及的"其他足以引人误认为是他人商品或者与他人存在特定联系的混淆行为"又该如何认定？

《最高人民法院关于适用〈中华人民共和国反不正当竞争法〉若干问题的解释》（法释〔2022〕9号）共29条，其中涉及混淆行为认定的条文占到了12条之多，足以窥见混淆行为认定的复杂性。结合该司法解释第4条至第15条的规定（图表5.1右列），对混淆行为的认定规则作出归纳如下。

图表5.1 混淆行为的认定规则

《反不正当竞争法》第6条	《最高人民法院关于适用〈中华人民共和国反不正当竞争法〉若干问题的解释》
"有一定影响的"标识	**第4条第1款** 具有一定的市场知名度并具有区别商品来源的显著特征的标识，人民法院可以认定为《反不正当竞争法》第6条规定的"有一定影响的"标识。
具有一定的市场知名度	**第4条第2款** 人民法院认定《反不正当竞争法》第6条规定的标识是否具有一定的市场知名度，应当综合考虑中国境内相关公众的知悉程度，商品销售的时间、区域、数额和对象，宣传的持续时间、程度和地域范围，标识受保护的情况等因素。
具有区别商品来源的显著特征	**第5条** 《反不正当竞争法》第6条规定的标识有下列情形之一的，人民法院应当认定其不具有区别商品来源的显著特征： （1）商品的通用名称、图形、型号； （2）仅直接表示商品的质量、主要原料、功能、用途、重量、数量及其他特点的标识； （3）仅由商品自身的性质产生的形状，为获得技术效果而需有的商品形状以及使商品具有实质性价值的形状； （4）其他缺乏显著特征的标识。 前款第1项、第2项、第4项规定的标识经过使用取得显著特征，并具有一定的市场知名度，当事人请求依据《反不正当竞争法》第6条规定予以保护的，人民法院应予支持。
标识的正当使用	**第6条** 因客观描述、说明商品而正当使用下列标识，当事人主张属于《反不正当竞争法》第6条规定的情形的，人民法院不予支持： （1）含有本商品的通用名称、图形、型号； （2）直接表示商品的质量、主要原料、功能、用途、重量、数量以及其他特点； （3）含有地名。

续表

《反不正当竞争法》第6条	《最高人民法院关于适用〈中华人民共和国反不正当竞争法〉若干问题的解释》
不能得到《反不正当竞争法》第6条保护的标识	**第7条** 《反不正当竞争法》第6条规定的标识或者其显著识别部分属于《商标法》第10条第1款^①规定的不得作为商标使用的标志，当事人请求依据《反不正当竞争法》第6条规定予以保护的，人民法院不予支持。
"装潢"	**第8条** 由经营者营业场所的装饰、营业用具的式样、营业人员的服饰等构成的具有独特风格的整体营业形象，人民法院可以认定为《反不正当竞争法》第6条第1项规定的"装潢"。
"企业名称"	**第9条** 市场主体登记管理部门依法登记的企业名称，以及在中国境内进行商业使用的境外企业名称，人民法院可以认定为《反不正当竞争法》第6条第2项规定的"企业名称"。有一定影响的个体工商户、农民专业合作社（联合社）以及法律、行政法规规定的其他市场主体的名称（包括简称、字号等），人民法院可以依照《反不正当竞争法》第6条第2项予以认定。
"使用"	**第10条** 在中国境内将有一定影响的标识用于商品、商品包装或者容器以及商品交易文书上，或者广告宣传、展览以及其他商业活动中，用于识别商品来源的行为，人民法院可以认定为《反不正当竞争法》第6条规定的"使用"。
"相同或者近似"	**第12条第1款** 人民法院认定与《反不正当竞争法》第6条规定的"有一定影响的"标识相同或者近似，可以参照商标相同或者近似的判断原则和方法。

---

① 《商标法》（2019）第10条第1款规定，下列标志不得作为商标使用：（1）同中华人民共和国的国家名称、国旗、国徽、国歌、军旗、军徽、军歌、勋章等相同或者近似的，以及同中央国家机关的名称、标志、所在地特定地点的名称或者标志性建筑物的名称、图形相同的；（2）同外国的国家名称、国旗、国徽、军旗等相同或者近似的，但经该国政府同意的除外；（3）同政府间国际组织的名称、旗帜、徽记等相同或者近似的，但经该组织同意或者不易误导公众的除外；（4）与表明实施控制、予以保证的官方标志、检验印记相同或者近似的，但经授权的除外；（5）同"红十字"、"红新月"的名称、标志相同或者近似的；（6）带有民族歧视性的；（7）带有欺骗性，容易使公众对商品的质量等特点或者产地产生误认的；（8）有害于社会主义道德风尚或者有其他不良影响的。

续表

《反不正当竞争法》第6条	《最高人民法院关于适用〈中华人民共和国反不正当竞争法〉若干问题的解释》
"引人误认为是他人商品或者与他人存在特定联系"	**第12条第2款**　《反不正当竞争法》第6条规定的"引人误认为是他人商品或者与他人存在特定联系"，包括误认为与他人具有商业联合、许可使用、商业冠名、广告代言等特定联系。 **第12条第3款**　在相同商品上使用相同或者视觉上基本无差别的商品名称、包装、装潢等标识，应当视为足以造成与他人有一定影响的标识相混淆。
"其他足以引人误认为是他人商品或者与他人存在特定联系的混淆行为"	**第13条**　经营者实施下列混淆行为之一，足以引人误认为是他人商品或者与他人存在特定联系的，人民法院可以依照《反不正当竞争法》第6条第4项予以认定： （1）擅自使用《反不正当竞争法》第6条第1项、第2项、第3项规定以外"有一定影响的"标识； （2）将他人注册商标、未注册的驰名商标作为企业名称中的字号使用，误导公众。
销售侵权商品的责任	**第14条**　经营者销售带有违反《反不正当竞争法》第6条规定的标识的商品，引人误认为是他人商品或者与他人存在特定联系，当事人主张构成《反不正当竞争法》第6条规定的情形的，人民法院应予支持。 销售不知道是前款规定的侵权商品，能证明该商品是自己合法取得并说明提供者，经营者主张不承担赔偿责任的，人民法院应予支持。
帮助实施混淆行为的责任	**第15条**　故意为他人实施混淆行为提供仓储、运输、邮寄、印制、隐匿、经营场所等便利条件，当事人请求依据《民法典》第1169条第1款[①]予以认定的，人民法院应予支持。

依据《反不正当竞争法》（2019）第17条和第18条的相关规定，经营者实施混淆行为不仅会面临行政处罚还可能承担民事损害赔偿责任。混淆

---

① 《民法典》第1169条第1款规定，教唆、帮助他人实施侵权行为的，应当与行为人承担连带责任。

行为在线下线上的经营环境当中均可能发生，在互联网领域发生的混淆行为同样要受到法律的规制。但是，对于互联网领域混淆行为的认定需结合互联网领域的新特征来加以综合分析。下面列举"知名微信公众号名称的不正当竞争保护"和"近似域名的权利冲突处理"两个案例，以对传统不正当竞争行为在网络空间中的违法性分析与认定提供启示。

一、知名微信公众号名称的不正当竞争保护

"尚某圈文化传播公司诉为×读诗公司、首某文化产业公司擅自使用知名服务特有名称纠纷案"作为最高人民法院发布的第一批涉互联网典型案例之一，[①]涉及了知名微信公众号名称的不正当竞争保护问题。在该案中（基本案情见图表5.2），北京知识产权法院对"知名服务名称的特有性"判断以及"混淆或误认"的含义进行了较为详细的阐释，[②]值得予以关注。

图表5.2 基本案情

日期	案情梳理
2013年6月—2014年9月	尚某圈文化传播公司联合北京青年报社等发起"为×读诗"公益诗歌艺术活动，同时创建微信公众号"为×读诗"，每天以配乐加朗读的形式推送一期读诗作品，同时以视频的形式展现所朗诵内容的字幕。另外，每期读诗作品中还配有图文，包括对诗歌及作者、朗诵者的介绍，所诵读诗歌的文字内容等。 截至2014年9月16日，尚某圈文化传播公司共发布473期节目，诗歌朗读者含各行业精英与明星。 因参与诗歌朗诵者的名人效应，自2013年7月至2014年9月，新华网、网易读书频道、光明网、北京青年报、人民日报海外

---

① 《最高人民法院发布第一批涉互联网典型案例》，载最高人民法院网 https://www.court.gov.cn/zixun-xiangqing-112611.html，最后访问日期：2023年8月1日。
② 北京知识产权法院（2016）京73民终75号民事判决书。

续表

日期	案情梳理
	版、新浪网、中国新闻网等媒体对参与朗诵诗歌者的朗诵活动以及微信公众号"为×读诗"进行了报道。 2014年3月7日湖南卫视综艺节目《天天向上》、2014年8月23日凤凰卫视节目《公益中国》中均有对微信公众号"为×读诗"的宣传。根据新华网2014年8月19日报道,"至2014年8月18日,创办第444天,已通过"为×读诗"公众微信号推出444个诗歌专集,拥有60多万粉丝,获得逾亿次阅读量和传播次数,成为中国最活跃的诗歌微信公众号"。 截至本案起诉,微信公众号"为×读诗"的关注者数量显示已达136万余人,热门作品显示日均阅读和点播量超10万次。微信公众号"为×读诗"中作品在腾某视频栏目下显示累积播放量超过1亿次。
2014年9月16日	首某音乐创意公司在苹果应用商店推出为×读诗App。为×读诗App的功能包括诗歌朗诵录制、配音、上传分享及收听他人的诗歌朗诵作品。2015年6月23日,首某音乐创意公司更名为"为×读诗公司"。
2015年1月1日	首某文化产业公司创建名为"为×读诗官方客户端"的微信公众号。"为×读诗官方客户端"微信公众号为订阅者提供诗歌及为×读诗App的下载链接、介绍推广。
2015年4月	中央人民广播电台举办第四届"夏青杯"朗诵大赛,大赛设立了"为×读诗客户端"赛区,通过为×读诗公司的App可参与朗诵比赛。
2015年4月为×读诗公司作为移动客户端参与第四届夏青杯的朗诵大赛之时起	通过百度搜索"为×读诗厦门日报""为×读诗夏青杯""为×读诗江苏儿童慈善事业综艺主持人""为×读诗央视中秋""为×读诗第一朗读者"等内容,得出大量关于为×读诗公司的新闻报道。
2015年7月23日、7月30日	为×读诗公司分别取得安卓版及苹果版为×读诗App的计算机软件著作登记,软件全称分别为"为×读诗软件(安卓版)""为×读诗应用软件(ios版)",登记的两款软件的首次发表日期分别为2014年10月1日、2014年9月16日。

（一）如何判断知名服务名称的"特有性"

在"尚某圈文化传播公司诉为×读诗公司、首某文化产业公司擅自使用知名服务特有名称纠纷案"中，为×读诗公司和首某文化产业公司上诉提出"为×读诗"属于朗诵诗歌供订阅者收听这一服务上的通用名称，而不是尚某圈文化传播公司服务的特有名称，通用名称不应该被某个公司或个人独占使用。

对此，北京知识产权法院首先认定了在被控侵权行为发生时，即2014年9月16日"为×读诗"App推出时，尚某圈文化传播公司提供的"为×读诗"微信公众号服务在我国境内已具有一定的市场知名度，属于相关公众所知悉的服务。而后，北京知识产权法院对"知名服务名称的特有性"①进行了进一步分析：

首先，反不正当竞争法规定的知名服务名称的特有性，是指该服务名称能够起到区别服务来源的作用，而不是指该服务名称必须具有新颖性或独创性。

其次，根据相关司法解释的规定，服务的通用名称不认定为知名服务特有的名称，但是经过使用取得显著特征的，可以认定为特有的名称。

最后，本案中，虽然"为×读诗"在一定程度上描述了朗诵诗歌供订阅者收听的服务内容，但是尚某圈文化传播公司在先将"为×读诗"用于商业活动，经过一定时间的大量、广泛使用，该名称具有了一定的知名度，成为能够实现区分服务来源功能的标识，且本案证据尚不足以表明其他经营者也将同样的名称用于朗诵诗歌供订阅者收听的服务并早于尚某圈文化传播公司推出该服务。因此，北京知识产权法院认为二上诉人该上诉理由不能成立。

---

① 北京知识产权法院（2016）京73民终75号民事判决书。

（二）如何理解"混淆"或"误认"

为×读诗公司上诉提出，为×读诗App一经推出就受到热捧，本身就是知名的客户端应用，无须借助他人名气宣传推广。北京知识产权法院认为，根据《反不正当竞争法》（1993）第5条第2项的规定，经营者不得擅自使用知名服务特有的名称，或者使用与知名服务近似的名称，造成和他人的知名服务相混淆，使购买者误认为是该知名服务。此处的混淆或误认是指发生混淆或者误认的可能性，而不需要实际发生混淆或误认，且不以实际发生损害后果为前提。

在本案中，为×读诗App和"为×读诗"微信公众号的名称完全相同，二者均是以移动端，如手机为载体，且"为×读诗"微信公众号提供的核心服务——朗诵诗歌供订阅者收听——可完全被为×读诗App提供的服务所涵盖，上述情形使得相关公众在接受为×读诗App、"为×读诗官方客户端"微信公众号的服务时，容易认为该服务系由尚某圈文化传播公司提供，从而产生混淆或误认。基于此，北京知识产权法院认定一审判决认定二上诉人的行为构成不正当竞争并无不当，二上诉人关于其为×读诗App已拥有大量用户故不构成不正当竞争的上诉理由，没有法律依据，不予支持。[①]

二、近似域名的权利冲突处理

在"'quna.com'在先注册域名不正当竞争纠纷案"中，2003年6月6日"quna.com"域名初次登记注册，2005年5月9日"qunar.com"域名被注册并创建网站，2006年3月17日北京某趣拿公司成立后受让取得"qunar.com"域名，2009年7月3日广州某去哪公司经受让取得"quna.com"域名，

[①]　北京知识产权法院（2016）京73民终75号民事判决书。

2014年5月28日广州某去哪公司名称变更为广州某到哪公司。在再审程序中，"广州某到哪公司使用域名'quna.com''123quna.com''mquna.com'的行为是否构成对北京某趣拿公司的不正当竞争"成为争议焦点。

北京某趣拿公司主张广州某到哪公司对争议域名"quna.com"的受让和使用具有恶意。在是否存在恶意注册的判断中，域名的转让应视为新的注册行为，判断主观恶意的时间点应当是受让或使用争议域名时，而非该争议域名最初注册时。广州某到哪公司则提出：（1）"quna.com"域名先于"qunar.com"域名注册，广州某到哪公司合法受让"quna.com"并无过错，"123quna.com""mquna.com"是"quna.com"的保护性域名，广州某到哪公司作为上述域名的合法拥有者，对上述域名的使用是正当和善意的。（2）域名的主要功能为区别不同的网络服务，在不同的网络服务得以区分的情况下，不应轻易撤销域名的使用。（3）广州某到哪公司域名注册已有十余年，对域名进行移转不利于维护域名注册的稳定性，且是对广州某到哪公司的极大不公。

最高人民法院没有支持"域名的转让应视为新的注册行为"的主张，认可了在先注册域名的权利，但同时也兼顾了北京某趣拿公司"去哪儿""去哪儿网""qunar.com"等知名服务特有名称的商业利益，作出了如下阐释①：

> 《最高人民法院关于审理涉及计算机网络域名民事纠纷案件适用法律若干问题的解释》第4条规定："人民法院审理域名纠纷案件，对符合以下各项条件的，应当认定被告注册、使用域名等行为构成侵权或者不正当竞争：（一）原告请求保护的民事权益合法有效；（二）被告域名或其主要部分构成对原告驰名商标的复制、模仿、翻译或音译；或者与原告的注册商标、域名等相同或近似，

---

① 最高人民法院（2014）民申字第1414号民事裁定书。

足以造成相关公众的误认；（三）被告对该域名或其主要部分不享有权益，也无注册、使用该域名的正当理由；（四）被告对该域名的注册、使用具有恶意。"

本院认为，上述规定之目的在于保护在先权利，被告注册域名的行为被认定为侵权或者不正当竞争的前提是被告的域名晚于原告的域名注册。本案中，2003年6月6日"quna.com"域名初次登记注册，广州某到哪公司于2009年7月3日经受让取得该域名；2005年5月9日"qunar.com"域名被注册并创建网站，北京某趣拿公司于2006年3月17日成立后经受让取得该域名。由此可见，"qunar.com"域名的注册时间较"quna.com"域名的注册时间晚了近两年，广州某到哪公司受让并使用域名"quna.com"的行为不符合上述司法解释规定中应当被认定为侵权或不正当竞争的条件。"quna.com"域名的在先注册具有正当性，广州某到哪公司合法受让该在先注册的域名本身并无过错，有权继续使用该域名。

"123quna.com""mquna.com"为广州某到哪公司登记注册并使用的域名，相较北京某趣拿公司"qunar.com"域名而言，"123quna.com""mquna.com"域名与广州某到哪公司使用的"quna.com"域名更为近似，而广州某到哪公司对"quna.com"享有来源合法的域名权益，其随后注册和使用"123quna.com""mquna.com"域名的行为具有正当理由，有权继续使用上述域名。

由于广州某到哪公司域名"quna.com"与北京某趣拿公司域名"qunar.com"仅相差一个字母"r"，二者构成近似，在实际使用中可能会产生混淆，而北京某趣拿公司使用的"去哪儿""去哪儿网""qunar.com"已构成知名服务的特有名称，因此，广州某到哪公司在使用"quna.com""123quna.com""mquna.com"域名时，不得恶意攀附北京某趣拿公司的商誉以牟取不正当的商业利益，其有义务在与域名相关的搜索链接及网站上加注区别性标识，以使消费者将上述域名与北京某趣拿公司"去哪儿""去哪儿网""qunar.com"等知名服务特有名称相区分。与此同时，北京某趣拿公司对广州某到哪公司使用"quna.com""123quna.com""mquna.com"域名的行为也应给予合理容忍和尊重，其关于广州某到哪公司使用上述域名的行为构成不正当竞争的再审申请理由不成立，本院不予支持。

第二节　虚假或者引人误解的商业宣传

《反不正当竞争法》（1993）

第九条　经营者不得利用广告或者其他方法，对商品的质量、制作成分、性能、用途、生产者、有效期限、产地等作引人误解的虚假宣传。

广告的经营者不得在明知或者应知的情况下，代理、设计、制作、发布虚假广告。

《反不正当竞争法》（2017、2019）

第八条　经营者不得对其商品的性能、功能、质量、销售状况、用户评价、曾获荣誉等作虚假或者引人误解的商业宣传，欺骗、误导消费者。

经营者不得通过组织虚假交易等方式，帮助其他经营者进行虚假或者引人误解的商业宣传。

《反不正当竞争法》（2019）第8条禁止经营者实施虚假或者引人误解的商业宣传，或者帮助他人进行虚假或者引人误解的商业宣传。若违法实施相关行为，不仅会面临行政处罚，造成他人损害的还会面临民事损害赔偿责任。

有关行政处罚，《反不正当竞争法》（2019）第20条规定，经营者违反本法第8条规定对其商品作虚假或者引人误解的商业宣传，或者通过组织虚假交易等方式帮助其他经营者进行虚假或者引人误解的商业宣传的，由监督检查部门责令停止违法行为，处20万元以上100万元以下的罚款；情节严重的，处100万元以上200万元以下的罚款，可以吊销营业执照。但是，经营者违反本法第8条规定，属于发布虚假广告的，依照《广告法》的规定处罚。

有关民事损害赔偿，《反不正当竞争法》（2019）第17条第1款和第2款规定，经营者违反本法规定，给他人造成损害的，应当依法承担民事责任。经营者的合法权益受到不正当竞争行为损害的，可以向人民法院提起诉讼。《最高人民法院关于适用〈中华人民共和国反不正当竞争法〉若干问题的解释》第18条规定，当事人主张经营者违反《反不正当竞争法》第8条第1款的规定并请求赔偿损失的，应当举证证明其因虚假或者引人误解的商业宣传行为受到损失。

一、如何认定虚假或者引人误解的商业宣传

《反不正当竞争法》（2019）第8条第1款禁止经营者通过虚假或者引人误解的商业宣传，欺骗、误导消费者。《最高人民法院关于适用〈中华人民共和国反不正当竞争法〉若干问题的解释》第16条和第17条分别对"虚假的商业宣传"和"引人误解的商业宣传"进行了解释：

经营者在商业宣传过程中，提供不真实的商品相关信息，欺骗、误导相关公众的，人民法院应当认定为《反不正当竞争法》第8条第1款规定的虚假的商业宣传。

经营者具有下列行为之一，欺骗、误导相关公众的，人民法院可以认定为《反不正当竞争法》第8条第1款规定的"引人误解的商业宣传"：（1）对商品作片面的宣传或者对比；（2）将科学上未定论的观点、现象等当作定论的事实用于商品宣传；（3）使用歧义性语言进行商业宣传；（4）其他足以引人误解的商业宣传行为。而且，人民法院应当根据日常生活经验、相关公众一般注意力、发生误解的事实和被宣传对象的实际情况等因素，对引人误解的商业宣传行为进行认定。

二、帮助进行虚假或者引人误解的商业宣传有哪些表现形式

《最高人民法院关于适用〈中华人民共和国反不正当竞争法〉若干问题的解释》虽然对"虚假的商业宣传"和"引人误解的商业宣传"进行了解释，但却并未提及《反不正当竞争法》第8条第2款"经营者不得通过组织虚假交易等方式，帮助其他经营者进行虚假或者引人误解的商业宣传"的认定问题。结合相关案例来看，互联网领域的"刷单刷量炒信"行为可以说是帮助虚假宣传的典型性行为。

（一）爱某艺公司与飞某公司等视频刷量不正当竞争纠纷案

在"爱某艺公司与飞某公司等视频刷量不正当竞争纠纷案"中，爱某艺公司诉称，飞某公司是一家专门提供视频刷量服务的公司，其与吕某、胡某通过分工合作，运用多个域名，不断更换访问IP地址等方式，连续访问爱某艺网站视频，在短时间内迅速提高视频访问量，达到刷单成绩，以牟取利益。爱某艺公司认为，飞某公司的行为已经严重损害了其合法权益，破坏了视频行业的公平竞争秩序，飞某公司、吕某、胡某构成共同侵权。故向法院提起诉讼，请求法院判令飞某公司、吕某、胡某立即停止不正当竞争行为，刊登声明、消除影响，并连带赔偿爱某艺公司经济损失500万元。飞某公司、吕某、胡某辩称，爱某艺公司运营视频网站，收入来源于广告费、会员费；飞某公司接受委托，通过技术手段提升视频点击量，增加视频知名度，以此牟利，两者的经营范围、盈利模式均不相同，不具有竞争关系，并且《反不正当竞争法》（1993）明确列举了各类不正当竞争行为，涉案的刷量行为未在禁止之列，故飞某公司的刷量行为不构成不正当竞争。

上海市徐汇区人民法院认为，飞某公司、吕某、胡某通过技术手段干扰、破坏爱某艺网站的访问数据，违反公认的商业道德，损害爱某艺公司

以及消费者的合法权益，构成不正当竞争，可以依据《反不正当竞争法》（1993）第2条予以认定。故判令飞某公司、吕某、胡某向爱某艺公司连带赔偿50万元，并刊登声明，消除影响。①爱某艺公司、飞某公司、吕某、胡某均不服，提出上诉。

上海知识产权法院认为，涉案视频刷量行为属于《反不正当竞争法》（1993）第9条所规制的"虚假宣传"的不正当竞争行为。根据查明的事实，飞某公司、吕某、胡某系分工合作，共同实施了涉案视频刷量行为，应承担连带赔偿责任。一审法院酌定作出50万元的判赔数额合理，应予维持。故判决驳回上诉，维持原判。②

由于涉案通过技术手段增加爱某艺网站视频访问量的行为已于2017年9月13日停止，因此适用的还是1993年《反不正当竞争法》，而该法并没有关于帮助进行虚假或者引人误解的商业宣传的禁止性规定。在此背景下，上海知识产权法院对一般条款的适用条件和"视频刷量"行为的法律定性均作出了较为详细的阐释，对合理规制"视频刷量"行为的反不正当竞争法实施路径作出了积极探索。

1.一般条款的适用条件

上海知识产权法院认为，一方面，我国反不正当竞争法采取的是一般条款与列举性规定相结合的立法体例，一般条款中具有指引和约束法官行使裁量权的实质性内涵和要素，一般条款的适用能够确保法律对于新发展和新需求的适应性，确保法律调整的灵活性和及时性，因此，一般条款是认定法律未列举行为的开放性依据，具有概括适用于未列举情形和保持开放性的功能。另一方面，反不正当竞争法作为规范市场竞争秩序的法律，更取向于维护竞争自由和市场效率。而现代社会层出不穷的新技术和新商业

---

① 上海市徐汇区人民法院（2017）沪0104民初18960号民事判决书。
② 上海知识产权法院（2019）沪73民终4号民事判决书。

模式，究竟是促进了自由竞争，提高了市场效率，还是带来了完全相反的结果，可能需要更为周密的分析和利益平衡。因此，对反不正当竞争法一般条款的适用，更应当秉持谦抑的司法态度，对竞争行为保持有限干预和司法克制理念，严格把握一般条款的适用条件，以避免不适当干预而阻碍市场的自由竞争。

一般情况下，对反不正当竞争法一般条款的适用应当秉持以下原则：其一，适用反不正当竞争法一般条款调整的行为，既不是《反不正当竞争法》（1993）第二章列举的不正当竞争行为，而其他专门法也未对该种行为作出特别的规定。其二，以《反不正当竞争法》一般条款认定法律未列举的不正当竞争行为时，必须以《反不正当竞争法》一般条款规定的构成元素作为必要的约束和指引，进行综合衡量和判断，其考量要素包括：（1）是否违反了自愿、平等、公平、诚实信用原则和公认的商业道德而具有不正当性。（2）是否存在竞争性损害，特别是对于市场竞争机制是否构成损害。

2.涉案"视频刷量"行为的法律定性

就"爱某艺公司与飞某公司等视频刷量不正当竞争纠纷案"而言，首先，《反不正当竞争法》（1993）第2条规定，经营者在市场交易中，应当遵循自愿、平等、公平、诚实信用的原则，遵守公认的商业道德。本法所称的不正当竞争，是指经营者违反本法规定，损害其他经营者的合法权益，扰乱社会经济秩序的行为。本法所称的经营者，是指从事商品经营或者营利性服务（以下所称商品包括服务）的法人、其他经济组织和个人。上述法律规定表明，经营者的市场交易行为受反不正当竞争法所规制，经营者之间是否构成同业竞争关系，并非判断是否构成不正当竞争行为的法定要件，故涉案视频刷量行为作为一种市场交易行为，是否属于不正当竞争行为，仍应当根据反不正当竞争法的具体规定进行判断。因此，上海知识产权法院对于飞某公司、吕某、胡某关于飞某公司和爱某艺公司的主要业务完全不同，两者之间并不具有竞争关系，飞某公司不构成对爱某艺公司不正当竞争的上诉意见，不予采纳。

其次，如上文所言，涉案视频刷量行为应否适用《反不正当竞争法》第2条予以调整，首先应当判断涉案视频刷量行为是否属于《反不正当竞争法》第二章列举的不正当竞争行为，而其他专门法也未对该种行为作出特别的规定。对此，上海知识产权法院认为，《反不正当竞争法》（1993）第9条规定，经营者不得利用广告或者其他方法，对商品的质量、制作成分、性能、用途、生产者、有效期限、产地等作引人误解的虚假宣传。本案中，虚构视频点击量的行为，实质上提升了相关公众对虚构点击量视频的质量、播放数量、关注度等的虚假认知，起到了吸引消费者的目的，因此，虚构视频点击量仅是经营者进行虚假宣传的一项内容，故应当按照虚假宣传予以处理。

最后，本案中，飞某公司、吕某、胡某作为通过技术手段增加视频点击量的经营者，知道其通过技术手段增加的视频点击量既未实际播放亦无真实受众，属于虚构的视频点击量，而虚构视频点击量，会提升相关公众对虚构点击量视频的质量、播放数量、关注度等的虚假认知，从而产生引人误解的虚假宣传的后果，但飞某公司、吕某、胡某仍根据他人虚构视频点击量的要求，实施了通过技术手段增加视频点击量的涉案视频刷量行为，飞某公司、吕某、胡某的上述行为属于《侵权责任法》（2009）第9条规定的，帮助他人实施引人误解的虚假宣传的行为，应当与行为人承担连带责任。故上海知识产权法院对于飞某公司、吕某、胡某关于涉案视频刷量行为系视频营销方委托实施，相关责任应由视频营销委托方单独承担的上诉意见，不予采纳。

综上，上海知识产权法院认为，虚构视频点击量属于《反不正当竞争法》（1993）第9条明确列举的虚假宣传行为，而根据《侵权责任法》（2009）第9条的规定，飞某公司、吕某、胡某的涉案视频刷量行为属于帮助他人实施引人误解的虚假宣传，故根据现有法律法规，完全可以对飞某公司、吕某、胡某涉案视频刷量行为予以处理，无须引用《反不正当竞争法》第2条另行评判。

（二）汉某公司诉金某碑公司不正当竞争纠纷案

在"汉某公司诉金某碑公司不正当竞争纠纷案"[①]中，汉某公司运营"大×点评"软件，金某碑公司则运营"捧×客"软件。"捧×客"软件的运作方式为：消费者可提前在"捧×客"软件预约与金某碑公司合作商户对应的"捧×红包"，随后消费者在对应商户进行消费并在点评类网站上对上述商户进行点评后，将上述消费及点评截图上传至"捧×客"软件的相应位置，经审核后可以此兑换并提现其之前预约的"捧×红包"。

原告汉某公司诉讼主张：金某碑公司通过"捧×客"App向消费者提供高额消费补贴券，并强制要求消费者消费后在汉某公司平台发布四星至五星的好评，同时对相应商家进行收藏、点赞和打卡，而后金某碑公司在审核消费者发布的"好评"内容后返现给消费者。金某碑公司诱导消费者增加汉某公司平台门店好评量或进行虚假好评，违背了诚实信用原则，损害了汉某公司商誉及其他商家权益，符合《反不正当竞争法》第2条、第8条规定的不正当竞争行为。

被告金某碑公司主要抗辩理由为：（1）"捧×客"App不存在虚假宣传的不正当竞争行为，不存在向商家提供刷点赞量和好评量，也未虚构数据；（2）金某碑与汉某公司不存在同行业竞争；（3）金某碑公司没有给汉某公司造成经济损失及影响，汉某公司要求消除影响和支付合理开支的请求缺乏事实及法律依据。

1. 原被告间是否存在竞争关系

四川省成都市中级人民法院认为，第一，金某碑公司属于向商户提供宣传服务的法人主体，其属于《反不正当竞争法》第2条规定的"经营者"；

---

① 四川省成都市中级人民法院（2021）川01民初913号民事判决书。

第二，汉某公司运营的大×点评网站主要通过展示商户信息等方式，在为消费者提供消费对象选择的同时为商户提供宣传渠道，而金某碑公司主要依赖于"大×点评"等平台的运行规则与商业环境完成对应商户的商业宣传，其服务内容与"大×点评"平台类似，且其运行方式将对大×点评平台的运行产生冲击与影响，故金某碑公司与汉某公司成立竞争关系。

2. 涉案诱导点评行为是否构成帮助虚假宣传

本案中，金某碑公司在其经营的"捧×客"软件及微信公众平台中，以发放红包的方式，鼓励消费者在包括"大×点评"在内的点评服务网站上对特定商家进行点赞、打分、点评、收藏等行为，同时对打分分数作出限制，即需要"总体打分5分，小项评分4.5分、4.5分、5分"。对此，四川省成都市中级人民法院认为：

第一，"大×点评"等点评类网站中消费者对商家的点赞、打分、点评、收藏等行为均可在商户页面向所有消费者展示，上述内容也是消费者在该类平台进行消费对象选择的重要参考因素，具有对外宣传的作用，构成一种商业宣传的模式。

第二，金某碑公司在其运营的"金某碑"微信公众号及软件平台上，利用发放红包的方式诱使消费者对商家进行点赞、打分、点评、收藏等行为，并对其中的打分分数限制在"总体打分5分，小项评分4.5分、4.5分、5分"，该行为将导致消费者最终展示在平台上的商户评价与其实际评价不符，造成虚假的宣传效果，并最终导致其他消费者在进行交易对象选择时对上述商家的经营、服务、商品情况产生虚假认知，造成欺骗、误导消费者的客观后果。

3. 不存在组织虚假交易的情况，也能成立帮助虚假宣传吗

金某碑公司主张其平台上明确要求消费者实际在商户进行消费，不存在组织虚假交易的情况。四川省成都市中级人民法院认为，《反不正当竞争法》第8条第2款规定的行为并未限制于组织虚假交易，金某碑公司的行为实际上达到了帮助其他经营者进行虚假或引人误解的商业宣传的结果，符

合该条第2款规定的不正当竞争行为。

4.违反《反不正当竞争法》第8条的行为还需要再适用第2条吗

汉某公司主张金某碑公司的行为可以适用《反不正当竞争法》第2条进行调整。四川省成都市中级人民法院认为《反不正当竞争法》第2条作为原则性条款,其适用条件应满足"其他法律法规对该行为未进行规定",金某碑公司的行为属于本法第8条规定的不正当竞争行为,故不再单独适用第2条调整。

5.汉某公司的合法权益因金某碑公司的行为受到损害了吗

四川省成都市中级人民法院认为,汉某公司所运营的"大×点评"软件吸引消费者及商户下载并使用的核心竞争力在于,其能够为消费者提供真实有效的店铺数据以帮助其选择交易对象,并同时为平台内各商户提供正常有序的竞争环境。金某碑公司以营利为目的,通过"捧×红包"的方式诱导消费者对其合作商户在"大×点评"平台进行特定分数的好评、评论、收藏等行为,造成了平台内所展示的商户数据失真,影响该平台的信用体系,同时也扰乱了平台内商户的竞争体系,对汉某公司的商业模式正常发展产生不利影响,对汉某公司的经营造成损失。

第三节 侵犯商业秘密

《反不正当竞争法》（1993）	《反不正当竞争法》（2017）	《反不正当竞争法》（2019）
第十条 经营者不得采用下列手段侵犯商业秘密：	第九条 经营者不得实施下列侵犯商业秘密的行为：	第九条 经营者不得实施下列侵犯商业秘密的行为：
（一）以盗窃、利诱、胁迫或者其他不正当手段获取权利人的商业秘密；	（一）以盗窃、贿赂、欺诈、胁迫或者其他不正当手段获取权利人的商业秘密；	（一）以盗窃、贿赂、欺诈、胁迫、电子侵入或者其他不正当手段获取权利人的商业秘密；

（二）披露、使用或者允许他人使用以前项手段获取的权利人的商业秘密；

（三）违反约定或者违反权利人有关保守商业秘密的要求，披露、使用或者允许他人使用其所掌握的商业秘密。

第三人明知或者应知前款所列违法行为，获取、使用或者披露他人的商业秘密，视为侵犯商业秘密。

本条所称的商业秘密，是指不为公众所知悉、能为权利人带来经济利益、具有实用性并经权利人采取保密措施的技术信息和经营信息。

（二）披露、使用或者允许他人使用以前项手段获取的权利人的商业秘密；

（三）违反约定或者违反权利人有关保守商业秘密的要求，披露、使用或者允许他人使用其所掌握的商业秘密。

第三人明知或者应知商业秘密权利人的员工、前员工或者其他单位、个人实施前款所列违法行为，仍获取、披露、使用或者允许他人使用该商业秘密的，视为侵犯商业秘密。

本法所称的商业秘密，是指不为公众所知悉、具有商业价值并经权利人采取相应保密措施的技术信息和经营信息。

（二）披露、使用或者允许他人使用以前项手段获取的权利人的商业秘密；

（三）违反保密义务或者违反权利人有关保守商业秘密的要求，披露、使用或者允许他人使用其所掌握的商业秘密；

（四）教唆、引诱、帮助他人违反保密义务或者违反权利人有关保守商业秘密的要求，获取、披露、使用或者允许他人使用权利人的商业秘密。

经营者以外的其他自然人、法人和非法人组织实施前款所列违法行为的，视为侵犯商业秘密。

第三人明知或者应知商业秘密权利人的员工、前员工或者其他单位、个人实施本条第一款所列违法行为，仍获取、披露、使用或者允许他人使用该商业秘密的，视为侵犯商业秘密。

本法所称的商业秘密，是指不为公众所知悉、具有商业价值并经权利人采取相应保密措施的技术信息、经营信息等商业信息。

《反不正当竞争法》禁止侵犯商业秘密的行为，并对商业秘密给出了定义。但在互联网领域，新业态不断涌现，竞争行为表现也更加多样，从商业秘密的认定到侵犯商业秘密的举证责任合理分配均给司法实践带来了新的挑战。例如，游戏软件源代码是否构成商业秘密？若游戏源代码也能构成商业秘密，那么商业秘密的权利人必须是游戏软件的著作权人吗？经营者若主张自己的商业秘密（游戏源代码）被侵犯需要怎样去完成举证责任？在"仟某公司、鹏某公司诉徐某、肖某等侵害技术秘密纠纷案"中，广东省高级人民法院生效判决给出了颇为详细的阐释。①

鉴于在"仟某公司、鹏某公司诉徐某、肖某等侵害技术秘密纠纷案"一审中，策某公司、南某公司承认被诉游戏至2018年7月方全面下线。而2017年11月4日公布的修订的《反不正当竞争法》，自2018年1月1日起施行。故被诉侵害行为系持续到该法修订之后，该案适用《反不正当竞争法》（2017）。

一、游戏软件源代码是否构成商业秘密

《反不正当竞争法》（2017）第9条第3款规定，"本法所称的商业秘密，是指不为公众所知悉、具有商业价值并经权利人采取相应保密措施的技术信息和经营信息。"《最高人民法院关于审理不正当竞争民事案件应用法律若干问题的解释》第9条规定，"不为公众所知悉"，是指有关信息不为其所属领域的相关人员普遍知悉和容易获得；第10条规定，"能为权利人带来经济利益、具有实用性"，是指有关信息具有现实的或者潜在的商业价值，能为权利人带来竞争优势。广东省高级人民法院指出，本案中，仟某公司、鹏某公司主张保护的"帝王××"游戏软件服务器源代码能否构成商业秘密，

---

① 广东省高级人民法院（2019）粤知民终457号民事判决书。

取决于该源代码是否符合三个构成要件：（1）不为公众所知悉；（2）具有商业价值；（3）权益人对该信息采取了合理的保密措施。

（一）不为公众所知悉

首先，仟某公司、鹏某公司以其提交的《鉴定意见书》证明，仟某公司、鹏某公司在本案中主张保护的源代码存在不为公众所知悉的技术信息。而徐某、肖某和策某公司声称没有证据证明该源代码采取了保密措施，从而对该证据不予认可。广东省高级人民法院认为，《鉴定意见书》鉴定内容涉及信息是否为公众普遍知悉、是否容易获得以及商业价值方面的内容，并不涉及保密措施。而是否采取保密措施与该信息是否为公众普遍知悉，并不必然有关联。徐某、肖某和策某公司并未提交证据证明相关技术信息为公众普遍知悉，故其反驳理由不能成立。

其次，涉案游戏软件源代码是其开发者组织人力，投入资金，经过长时间创作开发而得，不属于容易获得的信息。

综上，广东省高级人民法院认为，前述信息属于"不为公众所知悉"的信息。

（二）具有商业价值

广东省高级人民法院认为，"帝王××"游戏能够上线运营，并为游戏运营者带来经济收益，因此游戏的源代码具有商业价值。

（三）权益人对该信息采取了合理的保密措施

1.涉案游戏软件源代码被放置于公司"帝王××"游戏的游戏库中，只有负责有关工作的人员具有访问该库的权限。

2.徐某、肖某与仟某公司签订的《保密协议》中，明确约定了该协议所指的商业秘密包括计算机程序，徐某、肖某对仟某公司的商业秘密负有保密义务。徐某、肖某在与仟某公司签订的《解除劳动关系协议书》第4条约定"乙方（徐某、肖某）参与项目所涉的商业秘密和知识产权均属甲方（仟某公司）所有……乙方（徐某、肖某）离职后，仍须遵守甲方（仟某公司）的保密规定或《保密协议》"，第6条约定"乙方（徐某、肖某）承诺在离职后，决不侵犯甲方（仟某公司）及甲方（仟某公司）关联公司（如珠海鹏某科技有限公司）的知识产权和商业秘密"。以上证据和事实，能够证明仟某公司、鹏某公司已对"帝王××"游戏软件服务器源代码采取了保密措施。而且，前述措施能够使其相对人注意到，权益人已采取了保密措施以及明确商业秘密的范围。该保密措施是合理、有效、具体的。

3. 即使双方未签订保密协议，而该行业人员在面对一家游戏开发公司的源代码之时均能知晓，源代码是一家游戏公司的重要技术信息，游戏公司为其投入了大量人力财力，对其将来产生巨大经济利益抱有期待。在此种情况下，该行业人员包括游戏软件源代码接触者，均负有遵守商业道德的义务，不去不正当地获取或者使用该游戏软件源代码商业秘密。特别是，本案中，涉案源代码已被放置于服务器并用权限进行管理，该公司的接触者均应当知晓公司的保密意图和保密内容，不应当不正当获取或使用。

综上，广东省高级人民法院认为，仟某公司、鹏某公司主张保护的"帝王××"游戏软件服务器源代码符合前述法律规定的三个要件，构成商业秘密。

二、（游戏软件源代码）商业秘密的权益人必须是游戏软件的著作权人吗

在"仟某公司、鹏某公司诉徐某、肖某等侵害技术秘密纠纷案"中，根据我国国家版权局颁发的《计算机软件著作权登记证书》，"帝王××"游戏软件V1.0于2013年6月1日开发完成，著作权人为鹏某公司。徐某、肖某、

策某公司主张仟某公司不具有"帝王××"软件的著作权，因而该公司并非本案适格原告。

图表5.3　当事人基本情况

原告	仟某公司	鹏某公司
成立时间	2011年3月14日	2012年2月20日
经营地址	广东省珠海市香工路×号38#（厂房）101-1层	广东省珠海市香工路×号38#（厂房）101-4层
经营范围	计算机软件研发；商业的批发、零售（不含许可经营项目）	计算机软件开发、销售
投资者	洪某某、申某某、马某某、王某刚、深圳市迅某网络技术有限公司	王某、林某、刘某某、王某刚、朱某某、李某
法定代表人	马某某	朱某某

一审法院认为，尽管仟某公司、鹏某公司主张仟某公司与鹏某公司是关联公司（图表5.3），故徐某、肖某、策某公司、南某公司侵犯二者的商业秘密，但是，仟某公司、鹏某公司没有举证证实仟某公司是"帝王××"游戏软件的著作权人；其提交的证据亦不足以证实仟某公司参与"帝王××"游戏软件的开发；且在一审庭审中，仟某公司、鹏某公司亦确认其主张的商业秘密是属于鹏某公司的。因此，"帝王××"游戏软件的著作权人仅为鹏某公司，相应的该游戏软件所蕴含的本案商业秘密的权利人也应当是鹏某公司。对此，二审法院（广东省高级人民法院）给出了截然相反的认定结果。

二审法院（广东省高级人民法院）认为，仟某公司和鹏某公司是关联公司，徐某作为仟某公司的副总经理、股东，肖某作为仟某公司的策划总监、股东以及鹏某公司的总经理兼法定代表人，二人均参与了涉案游戏的开发。由此可以推定，涉案游戏系仟某公司和鹏某公司共同开发。退一步而言，即使无前述事实，虽然涉案游戏的著作权登记在鹏某公司名下，但是，在法律无禁止的情况下，鹏某公司有权与其他主体共同享有涉案商业秘密的权益，况且，该行为并未侵害他人包括徐某、肖某、策某公司或者南某公司的合法利益。综上，仟某公司、鹏某公司均享有涉案商业秘密的合法权益，具备本案原告主体资格。

三、经营者主张自己的商业秘密被侵犯，如何完成举证责任

《最高人民法院关于审理不正当竞争民事案件应用法律若干问题的解释》第14条规定，"当事人指称他人侵犯其商业秘密的，应当对其拥有的商业秘密符合法定条件、对方当事人的信息与其商业秘密相同或者实质相同以及对方当事人采取不正当手段的事实负举证责任"。在"仟某公司、鹏某公司诉徐某、肖某等侵害技术秘密纠纷案"中，如前所述，仟某公司、鹏某公司已证明其要求保护的商业秘密符合法定条件，其还需要举证以下两个方面的事实，（1）被诉游戏服务器源代码与"帝王××"游戏软件服务器源代码构成实质相同；（2）徐某、肖某、策某公司、南某公司不正当地获取或者使用涉案商业秘密。对此，广东省高级人民法院评述如下。

（一）被诉游戏服务器源代码与原告商业秘密构成实质相同

1.本案中，从行业经验来看，此类游戏从开发至上线运营，往往需要历时12个月以上。本案仟某公司、鹏某公司投入一年多时间进行涉案游戏的开发，亦能说明此点。而本案中，从策某公司和南某公司的成立时间以及被诉游戏上线运营时间可推算出被诉游戏开发历经时间，该历经时间与行业经验相比，明显较短。因此，其独立开发的合理性存疑较大。

2.策某公司和南某公司主张被诉游戏是由南某公司独立开发，但其从未提交证据证明被诉游戏的开发情况及过程。

3.从仟某公司、鹏某公司的质疑以及法院送达诉讼文书的情况来看，

南某公司可能并无实际经营的固定场所，而现实中游戏公司往往有固定经营场所以便于进行开发工作和管理源代码，因此，其独立开发的合理性存疑。

4.从仟某公司、鹏某公司提供的证据资料来看，涉案游戏和被诉游戏系同类游戏，且两者的游戏模式有一定相似性。

基于前述评述，结合仟某公司、鹏某公司已经举证证明其商业秘密成立，还举证合理表明徐某、肖某接触了涉案商业秘密的事实，广东省高级人民法院认为，对于被诉游戏软件源代码系与仟某公司、鹏某公司涉案游戏软件源代码实质相同这一待证事实，仟某公司、鹏某公司提供的证据虽未达到高度盖然性的证明标准，但已经能够表明该待证事实具有一定可能性。

本案中，仟某公司、鹏某公司向广东省高级人民法院申请调取行政机关在著作权登记程序中备案的部分被诉游戏软件源代码。广东省高级人民法院认为，仟某公司、鹏某公司主张保护的范围包括整个游戏服务器源代码，而该备案的源代码只是整个被诉游戏软件源代码当中比例极小的部分。而且，该备案部分是否属于仟某公司、鹏某公司主张保护的秘密点范围，亦无法确定。因此，广东省高级人民法院不予准许该项申请。但需要重申的是，广东省高级人民法院不准许其申请的理由，并非该证据应当由仟某公司、鹏某公司自行收集以体现"谁主张，谁举证"的举证原则，而是该证据与其待证事实的关联性较弱。

本案中，徐某、肖某和策某公司认为，仟某公司、鹏某公司未公证取证被诉游戏的运行界面和被诉游戏的代码作为证据提供给法院，属于未尽到举证责任。对此，广东省高级人民法院认为，仟某公司、鹏某公司主张保护的是服务器源代码，并不包含客户端代码，故能够被公证取证的客户端代码，与本案待证事实无关联。而游戏运营界面属于间接证据且未必能够证明待证事实成立。

二审期间，广东省高级人民法院向腾某公司发函调取运营服务器上的被诉游戏代码，腾某公司答复称，腾某公司并不掌握服务器上的被诉游戏软件源代码和目标代码，该服务器由运营商策某公司和南某公司掌握。由此可知，在客观上，仟某公司、鹏某公司亦无能力收集这些证据。徐某、肖某和策某公司认为仟某公司、鹏某公司未尽举证责任，该理由不能成立。

基于前述事实，包括仟某公司、鹏某公司已经在一审期间向法院提出保全该证据申请等事实，广东省高级人民法院认为，仟某公司、鹏某公司已经穷尽其收集证据的方法，但在客观上无能力收集到证明待证事实的直接证据或者足够的间接证据。由前述事实还能表明，唯独策某公司和南某公司持有被诉游戏软件源代码，而该证据是证明前述待证事实能否成立的直接证据。

游戏软件源代码是游戏软件开发者的创作成果。游戏开发者进行游戏的上线运营以及后续开发、升级、完善等，均以源代码为基础。在现实生活中，游戏软件源代码被视为游戏公司的重要技术信息，也可作为商业秘密的客体。从行业惯例来看，在游戏软件源代码开发过程中，源代码系由多名程序员分工合作完成，并被统一保管于某一服务器，或由管理软件统一管理，以实现储存内容、记录创作过程包括修改时间等功能。直至游戏上线运营，游戏公司仍会以某种方式完整地保管游戏软件源代码。针对本案而言，策某公司和南某公司作为被诉游戏的开发公司，其理应保管有开发过程中不同时期不同版本的被诉游戏软件源代码，包括被诉游戏上线运营的版本。换言之，在本案中，策某公司和南某公司在客观上有能力提供上线运营版本的被诉游戏软件源代码。再者，本案诉讼发生之后，被诉游戏仍然在线运营。从诉讼发生时起，策某公司和南某公司应当知晓，其掌握的被诉游戏软件源代码对于查明涉案基本事实的意义，以及其唯独持有该证据的特殊地位。因此，策某公司和南某公司应当负担该证据不灭失、不被篡改的保管义务。在法院作出保全证据裁定或者责令提供该证据时，如若违反该义务，则应当承担相应法律后果。此外，当条件成就时，策某公司和南某公司还应当负担依法提供证据的义务。

在一审庭审中，法院责令南某公司提供被诉游戏软件源代码，南某公司提供了一份证据资料。查勘该证据资料即源代码文件可知，其源代码文件的修改日期均为一审庭审后，且所有源代码文件的修改时间均显示相同。广东省高级人民法院认为，通常情况下，因各份源代码文件创作时间有先有后，文件的修改时间并不会统一在同一个时间点。南某公司提供的证据资料明显不符合常理，而徐某、肖某、策某公司和南某公司并未对此作出合理解释，且包括徐某、肖某、策某公司在内的各方当事人在一审和二审庭审中均不确认其真实性，可见，南某公司并未如实履行证据披露义务，构成举证妨碍。

在一审程序中，仟某公司、鹏某公司还向法院申请保全被诉游戏软件源代码作为本案证据，法院据此作出保全裁定。而徐某、肖某和策某公司在法院已经释明拒不配合保全后果的情况下，仍未依照该裁定向法院提供被诉游戏软件源代码。

广东省高级人民法院认为，该证据系仟某公司、鹏某公司证明待证事实的直接证据，可能对策某公司和南某公司存在不利，而该证据唯独策某公司和南某公司持有，策某公司和南某公司拒不提供并无正当理由，应依法承担相应不利法律后果。

综上，仟某公司、鹏某公司穷尽其方法提供证据，已经初步证明其主张的待证事实具有一定可能性。徐某、肖某、策某公司和南某公司持有证明该待证事实的直接证据，但其无正当理由拒不提供，该行为有违诉讼诚信原则。依据《最高人民法院关于民事诉讼证据的若干规定》第95条"一方当事人控制证据无正当理由拒不提交，对待证事实负有举证责任的当事人主张该证据的内容不利于控制人的，人民法院可以认定该主张成立"之规定，广东省高级人民法院推定仟某公司、鹏某公司主张的待证事实成立，即被诉游戏软件源代码与涉案商业秘密构成实质相同。

（二）被告不正当地获取或者使用原告的涉案商业秘密

徐某作为仟某公司的副总经理、股东，肖某作为仟某公司的策划总监、股东以及鹏某公司的总经理兼法定代表人，在二人正常工作范围内，均能够接触到"帝王××"游戏软件服务器源代码，即二人均具备充足条件获取该源代码。仟某公司、鹏某公司提交的证据显示，二人曾登录公司的管理系统对前述源代码进行修改，亦可证明此点。

徐某、肖某二人从仟某公司、鹏某公司离职后成立策某公司，以该公司名义开发、运营被诉游戏。而南某公司的法定代表人陈某与肖某系同学，南某公司应当知晓徐某、肖某与仟某公司、鹏某公司之间的关系，亦应当知晓二人不正当获取、使用仟某公司、鹏某公司涉案商业秘密的事实，但南某公司却与徐某、肖某、策某公司共同不正当地使用该商业秘密，南某公司的行为亦应当认定为侵害涉案商业秘密。

策某公司、南某公司以双方的协议为证据提出抗辩，称被诉游戏系南某公司独立开发并转让给策某公司运营，但策某公司和南某公司并未提供独自开发的证据。而两公司有利益关联，难以排除两公司系为规避法律追责而制作该协议的合理怀疑，故广东省高级人民法院对该证据不予采信，对其抗辩主张不予支持。

综上，仟某公司、鹏某公司已经举证证明：（1）涉案游戏服务器源代码属于《最高人民法院关于审理不正当竞争民事案件应用法律若干问题的解释》第14条规定的商业秘密；（2）被诉游戏与商业秘密源代码实质相同；（3）徐某、肖某、策某公司和南某公司存在不正当行为等事实，而对方并未提出足够理据反驳，因此，广东省高级人民法院认定徐某、肖某、策某公司和南某公司构成侵害仟某公司、鹏某公司涉案商业秘密。

第四节　不正当有奖销售

《反不正当竞争法》（1993）

第十三条　经营者不得从事下列有奖销售：

（一）采用谎称有奖或者故意让内定人员中奖的欺骗方式进行有奖销售；

（二）利用有奖销售的手段推销质次价高的商品；

（三）抽奖式的有奖销售，最高奖的金额超过五千元。

《反不正当竞争法》（2017、2019）

第十条　经营者进行有奖销售不得存在下列情形：

（一）所设奖的种类、兑奖条件、奖金金额或者奖品等有奖销售信息不明确，影响兑奖；

（二）采用谎称有奖或者故意让内定人员中奖的欺骗方式进行有奖销售；

（三）抽奖式的有奖销售，最高奖的金额超过五万元。

《反不正当竞争法》（2019）第10条规定了三种不正当有奖销售的情形，即（1）所设奖的种类、兑奖条件、奖金金额或者奖品等有奖销售信息不明确，影响兑奖；（2）采用谎称有奖或者故意让内定人员中奖的欺骗方式进行有奖销售；（3）抽奖式的有奖销售，最高奖的金额超过5万元。该条文看似简单易懂，但是在互联网领域也出现了法律适用上的新挑战。执法与司法实践中出现的争议焦点主要是围绕如何去认定"销售"。如果一项有奖品的营销活动，并不以消费者购买商品为条件，例如，无消费门槛的抽奖活动，还有没有可能构成不正当有奖销售行为？

一、消费者未支付货币对价也能认定经营者存在"销售"行为吗

在"优某公司诉苏州市吴江区市场监督管理局行政处罚案"中，苏州市吴江区人民法院对"销售"的概念进行了合理且详细的阐释和认

定。①在该案中，优某公司主张其举办的微信抽奖不属于有奖销售，其理由主要是参与者不需要购买商品或服务即可参与抽奖。但是，苏州市吴江区人民法院从以下两个方面进行了分析，最终肯定了苏州市吴江区市场监督管理局的主张，即为推广、宣传目的而提供奖品，也属于"有奖销售"的法律规制范畴。一方面涉案抽奖活动以用户提供个人信息为条件，而在数字化时代个人信息可被视为一种无形资产，即便消费者没有支付货币对价，仍不能否定涉案抽奖活动属于经营活动；另一方面，根据原国家工商行政管理局分别于1998年和2004年作出的两项"答复"意见，有奖销售不以实际达成交易为前提，奖励对象也不局限于已实际购买商品或服务的购买者。

具体来看，苏州市吴江区人民法院分析了涉案抽奖活动的性质。优某公司举办微信抽奖活动并非从事有益于公众或社会的公益活动，而是以用户提供信息作为条件的。根据该公司设置的抽奖规则，凡是参加微信抽奖活动的参与者需要填写报名信息，包括婴幼儿的姓名、出生年月、联系方式、是否会员等，转发朋友圈邀请他人报名还可额外获得抽奖机会。也就是说，要参与抽奖，必须将参与者的身份信息提供给优某公司，额外获得抽奖机会也是基于邀请他人提供了身份信息。

苏州市吴江区人民法院认为，从表面上看，参与抽奖无须支付费用，但实际上，参与者是以其个人信息换取抽奖的机会。公民的个人信息在数字化时代的当下已然被视为一种无形资产，参与者用自身的无形资产换取获得奖品的机会，参与者与优某公司之间虽不同于传统意义上以货币换取商品或服务的消费者与销售者的关系，但本质上仍然形成了一种等价交换关系。优某公司举办的微信抽奖活动虽不以消费为前提，但其抽奖活动面向全部消费者，目的在于扩大公司的知名度，宣传自己的商品或服务，特

---

① 江苏省苏州市吴江区人民法院（2021）苏0509行初44号行政判决书。

别是利用参与者的报名信息，发掘潜在的客户，从而获取更大的经营利润。即便消费者未支付货币对价，也以其他行为替代，如填写身份信息、转发朋友圈获取流量等。因此，涉案微信抽奖活动，实质上是一种有奖销售的经营活动，极有可能对竞争秩序、消费者利益造成不当影响，从《反不正当竞争法》的目的看，上述行为也应当受到《反不正当竞争法》的规制。

随后，苏州市吴江区人民法院对涉及"有奖销售"定义的法规进行了梳理与阐释。相关法规分别为1993年国家工商行政管理局发布的《关于禁止有奖销售活动中不正当竞争行为的若干规定》，1998年国家工商行政管理局《关于有线电视台在提供电视节目服务中进行有奖竞猜是否构成不正当竞争行为的答复》和2004年原国家工商行政管理总局《关于网站在提供网上购物服务中从事有奖销售活动是否构成不正当竞争行为问题的答复》。

在国家工商行政管理局《关于禁止有奖销售活动中不正当竞争行为的若干规定》（1993）中，有奖销售被定义为：经营者销售商品或者提供服务，附带性地向购买者提供物品、金钱或者其他经济上的利益的行为。国家工商行政管理局《关于有线电视台在提供电视节目服务中进行有奖竞猜是否构成不正当竞争行为的答复》（1998）第1条指出，《反不正当竞争法》（1993）第13条所称的有奖销售，是指经营者以附带性地提供金钱、物品或者其他利益（统称奖品）的引诱方式，促销其商品（包括服务）的行为。不论向商品的购买者提供奖品，还是向其他有关当事人提供奖品，只要经营者以促销商品为目的，均可构成有奖销售，受《反不正当竞争法》（1993）第13条调整。原国家工商行政管理总局《关于网站在提供网上购物服务中从事有奖销售活动是否构成不正当竞争行为问题的答复》（2004）指出，网站经营者在提供网络服务、网上购物等经营活动中，为招揽广告客户、提高网站知名度及提高登录者的点击率，附带性地提供物品、金钱或者其他经济上的利益行为，构成有奖销售，应依照《反不正当竞争法》（1993）第13条予以规范。

苏州市吴江区人民法院认为，上述两项答复均是对有奖销售行为作出的具体应用解释，根据该答复，有奖销售不以实际达成交易为前提，奖励对象也不局限于已实际购买商品或服务的购买者。并且，上述两项答复在法律性质上属于其他规范性文件，《立法法》没有直接涉及规章以下的其他规范性文件的效力等级，按法理其效力等级应低于法律、行政法规、规章等。当答复与上位法相抵触时，自然不能适用。但是，若答复与上位法不相抵触，合法、合理、适当的，答复的意见可予以适用。本案所涉两项答复是对有奖销售所作的进一步解释，与上位法的规定并不相抵触，符合《反不正当竞争法》对有奖销售行为进行规制的立法目的。据此，苏州市吴江区人民法院认定，优某公司认为其行为不属于有奖销售，理由不能成立。

二、消费者可以依据《反不正当竞争法》提起民事损害赔偿之诉吗

《反不正当竞争法》（2019）第22条规定："经营者违反本法第十条规定进行有奖销售的，由监督检查部门责令停止违法行为，处五万元以上五十万元以下的罚款。"此外，同法第17条第1款还规定："经营者违反本法规定，给他人造成损害的，应当依法承担民事责任。"但是，该条文第2款又规定："经营者的合法权益受到不正当竞争行为损害的，可以向人民法院提起诉讼。"也就是说，若消费者的合法权益受到不正当竞争行为的损害，是不可以依据《反不正当竞争法》向人民法院提起损害赔偿之诉的。此时，消费者可以依据《反不正当竞争法》第16条向监督检查部门举报。实际上，在上述"优某公司诉苏州市吴江区市场监督管理局行政处罚案"中[①]，被告

---

① 江苏省苏州市吴江区人民法院（2021）苏0509行初44号行政判决书。

苏州市吴江区市场监督管理局也是接到举报，才决定立案受理，经过调查、听证程序后，作出了行政处罚决定。

第五节　损害商誉

《反不正当竞争法》（1993）

第十四条　经营者不得捏造、散布虚伪事实，损害竞争对手的商业信誉、商品声誉。

《反不正当竞争法》（2017、2019）

第十一条　经营者不得编造、传播虚假信息或者误导性信息，损害竞争对手的商业信誉、商品声誉。

《最高人民法院关于适用〈中华人民共和国反不正当竞争法〉若干问题的解释》第19条规定，当事人主张经营者实施了《反不正当竞争法》第11条规定的商业诋毁行为的，应当举证证明其为该商业诋毁行为的特定损害对象。此外，该法第20条还规定，经营者传播他人编造的虚假信息或者误导性信息，损害竞争对手的商业信誉、商品声誉的，人民法院应当依照《反不正当竞争法》第11条予以认定。

一、在微信朋友圈发布编造信息也能构成不正当竞争行为吗

在互联网领域，商业诋毁行为可能通过微信朋友圈等互联网平台来加以实施。但互联网并非法外之地，经营者即便是通过线上的手段，捏造、传播虚假信息或者误导性信息，损害竞争对手的商业信誉、商品声誉，也会构成损害商誉的不正当竞争行为。在"九某泉公司与瀚某瑞达公司商业诋毁纠纷案"中，甘肃省高级人民法院指出：[①]

---

① 甘肃省高级人民法院（2019）甘民终591号民事判决书。

本案中，九某泉公司合法持有"杏香源"商标并与瀚某瑞达公司构成商业竞争关系。在明知九某泉公司经营"杏香源"牌杏皮茶的情形下，瀚某瑞达公司无任何事实依据，自行编造"郑重声明"在其微信朋友圈发布。该声明中的"杏香园牌杏皮茶"与九某泉公司享有商标专用权的"杏香源"注册商标仅一字之差，且读音一致，形成高度近似，足以引起公众误解，且瀚某瑞达公司对"杏香园"三字不享有任何知识产权法意义上的权利。食品卫生和质量关乎民生生命健康安全，关乎企业声誉甚至生存。该"郑重声明"所述"杏香园牌杏皮茶现有非常严重的产品质量问题"的内容，足以使相关公众对九某泉公司所生产的"杏香源"杏皮茶产生误导性的恶劣影响，该行为破坏了公平竞争的市场经营秩序，构成对九某泉公司商誉的侵害，其侵权故意明显，侵权性质恶劣。

二、向平台恶意投诉可以认定存在"散布"行为吗

在"亿某仕公司诉捷某斯公司商业诋毁纠纷案"中，捷某斯公司上诉提出其遵守淘×网的投诉规则并未做任意扩散，对于产品下架原因没有涉及具体公开的理由，不影响被上诉人的企业社会信誉，因而不构成商业诋毁。对此，辽宁省大连市中级人民法院从损害商誉条文的立法目的出发，作出了如下阐释①：

第一，《反不正当竞争法》（1993）第14条中对于虚伪事实的散布方式并未作限制性规定。所谓"散布"，为分散传布之意。散布行为的基本要求是将虚伪事实以一定方式传递给第三人，其行

———————

① 辽宁省大连市中级人民法院（2019）辽02民终1083号民事判决书。

为模式是以行为人为原点将相关信息对外扩散，其行为具有面向公众性，但具体手段可以不同，传递方式可以多样。对虚伪事实的捏造、散布之规定，系强调侵权者对虚伪事实的源头性责任或传播性责任，侵权者在特定情形下散布虚伪事实，损害竞争对手的行业信誉或商品声誉，破坏了正当的市场竞争秩序，即可以认定构成商业诋毁。

第二，根据该条的立法目的，如果行为人向某一特定对象传播所编造的虚伪事实，给当事人的经营活动造成实质性影响的，也可构成商业诋毁。认定某行为是否损害商誉应考察该行为的目的及结果是否通过传播某种信息影响消费者的选择。本案中，捷某斯公司编造虚假信息向淘×网发起投诉的行为虽仅限于淘×购物平台，具有一定的封闭性。但是众所周知，淘×网是国内首屈一指的电商平台，捷某斯公司向淘×网的知识产权平台投诉的结果覆盖整个平台，直接切断了公众在淘×网上接触亿某仕公司涉案产品的通道，较之传统的虚伪事实传播方式，影响范围更广，损害后果更大，产生的效果立竿见影，该行为的直接性、即时性和破坏性更为突出。因此，从举轻以明重的角度出发，捷某斯公司的屡次投诉行为具有散布行为所要求的公众性特点，已构成商业诋毁。捷某斯公司的该项上诉理由，缺乏法律依据，本院不予支持。

三、对恶意投诉行为适用了原则性条款的话，是否属于适用法律错误

在经营者向平台恶意投诉构成损害商誉的不正当竞争行为的情况下，若法院没有适用《反不正当竞争法》第二章当中规制损害商誉行为的具体

条文，而是适用了《反不正当竞争法》第2条的原则性条款的话，是否属于适用法律错误？对此，在"亿某仕公司诉捷某斯公司商业诋毁纠纷案"中，辽宁省大连市中级人民法院认为：①

　　《反不正当竞争法》（1993）第2条规定，经营者在市场交易中，应当遵循自愿、平等、公平、诚实信用的原则，遵守公认的商业道德。本法所称的不正当竞争，是指经营者违反本法规定，损害其他经营者的合法权益，扰乱社会经济秩序的行为。该条属于原则性条款或一般性条款。面对市场竞争行为方式的多样性和可变性，《反不正当竞争法》第二章所列举的具体不正当竞争行为不足以涵盖所有的不正当竞争行为，人民法院可以适用该条原则规定的灵活性和适应性，有效制止花样翻新、层出不穷的不正当竞争行为，来维持市场的公平竞争，但同时应注意严格把握适用条件，以避免不适当干预而阻碍市场自由竞争。凡是法律已经通过特别规定作出穷尽性保护的行为方式，不宜再适用该一般规定予以管制。如前所述，捷某斯公司在缺乏基本事实依据的情况下，恶意发起对亿某仕公司的侵权投诉，足以损害亿某仕公司的商业信誉、商品声誉。此种行为完全符合《反不正当竞争法》（1993）第14条关于商业诋毁的构成要件，亿某仕公司也以该条作为其提起本案诉讼的法律依据以主张权利，捷某斯公司亦依据该条进行答辩并以此作为一项重要的上诉理由。因此，在法律对该种竞争行为已作出特别规定的情形下，本案以适用《反不正当竞争法》（1993）第14条规定为宜。相应地，本案的案由亦应当调整为更为具体准确的第三级案由商业诋毁纠纷。

　　关于捷某斯公司提出的一审法院法律适用错误的上诉理由。

---

① 辽宁省大连市中级人民法院（2019）辽02民终1083号民事判决书。

首先，《反不正当竞争法》（1993）第14条所规制的商业诋毁属于一种具体的不正当竞争行为，固然属于该法第2条认定的违反诚实信用原则和公认的商业道德的不正当竞争行为之一。一审法院仅适用该原则性条款处理本案，虽不够精准，但并不属于适用法律错误。其次，一审法院对案件的审理始终围绕亿某仕公司的诉讼请求和事实理由，在庭审调查、事实认定、裁判说理过程中均针对捷某斯公司的被控恶意投诉行为，并在认定该节事实的基础上作出裁判。虽然适用了《反不正当竞争法》第2条的原则性条款，判定捷某斯公司被控侵权行为的性质和责任承担方式，但并未超出亿某仕公司的诉讼请求范围。因此，并不违反民事诉讼法的"不告不理"原则。最后，一审法院适用《反不正当竞争法》第2条的原则性条款对于捷某斯公司的恶意投诉行为构成不正当竞争的性质认定并无实质性影响，亦不影响该判决实体结果的正确性。捷某斯公司关于本案法律适用错误导致一审就案件事实的举证责任分配、事实调查等均出现误导的上诉理由，缺乏事实依据，本院不予支持。

规 则 提 炼

1.原则性条款的适用条件及原则性条款与具体条款的适用规则

《最高人民法院关于适用〈中华人民共和国反不正当竞争法〉若干问题的解释》第1条规定，经营者扰乱市场竞争秩序，损害其他经营者或者消费者合法权益，且属于违反《反不正当竞争法》第二章及《专利法》《商标法》《著作权法》等规定之外情形的，人民法院可以适用《反不正当竞争法》第2条予以认定。

参考资料

我国对反不正当竞争行为采用了概括式加列举式的方式予以规定，按照最高人民法院司法政策要求，对于原则性条款应采取限制性适用的态度，既要充分利用原则性规定的灵活性和适应性，以有效应对各种层出不穷、花样翻新的不正当竞争行为，又要防止原则性规定适用的随意性，避免妨碍市场自由和公平竞争。本案对于该原则性条款与具体条款的适用问题进行了明晰，确定了二者的适用规则：首先，应当对具体案件所涉行为进行审查定性，考量是否属于《反不正当竞争法》所明确规定的某类具体不正当竞争行为；其次，对不属于《反不正当竞争法》所明确列举的典型不正当竞争行为，可以从行为的实施方式、损害后果、行为人的主观过错等方面综合考虑被控行为是否与法律明确规定的某一具体不正当竞争行为相类似，能否通过对法律规定的扩大解释、目的解释等法律解释方法类推适用具体法条；最后，对于确实不符合《反不正当竞争法》对应具体规则的行为，且行为人确有主观恶意的，应当结合反不正当竞争法的立法目的，综合考量该行为是否违反了反不正当竞争法的原则性规定，从而适用原则性规定处理具体纠纷。①

2.近似域名权利冲突的处理

《最高人民法院关于审理涉及计算机网络域名民事纠纷案件适用法律若干问题的解释》第4条规定："人民法院审理域名纠纷案件，对符合以下各项条件的，应当认定被告注册、使用域名等行为构成侵权或者不正当竞争：（一）原告请求保护的民事权益合法有效；（二）被告域名或其主要部分构成对原告驰名商标的复制、模仿、翻译或音译；或者与原告的注册商标、域名等相同或近似，足以造成相关公众的误认；（三）被告对该域名或其主要部分不享有权益，也无注册、使用该域名的正当理由；（四）被告对该域名的注册、使用具有恶意。"

在"'quna.com'在先注册域名不正当竞争纠纷案"中，最高人民法院指出，上述规定之目的在于保护在先权利，被告注册域名的行为被认定为侵权或者不正当竞争的前提是被告的域名晚于原告的域名注册。而且，最高人民法院并没有支持"域名的转让应视为新的注册行为"的主张。但最高人民法院也认为域名"quna.com"与域名"qunar.com"具有近似性，在实际使用中可能会产生混淆，而北京某趣拿公司使用的"去哪儿""去哪儿网""qunar.com"已构成知名服务的特有名称。因此，最高人民法院要求广州某到哪公司在使用"quna.com""123quna.com""mquna.com"域

---

① 《维权还是侵权？恶意投诉亦须担责》，载辽宁省大连市中级人民法院网 http://dl.lncourt. gov.cn/article/detail/2021/01/id/6490405.shtml，最后访问日期：2023年8月8日。

名时，不得恶意攀附北京某趣拿公司的商誉以牟取不正当的商业利益，其有义务在与域名相关的搜索链接及网站上加注区别性标识，以使消费者将上述域名与北京某趣拿公司"去哪儿""去哪儿网""qunar.com"等知名服务特有名称相区分。

3.视频刷量行为的法律定性

在"爱某艺公司与飞某公司等视频刷量不正当竞争纠纷案"中，上海知识产权法院提出，本案中，虚构视频点击量的行为，实质上提升了相关公众对虚构点击量视频的质量、播放数量、关注度等的虚假认知，起到了吸引消费者的目的，因此，虚构视频点击量仅是经营者进行虚假宣传的一项内容，故应当按照虚假宣传予以处理。

4.商业秘密的构成要件

依据《反不正当竞争法》（2019）第9条第4款的规定，商业秘密有三个构成要件：（1）不为公众所知悉；（2）具有商业价值；（3）权利人采取了相应保密措施。

5.消费者未支付货币对价能认定经营者存在"销售"行为

在"优某公司诉苏州市吴江区市场监督管理局行政处罚案"中，苏州市吴江区人民法院提出，为推广、宣传目的而提供奖品，也属于"有奖销售"的法律规制范畴。一方面，因为涉案抽奖活动以用户提供个人信息为条件，而在数字化时代个人信息可被视为一种无形资产，即便消费者没有支付货币对价，仍不能否定涉案抽奖活动属于经营活动；另一方面，根据原国家工商行政管理局分别于1998年和2004年作出的两项"答复"意见，有奖销售不以实际达成交易为前提，奖励对象也不局限于已实际购买商品或服务的购买者。

6.向平台恶意投诉可以认定存在"散布"行为吗？

《反不正当竞争法》(1993)	《反不正当竞争法》(2017、2019)
第十四条　经营者不得捏造、**散布**虚伪事实，损害竞争对手的商业信誉、商品声誉。	**第十一条**　经营者不得编造、**传播**虚假信息或者误导性信息，损害竞争对手的商业信誉、商品声誉。

依据《反不正当竞争法》（1993），"散布"是认定损害商誉行为的构成要件之一。那么，向平台恶意投诉可以被认定为"散布"吗？在"亿某仕公司诉捷某斯公司商业诋毁纠纷案"中，辽宁省大连市中级人民法院指出，"认定某行为是否损害商誉应考察该行为的目的及结果是否通过传播某种信息影响消费者的选择"。可以看到，修订后的《反不正当竞争法》（2017、2019）已经用"传播"二字替换了旧法的"散布"二字。

延 伸 思 考

1.知识产权法和反不正当竞争法是怎样的关系？

参考资料[①]

从司法实践案例思考知识产权保护与公平竞争维护

2023年政府工作报告指出，加强知识产权保护，激发创新动力。加快建设全国统一大市场，建设高标准市场体系，营造市场化法治化国际化营商环境。加强反垄断和反不正当竞争，全面落实公平竞争审查制度，改革反垄断执法体制。这充分体现了国家对于鼓励创新、保护知识产权、维护公平竞争的高度重视，两者之间有着密切的关系。保护知识产权就是促进和保护创新，就是支持高水平竞争，这与维护公平竞争的市场秩序是一致的，通过维护和促进公平竞争的市场秩序，为现实高水平竞争夯实基础，在此基础上推动高水平创新，两者间相辅相成，相向而行，同向发力。鉴于此，聚焦司法领域，特别是从地方司法经验出发，对2022年度天津法院产权保护的典型案例予以述评，以期推动对协同知识产权保护与公平竞争维护的法治思考。

早在2023年1月13日，国家知识产权局就发布关于《商标法修订草案（征求意见稿）》公开征求意见的通知，同时发布了"关于《商标法修订草案（征求意见稿）》的说明"，明确此次修改商标法的主要目标与任务就是突出"维护社会公平正义，营造公平竞争的市场秩序"的立法目的。同月16日，天津市高级人民法院发布了15件"2022年度天津法院产权保护典型案例"，其中知识产权司法保护典型案例占到了10件之多。其中涉及重点之一即在于如何调处包括《商标法》在内的知识产权法和《反不正当竞争法》之间的关系，两者是否会出现冲突和竞合，如何选择与适用，均值得予以关注。

一、知识产权法和反不正当竞争法的关系

依据《民事案件案由规定》（2008），"不正当竞争、垄断纠纷"是作为第二级案由位于第一级案由中的第五部分"知识产权纠纷"项下的。2011年，最高人民法院对《民事案件案由规定》进行了修改，将原来第一级案由中的第五部分变更

---

① 陈兵，赵青：《从司法实践案例思考知识产权保护与公平竞争维护》，载第一财经网 https://www.yicai.com/news/101701562.html，最后访问日期：2023年8月2日。收录时有调整。

为"知识产权与竞争纠纷"，这也就意味着"竞争纠纷"也上升为第一级案由，并且明确了"竞争纠纷"与"知识产权纠纷"是并列关系。

第一，对于知识产权法和反不正当竞争法均没有明确规定的行为，反不正当竞争法的原则性条款具有兜底作用。

《最高人民法院关于适用〈反不正当竞争法〉若干问题的解释》（2022）第1条规定，经营者扰乱市场竞争秩序，损害其他经营者或者消费者合法权益，且属于违反《反不正当竞争法》第二章及《专利法》《商标法》《著作权法》等规定之外情形的，人民法院可以适用《反不正当竞争法》第2条予以认定。也就是说，《反不正当竞争法》的原则性条款具有兜底作用，对于没有落入《反不正当竞争法》第二章和知识产权法规定范围的行为，仍可适用《反不正当竞争法》的原则性条款来进行违法性认定。

第二，不能得到知识产权法保护的"权益"，可能得到反不正当竞争法保护。

《最高人民法院关于充分发挥知识产权审判职能作用推动社会主义文化大发展大繁荣和促进经济自主协调发展若干问题的意见》中指出：要"妥善处理专利、商标、著作权等知识产权专门法与反不正当竞争法的关系，反不正当竞争法补充性保护不能抵触专门法的立法政策，凡专门法已作穷尽规定的，原则上不再以反不正当竞争法作扩展保护。但在与知识产权专门法的立法政策相兼容的范围内，仍可以从制止不正当竞争的角度给予保护"。

对于依据知识产权法不能获得保护的权益，仍然存在依据反不正当竞争法获得保护的可能性。但是，争议行为是否违反反不正当竞争法要按照该法规定的要件来进行认定。反不正当竞争法有其固有的立法目的和违法性判断标准，即使依据知识产权法不能得到保护的权益，获得了反不正当竞争法的保护，也并不意味着与知识产权专门法的立法政策不兼容。

反不正当竞争法与知识产权法违法性认定的差异源于立法目的不同，反不正当竞争法关注的是竞争秩序，知识产权法关注的则是权利保护。在反不正当竞争法领域，违法性的认定需考虑争议行为是否违反了自愿、平等、公平、诚信原则和商业道德，而受到反不正当竞争法保护的是具有不确定性的"合法权益"。知识产权法保护的则是具有排他性的"权利"，他人侵犯知识财产权即构成侵权。

第三，对于同时可适用知识产权法和反不正当竞争法的行为，后者存在兜底适用与选择适用两种可能。

实践中，原告为了最大程度保护自身利益，可能会对同一行为同时主张违反知识产权法和反不正当竞争法。此时不同的审理法院可能采取不同的处理方式，有些法院会要求权利人择一请求，也有些法院会一并审理两项主张，将反不正当竞争法作为补充适用。

在"广东省首届十大涉外知识产权案例"之一的"菲某亚珠宝有限公司与中山众某堂工艺品有限公司、珠海众某堂珐琅首饰研发中心著作权权属、侵权纠纷案"中①，广东省中山市中级人民法院即在二审民事判决书【（2016）粤20民终1574号】中明确了要求权利人择一请求的态度。广东省中山市中级人民法院指出，"菲某亚公司起诉认为该美术作品因其具有独创性应受著作权法的保护，又因该公司的长期推广使这一具有美感的美术作品在其首饰上的运用成为知名商品特有的装潢而受到《反不正当竞争法》的保护。故菲某亚公司认为被诉侵权行为既侵害了涉案著作权，同时，又因擅自使用了与知名商品特有的装潢相近似的装潢而构成不正当竞争行为。即基于同一违法行为，产生两种受不同法律规范调整的法律责任，发生了法律责任竞合，此时，权利人应择一提出请求。经本院释明，菲某亚公司明确请求选择以侵害著作权为由来保护其权利，本院予以准许，故在此对双方上诉请求中关于不正当竞争的问题不再进行审查。一审法院没有就权利人主张所产生的法律责任竞合问题向当事人予以释明，要求其择一提出请求，且一并认定被诉侵权行为既构成侵害著作权，又构成擅自使用与知名商品特有装潢相近似的装潢构成不正当竞争的双重评价，属于认定事实与适用法律错误，本院在此予以纠正，本案定性为著作权侵权纠纷"。

《北京市高级人民法院侵害著作权案件审理指南》则选择了将《反不正当竞争法》作为《著作权法》的补充兜底工具来适用的处理方式。该审理指南的第1.4条【审查案由】规定："同一案件中，针对同一被诉侵权行为，原告既主张侵害著作权又主张违反反不正当竞争法第二条的，可以一并审理。如果原告的主张能够依据著作权法获得支持，则不再适用反不正当竞争法第二条进行审理。如果原告的主张不能依据著作权法获得支持，在与著作权法立法政策不冲突时，可以依据反不正当竞争法第二条进行审理。"

---

① 《华南国际知识产权研究院发布广东省首届十大涉外知识产权案例》，载华南国际知识产权研究院网 https://sciiip.gdufs.edu.cn/info/1017/1015.htm，最后访问日期：2023年9月13日。

二、此次典型案例对知识产权法和反不正当竞争法的选择与适用的启示

第一，知识产权法与反不正当竞争法调整范畴存在差异，诉讼主张需有理有据。

知识产权法和反不正当竞争法调整的范畴存在差异，错误选择适用法律将面临无法得到支持的风险。从"赵某诉奇某科技公司侵害作品信息网络传播权纠纷案"的典型意义阐释中，可以看出"奇某科技公司通过缩略图嵌入广告为第三方导流并获取利益的行为，是否具有不正当性而构成不正当竞争行为，应属于反不正当竞争法调整的范畴。经法院充分释明后，赵某仍坚持以侵害信息网络传播权为由进行诉讼，其诉讼请求无法得到支持"。

第二，考量立法目的与企业名称权内涵，老字号合法权益可得到反不正当竞争法保护。

"天某同仁堂公司诉朴某公司等不正当竞争纠纷案"系对"天某同仁堂"这一有较高知名度的"中华老字号"给予司法保护的典型案例。涉案"同仁堂"是我国中医药领域具有悠久历史的老字号。在案证据及相关材料显示，包括"天某同仁堂"在内，数家包含"同仁堂"字号的企业被认定为"中华老字号"。天某同仁堂公司作为"天某同仁堂"字号的权利人，其享有的合法权益依法应予以保护。朴某公司、彦某山公司在《品牌授权使用合同书》已经解除、岳某川亦作出停止使用"天某同仁堂"有关标识承诺的情况下，无正当理由在微信公众号、淘×店铺、大×点评、×团等平台上使用了"天某同仁堂联合创立"等文字宣传"彦某山本草饮"。生效判决充分考量了反不正当竞争法的立法目的与企业名称权的内涵，以及涉案老字号企业的历史渊源与其字号的实际使用情况和现有社会影响力等因素，最终认定朴某公司、彦某山公司的涉案行为构成对天某同仁堂公司的不正当竞争。

第三，认定互联网领域新型不正当竞争行为，需综合考量多种因素。

"腾某公司诉陈某某不正当竞争纠纷案"是一起涉"无人直播"的新型不正当竞争案件，法院立足于维护网络直播行业健康生态、促进直播产业经济良性发展，综合考量被告的主观意图、被诉行为的特征、影响和损害后果等因素，最终认定该行为构成不正当竞争。涉案"无人直播"行为是指通过使用经改装的手机设备以重复播放预制视频的形式即可在涉案平台进行的直播，无须主播现场出镜，即可长时间覆盖平台直播空间，从而以简单方式长时间、低成本地吸引用户流量，实现经济利益。被诉制造并推广销售无人直播手机的行为处于无人直播产

业链条的上游，相比个人的无人直播行为，其影响力更广泛、破坏性更强、专业性更高、平台规制难度更大，对直播产业的良性发展和直播平台的市场竞争秩序造成较大影响，也是网络直播行业的重点治理对象。本案从反不正当竞争法的角度，对推广、销售"无人直播"设备的行为予以规制，一方面可以对违反平台规则与诚信原则的直播从业者提出警示，另一方面也可为同类案件的审理提供参考。

通过以上司法实践的探索，基本上表明了在法律实践中保护知识产权与维护市场公平竞争两者间具有高度的一致性。前者以权利逻辑为主展开，侧重授权、赋权、权利现实及救济，偏重私法品格；后者始于行为逻辑，关注行为本身的正当性，聚焦行为对市场竞争秩序等社会公共利益的影响，具有典型的社会法品性，两者有区别，但是两者存在合作协同的空间，共同为当事人包括权利人和（或）行为人提供法律救济，其共同的目标都是维护公平、合理、可期待的市场经济法治秩序，以公平促创新，以创新促发展，以发展实现更好的公平，实现经济社会循环发展。

2.提供虚假刷量服务的行为除了可能违反《反不正当竞争法》（2019）第8条第2款"经营者不得通过组织虚假交易等方式，帮助其他经营者进行虚假或者引人误解的商业宣传"之外，还可不可能构成违反《反不正当竞争法》（2019）第12条所禁止的"其他妨碍、破坏其他经营者合法提供的网络产品或者服务正常运行的行为"？

参考资料[①]

关于提供虚假刷量服务行为是否构成不正当竞争

本案诉争的行为是，被告接受针对原告互联网产品或服务及其他互联网经营者的产品或服务进行有偿虚假刷量服务委托后，将刷量订单转交给彩某系统等专门从事刷量服务的网络营销平台服务商完成，提供互联网产品或服务的虚高或虚假数据，赚取客户缴费与网络营销平台服务商收费之间的差价。对于被告的行为是否构成不正当竞争，本院从两个方面进行分析：

[①] 腾某公司诉数某公司、谭某不正当竞争纠纷案【重庆市第五中级人民法院（2019）渝05民初3618号民事判决书】。

（一）被告提供虚假刷量服务是否符合《反不正当竞争法》第12条规定的不正当竞争行为特征

《反不正当竞争法》第12条规定："经营者利用网络从事生产经营活动，应当遵守本法的各项规定。经营者不得利用技术手段，通过影响用户选择或者其他方式，实施下列妨碍、破坏其他经营者合法提供的网络产品或者服务正常运行的行为：（一）未经其他经营者同意，在其合法提供的网络产品或者服务中，插入链接、强制进行目标跳转；（二）误导、欺骗、强迫用户修改、关闭、卸载其他经营者合法提供的网络产品或者服务；（三）恶意对其他经营者合法提供的网络产品或者服务实施不兼容；（四）其他妨碍、破坏其他经营者合法提供的网络产品或者服务正常运行的行为。"根据该规定，原告需要举证证明被告在行为上"利用技术手段"，在结果上"妨碍、破坏"原告"合法提供的网络产品或者服务正常运行"。在本案中，刷量行为的直接实施者并非被告，且原、被告双方均未能举证证明刷量行为是通过何种"技术手段"来实现的，此其一；其二，原告指控被告的不正当竞争包括两种情形，一种是对原告产品或服务的刷量行为，另一种是对与原告有竞争关系的产品或服务的刷量行为。对于后者，因为不涉及原告的产品或服务，不直接与原告发生利益冲突，对于"妨碍、破坏"其"合法提供的网络产品或者服务"性质也难以认定。

尽管如此，从被告接受客户委托有偿提供虚假刷量服务，并将委托订单交予他人代为实施刷量，直至完成刷量的整个过程来看，客户对于被告是否具有相关的技术手段和能力，能否独立完成刷量任务，是否借助他人技术手段或者网络平台实现刷量既不知情，也不关心。只要刷量任务完成，达到刷量的目的，就能满足客户的需求，达到客户订立合同的目的，被告与客户之间的合同义务也就履行完毕。至于被告转交他人采用何种技术手段完成刷量，本院认为，一方面，在没有获得互联网经营者允许情况下，为故意躲避互联网经营者监管，必然会采取互联网领域现有的插入、搭载、链接或者劫持等技术手段来暗中实施刷量行为，这是不言自明的。另一方面，客户委托被告，被告委托或者转让他人实施刷量行为，是一个分阶段连续实施的过程。在被告接受客户委托前后，被告已经在网络技术手段方面做足准备，这个可以从被告在其经营网站上教授如何利用域名建立二级网站，如何代理刷量，利用刷量赚钱，回答客户有关刷量疑问和刷量技巧等问题方面得到印证。由此可见，被告从接受客户委托刷量时，为客户有偿提供虚假刷量服务就已经开始实施。

因此，被告有偿提供虚假刷量服务行为特征，符合《反不正当竞争法》第12条第4项关于"其他妨碍、破坏其他经营者合法提供的网络产品或者服务正常运行的行为"的规定，应受《反不正当竞争法》调整。

（二）虚假刷量行为是否损害社会公共利益，损害互联网经营者、用户和消费者的合法权益

1.虚假刷量行为是否违背诚实信用原则和商业道德

在市场经济中，鼓励正当的市场竞争，有助于实现经济的良性发展。在具有竞争关系的经营者之间发生竞争时，应当遵循诚实信用，恪守商业道德。诚实信用原则既是法律确立的民事主体在民事活动中应当遵守的最基本的行为准则，也是民事主体在商业活动中应当遵从的道德规范。商业道德要按照特定商业领域中市场交易参与者即经济人的伦理标准来加以评判，是指特定商业领域普遍认知和接受的行为标准，具有公认性和一般性，但具体到个案中的商业道德，应当结合案件具体情形来分析判断。在市场经营活动中，为规范特定领域的竞争行为和维护竞争秩序，主管机关有时会结合其行业特点和竞争需求，在总结归纳其行业内竞争现象的基础上，以行业协会或部门规章等形式制定行业内的从业规范，以约束行业内的企业行为或者为其提供行为指引。这些行业性规范常常反映和体现了行业内的商业道德标准，可以成为人民法院发现和认定行业通常行为标准的重要渊源之一。原国家工商行政管理总局2014年颁发的《网络交易管理办法》第19条规定："网络商品经营者、有关服务经营者销售商品或者服务，应当遵守《反不正当竞争法》等法律的规定，不得以不正当竞争方式损害其他经营者的合法权益、扰乱社会经济秩序。同时，不得利用网络技术手段或者载体等方式，从事下列不正当竞争行为：……（四）以虚构交易、删除不利评价等形式，为自己或他人提升商业信誉……"因此，不得以虚构交易的形式来提升自己或他人商业信誉，已经成为互联网经营者的商业道德和行为准则。本案中，被告对原告产品或服务或者与其相竞争的产品或服务提供有偿刷量服务，提供虚高或虚假数据，不正当地利用他人已经取得的市场地位和商誉，为自己牟取商业机会和利益，扰乱正常公平的市场竞争秩序，破坏良性的市场竞争关系，违背了诚实信用原则和商业道德，其不正当性显而易见。

被告抗辩称，刷量服务是互联网自由和创新精神的体现，限制刷量会限制竞

争和打击创新。本院认为，互联网发展不仅有赖于竞争和创新，也鼓励竞争和创新，没有竞争，就没有创新，创新也可以刺激竞争，反哺竞争，使竞争真正成为互联网发展的源动力。但这种竞争是有序的竞争，良性的竞争，只有符合法律规定，遵从商业道德的竞争，才能促进互联网技术进步，促进互联网产业深度发展。判断有偿刷量行为是否属于正当的竞争和创新，应当以有利于建立公平的竞争秩序，符合用户和消费者合法利益和社会公共利益为准则，借助互联网技术成果或者网络平台，甚至是互联网经营者的地位和商誉，提供虚高或虚假数据，来达到提升互联网产品或服务及其内容信息的关注度和影响力，是借口技术进步创新之名，行干涉他人正当商业模式和经营，扰乱正常公平竞争秩序，破坏良性竞争关系之实。本案中，被告以技术创新为名，对原告产品或服务及与其有竞争关系的产品或服务通过有偿刷量方式进行干预，既不符合互联网提倡的竞争和创新之精神，也不符合互联网领域业已形成的商业道德规范，更不符合《反不正当竞争法》第2条所确立的诚实信用原则。因此，本院对被告此一抗辩理由，不予支持。

2.提供虚假刷量服务是否损害互联网经营者或用户和消费者合法权益

首先，原告对自身的互联网经营模式及其提供的互联网产品或服务享有合法的权益。在互联网领域，"流量为王"不仅是互联网经营者的经营口号，更是互联网经营者不断追求的经营目标。互联网经营者之间竞争核心就是获取流量并变现，流量越大，经营者获利越大。流量的本质是用户，用户的核心是用户的判断和选择行为，影响用户判断和选择的最关键和最重要的因素是数据，点击量是最重要的数据之一。为了争夺流量，互联网经营者想方设法吸引和获取优质内容，并将优质内容进行重点推送或推荐，这就形成了经营者设定以点击量为基础的系列激励制度和奖励规则，比如内容信息排名、排序或者置顶等。同时，经营者也会以点击量及其增长度等指标为基础，进一步确定推广内容和方向，吸引用户，聚合资源，提高网站影响力。因此，在高度发达的交互式信息流通领域，创造良性的互联网生态环境，应当也必须建立在真实的数据基础之上，否则作为互联网两端的经营者和用户来讲，作出正确决策与选择，维护合法权益和实现正当利益必将受到负面的影响和不可逆的损害。原告即是在此种正当价值追求和互联网良性生态环境下，逐步建立其有影响力和号召力的商业模式，自然对其商业模式及其互联网产品或服务享有合法的权益。

其次，对互联网产品或服务的进行虚假刷量，提供无效访问数据，置互联网经营者于虚假宣传的不当境地，影响互联网经营者的经营决策，必然增加互联网经营者的经营成本。互联网产品或服务的浏览量、访问量等数据，不仅是互联网经营者提供产品或服务的真实反映，从受众角度看，它还是互联网经营者对其产品或服务的宣传行为，只不过这种宣传是一种被动宣传。一方面，被告提供虚假刷量服务，导致原告互联网产品或服务访问量虚高，误导原告将本不应优先推荐的产品或服务及其内容信息错误地优先推送，从经济学角度看，这将迫使原告根据激励制度和奖励规则额外增加经营成本，影响原告经营决策，降低原告服务质量。另一方面，提供虚假刷量服务极易误导用户和消费者对原告产品或服务作出错误抉择，长此以往，必然发生用户和消费者降低对原告及其产品或服务的信用评价，原告的合法权益必将遭受损害。

原告设立激励制度和奖励规则，是建立在真实数据之上，这些数据包括浏览量、访问量、点击量、阅读量，以及"粉丝"数量等，是计算机系统根据用户对原告产品或服务及其内容信息的如实记录并自动生成，基本能够反映用户或者消费者对于原告产品或服务及其内容信息的真实需求和信任度。如若不遵守诚实信用原则，提供虚高或者虚假数据，表面上提高了原告产品或服务及其内容信息的关注度，扩大了影响，其实质是对原告商业模式的非法干预，对原告建立并正常运行的制度和规则的破坏，是对原告合法利益的损害，也是无视终端用户和消费者的真实意愿和信任，陷互联网产品或服务的用户和消费者，以及互联网信息受众于被蒙蔽和欺骗的境地，是对用户和消费者合法权益的严重损害。因此，被告实施刷量行为，导致数据虚高，既不符合我国反不正当竞争立法精神，违背诚实信用原则，也是包括原告在内的广大互联网经营者不能接受和容忍的。

再次，对原告产品或服务或与其有竞争关系的产品或服务进行虚假刷量，侵害了消费者的知情权和选择权。《消费者权益保护法》第8条规定："消费者享有知悉其购买、使用的商品或者接受的服务的真实情况的权利。消费者有权根据商品或者服务的不同情况，要求经营者提供商品的价格、产地、生产者、用途、性能、规格、等级、主要成份、生产日期、有效期限、检验合格证明、使用方法说明书、售后服务，或者服务的内容、规格、费用等有关情况。"《电子商务法》第17条规定："电子商务经营者应当全面、真实、准确、及时地披露商品或者服务信息，保障消费者的知情权和选择权。电子商务经营者不得以虚构交易、编造用户评价等方式进行虚假或者引人误解的商业宣传，欺骗、误导消费者。"同时，《反不正当竞争法》第8条规定："经营者不得对其商品的性能、功能、质量、销售状况、用户评价、曾获荣誉等作虚假或者引人误解的商业宣传，欺骗、误导消费者。经营者不得通过组织虚假交易等方式，帮助其他经营者进行虚假或者引人误解的商业宣传"。由此可知，我国法律法规在不同层面都赋予网络用户和消费者对互联网产品或服务享有知情权和选择权。实施对特定互联网产品或服务的刷量行为，以虚高或虚假数据欺骗和误导用户和消费者，是对用户和消费者的知情权和选择权的侵害。

最后，对互联网经营者产品或服务或者与其有竞争关系的产品或服务进行虚假刷量，扰乱了正常公平的市场竞争秩序，破坏了互联网经营者间的良性竞争关系。无论是被告实施对原告互联网产品或服务及其内容信息，还是对其他互联网经营者的互联网产品或服务及其内容信息提供虚假刷量服务，被告的行为都是对包括原告在内的互联网经营者赖以生存和发展的商业模式的非法干预，对行之有效的管理制度和规则予以非法破坏，也可能使个别互联网经营者获得不正当的市场竞争优势。虽然被告并未直接与原告发生市场竞争关系，但被告间接地参与到包括原告在内的互联网经营者之间竞争关系之中，其不正当刷量行为助推了不良甚至恶性竞争，这与反不正当竞争法所确立的，通过合法、公平的市场竞争方式促进社会经济发展的理念，所要维护的正常公平的市场竞争秩序背道而驰。

综上所述，本院认为，被告针对原告互联网产品或服务及其内容信息，以及其他互联网经营者的互联网产品或服务，有偿提供虚假刷量服务行为，应当纳入反不正当竞争法予以规制，适用《反不正当竞争法》第12条第2款第4项关于"其他妨碍、破坏其他经营者合法提供的网络产品或者服务正常运行的行为"的规定，认定其为不正当竞争行为。

第六章 互联网领域的新型不正当竞争行为

重点问题

1. 如何认定妨碍、破坏其他经营者合法提供的网络产品或者服务正常运行的不正当竞争行为？

2. 如何判断数据获取、使用行为的不正当性？

3. 若新型网络商品或服务对既有网络商品或者服务造成冲击，如何认定提供新型网络商品或服务行为的不正当性？

关键术语

强制跳转；强迫卸载；恶意不兼容；市场竞争秩序；经营者合法权益；消费者合法权益

第一节 妨碍、破坏网络产品或者服务正常运行的行为

《反不正当竞争法》(2017、2019)

第十二条　经营者利用网络从事生产经营活动，应当遵守本法的各项规定。

经营者不得利用技术手段，通过影响用户选择或者其他方式，实施下列妨碍、破坏其他经营者合法提供的网络产品或者服务正常运行的行为：

《最高人民法院关于适用〈中华人民共和国反不正当竞争法〉若干问题的解释》

第二十一条　未经其他经营者和用户同意而直接发生的目标跳转，人民法院应当认定为反不正当竞争法第十二条第二款第一项规定的"强制进行目标跳转"。

仅插入链接，目标跳转由用户触发

（一）未经其他经营者同意，在其合法提供的网络产品或者服务中，插入链接、强制进行目标跳转；

（二）误导、欺骗、强迫用户修改、关闭、卸载其他经营者合法提供的网络产品或者服务；

（三）恶意对其他经营者合法提供的网络产品或者服务实施不兼容；

（四）其他妨碍、破坏其他经营者合法提供的网络产品或者服务正常运行的行为。

的，人民法院应当综合考虑插入链接的具体方式、是否具有合理理由以及对用户利益和其他经营者利益的影响等因素，认定该行为是否违反反不正当竞争法第十二条第二款第一项的规定。

第二十二条　经营者事前未明确提示并经用户同意，以误导、欺骗、强迫用户修改、关闭、卸载等方式，恶意干扰或者破坏其他经营者合法提供的网络产品或者服务，人民法院应当依照反不正当竞争法第十二条第二款第二项予以认定。

一、插入链接、强制进行目标跳转

《反不正当竞争法》（2017、2019）第12条第2款第1项禁止经营者未经其他经营者同意，在其合法提供的网络产品或者服务中，插入链接、强制进行目标跳转。《最高人民法院关于适用〈中华人民共和国反不正当竞争法〉若干问题的解释》仅对"强制进行目标跳转"的认定进行了解释性规定。那么，"插入链接"是不是第12条第2款第1项所禁止的不正当竞争行为的构成要件呢？设置相同URL Scheme的行为具有"插入链接"情节吗？对此，"淘某公司诉易某公司设置相同URL Scheme不正当竞争纠纷案"和"支某宝公司诉斑某公司设置相同URL Scheme不正当竞争纠纷案"的审理法院给出了不同答案。

在"淘某公司诉易某公司设置相同URL Scheme不正当竞争纠纷案"中，一审法院认定涉案行为违反了《反不正当竞争法》第12条第2款第1项的规定，二审法院也确认"原审法院认定其构成《反不正当竞争法》第12条第2款规定的不正当竞争行为并无不当"。但"支某宝公司诉斑某公司设置相同URL Scheme不正当竞争纠纷案"的一审法院则明确提出涉案行为不具备"插入链接"情节，因此适用了《反不正当竞争法》第12条第2款第4项的规定。

实际上，不管是民事损害赔偿还是行政处罚，均不会因适用《反不正当竞争法》第12条第2款第1项还是第4项而有所不同。不管是第12条第2款第1项还是第4项，本质上均是利用技术手段，通过影响用户选择或者其他方式，实施的妨碍、破坏其他经营者合法提供的网络产品或者服务正常运行的行为。通过"淘某公司诉易某公司设置相同URL Scheme不正当竞争纠纷案"和"支某宝公司诉斑某公司设置相同URL Scheme不正当竞争纠纷案"中人民法院对涉案行为不正当性的分析过程可以看出，判断争议行为是否构成妨碍、破坏其他经营者合法提供的网络产品或者服务正常运行的不正当竞争行为，关键还是在于考察争议行为会对市场竞争秩序、其他经营者和消费者的合法权益归造成怎样的影响。

（一）"淘某公司诉易某公司设置相同URL Scheme不正当竞争纠纷案"

在"淘某公司诉易某公司设置相同URL Scheme不正当竞争纠纷案"中，淘某公司指控易某公司通过技术手段将原本应跳转至IOS系统淘某App中的链接跳转至易某App，劫持了原属于淘某公司的用户流量，存在不正当竞争的行为。易某公司则提出其作为易某App的使用者已尽到相应的注意义务，涉案纠纷源于URL Scheme本身技术漏洞以及案外人与淘某平台存在商业合作和客观需求，且易某App与淘某App的产品定位和用户群体具有明显差异，不会对淘某公司的商业利益造成实质性影响，故而主张涉案行为不构成不正当竞争。一审法院认定涉案行为构成违反《反不正当竞争法》第12条第2款第1项的不正当竞争行为。易某公司不服，提起上诉。二审法院就易某公司的被诉行为是否构成不正当竞争作出如下分析。[①]

---

① 浙江省杭州市中级人民法院（2020）浙01民终8743号民事判决书。

1.当事人之间是否存在竞争关系

互联网竞争具有鲜明的跨界竞争和流量竞争的特性，因此认定不正当竞争行为并不局限于经营者之间存在直接的竞争关系或处于同一行业，而应聚焦于"竞争性利益"的保护。本案中，淘某公司运营的淘某App是网购零售平台，易某公司运营的易某App是向潜在购车用户提供互联网交易平台服务，尽管二者在服务形式、服务内容等方面存在一定的区别，但在移动互联网环境下，网络服务商均通过不同方式吸引用户、争夺流量，故二者仍存在着对于用户群体及交易机会的争夺，构成竞争关系。

2.涉案行为人是否具有主观故意

"taox"作为淘某App公认的协议名称，具有较高的知名度和识别性，易某公司在应当对他人使用在先并具有广泛知名度的通用协议名称予以避让以免混淆或误导的情况下，仍使用前述具有公知性的协议名称，对由此产生的后果应属明知，故其主观上具有过错。易某公司虽主张易某App中的URL Scheme协议名称"撞车"系技术漏洞以及易某广告公司与淘某平台存在商业合作所致，但未对此提供充分有效的证据予以佐证，且即使存在技术漏洞，也不当然作为侵权免责的理由，考虑到易某公司作为易某App的运营者和该软件系统的网络服务提供者，理应始终掌握易某App的在线运行状态，并对易某App中具有的功能负责，其在应当知道技术漏洞存在的情况下，仍利用技术作为不正当竞争的手段，应承担相应的侵权责任。故对易某公司的相关抗辩主张，二审法院不予采纳。

3.涉案行为是否妨碍淘某公司网络产品的正常运行？对市场竞争秩序和消费者合法权益造成了怎样的影响

易某公司的被诉行为客观上导致用户在安装易某App后，欲通过各应用软件打开手机淘x时，无法实现正常跳转至淘某App，而是被易某App强制进行目标页面跳转，妨碍了该部分用户流量进入淘某App，无疑攫取了本应属于淘某公司的潜在交易机会。就市场竞争秩序而言，易某公司未经其他经营者同意强制进行目标跳转的行为，妨碍了淘某公司合法提供的淘×网络产品的正常运行，破坏了互联网经营者间的良性竞争关系，扰乱了市场竞争秩序。就消费者而言，易某公司不当引流的行为干扰了其正常的网上购物，侵害了消费者的知情权和自主选择权等合法权益。

综上，二审法院认为，易某公司在经营活动中采用技术手段通过影响用户选择的方式强制进行目标跳转，劫持淘某公司的流量引入其自身，牟取不当商业机会和竞争优势，该行为有违诚信原则，也有损市场竞争秩序和消费者利益。原审法院认定其构成《反不正当竞争法》第12条第2款规定的不正当竞争行为并无不当。

（二）"支某宝公司诉斑某公司设置相同 URL Scheme 不正当竞争纠纷案"

在"支某宝公司诉斑某公司设置相同 URL Scheme 不正当竞争纠纷案"[①]中，上海市浦东新区人民法院则认为，被诉行为虽系利用技术手段干扰他人网络产品或服务正常运行的行为，但并不属于《反不正当竞争法》第12条第2款明确列举的互联网不正当竞争类型。

1. 设置相同 URL Scheme 不属于《反不正当竞争法》第12条第2款明确列举的互联网不正当竞争类型

首先，被诉行为尽管通过设置相同 URL Scheme 的方式使本应跳转至"支某宝"App 的用户被导向"家政×"App，但其并未在"支某宝"App 中插入链接，亦因受制于 iOS 手机系统的要求，须在用户同意后方能成功跳转至"家政×"App，故不属于强制进行目标跳转的行为类型。

其次，被诉行为不属于误导、欺骗、强迫用户修改、关闭、卸载"支某宝"App 相关产品或服务的行为。尽管 iOS 手机系统在 URL Scheme 跳转

---

① 上海市浦东新区人民法院（2020）沪 0115 民初 87715 号民事判决书。

的过程中提示用户将要打开"家政×"App，并为用户提供"取消"或"打开"的选项，但此时用户的选择范围仅限于是否跳转至"家政×"App，对于是否修改、关闭、卸载"支某宝"App这一结果事件并无选择空间。换言之，当iOS手机系统提示用户将要打开"家政×"App时，被诉行为所期待的直接结果已经发生，即"家政×"App代替"支某宝"App成为第三方手机应用或网站根据URL Scheme"alipay"或"alipays"跳转的对象。

最后，被诉行为并不影响"支某宝"App在iOS手机系统中的兼容性。

综上，上海市浦东新区人民法院认为本案需要关注原告受反不正当竞争法保护的法益是否因被诉行为受到实际损害，被诉行为基于互联网商业伦理是否具有不正当性，并在此基础上判断原告可寻求哪些民事救济措施。经过对涉案行为导致的损害后果和行为的可归责性进行分析，上海市浦东新区人民法院认定涉案行为构成违反《反不正当竞争法》第12条第2款第4项的"其他妨碍、破坏其他经营者合法提供的网络产品或者服务正常运行的行为。"

2.涉案行为的损害后果

上海市浦东新区人民法院认为，涉案行为是否产生损害后果，应当从经营者利益、用户利益和社会公共利益的多元视角进行综合考量。本案中，被告实施的涉案行为客观上导致了以下五个方面的损害后果：

第一，减损了原告的流量利益。被告将"家政×"App对应的URL Scheme设定为"alipay"，这使得原本希望通过"支某宝"App进行支付的用户被引导跳转至"家政×"App。尽管iOS系统给予用户"打开"或"取消"的选择权，但无论用户作何选择，其最终结果均是无法进入"支某宝"App。更为严重的是，一旦用户选择"打开"选项，则后续再需跳转至"支某宝"App时，iOS系统将不作询问默认跳转至"家政×"App。由此可见，原告以"支某宝"App的支付功能作为流量入口的经营模式受到被告涉案行为的干扰。而与此同时，被告则可能通过涉案行为获取原本并不指向"家政×"App的流量利益。

第二，减损了原告的交易收益。对于通过"支某宝"App进行支付的交易活动，原告按照单笔交易金额收取一定比例的服务费。若用户无法通过"支某宝"App完成支付，则原告与此关联的服务费收益将不可避免地减少。

第三，降低了原告的用户评价。一方面，原告作为提供支付服务的金融服务企业，须确保"支某宝"App作为支付工具的安全性。被告实施的涉案行为使终端用户无法正常使用"支某宝"App，从而对"支某宝"App的安全性产生怀疑。另一方面，原告的合作商家基于终端用户的投诉，亦对原告发出警告，使"支某宝"App面临被取消作为合作支付工具的风险。

第四，损害了用户的选择权。对于通过何种支付工具完成交易，用户应享有充分的自主选择权。被告实施的涉案行为不仅使"支某宝"App无法正常跳转，更使得以"支某宝"App作为首选支付工具的用户不得不另行选择其他支付工具，不合理地增加其交易成本。

第五，扰乱了手机App市场的竞争秩序以及社会公共利益。涉案行为的出现，使得手机App之间准确跳转的目标无法实现。若此类行为得以允许，则手机App开发者为争夺竞争利益将无序利用URL Scheme，社会公众使用手机App的便捷性和安全性将受到严重影响。

3.涉案行为的可归责性

上海市浦东新区人民法院认为，经营者不得利用技术手段，通过影响用户选择或者其他方式妨碍、破坏其他经营者合法提供的网络产品或者服务的正常运行。就本案而言，尽管手机App的开发者可以自主设定其所对应的URL Scheme，但从各开发者的具体应用来看，选择与自身具有直接指向关系的标识作为URL Scheme已成为行业惯例。除"支某宝"App外，"微信""微博""优酷"等常见的手机App设定的URL Scheme均与开发者存在较强的对应性。究其原因，接受来自其他手机App的跳转是开发者对手机App设定URL Scheme的主要目标之一，故准确和便捷是开发者设定URL Scheme时需要考虑的两项基本要求。通过选择与开发者指向性较强且简明扼要的标识作为URL Scheme，特定手机App方能最高效地被其他手机App的开发者所识别并设置跳转。正因如此，原告将其在经营活动中被许可使用的"alipay"商标设定为"支某宝"App的URL Scheme，以此提高其指向性。与此同时，鉴于不同手机App设定相同URL Scheme将出现无法正常跳转的问题，开发者选择具有自身特征的标识作为URL Scheme，也能够在海量的手机App中最大限度避免此类冲突情况的发生。为此，原告还将"支某宝"App的URL Scheme在支某宝开放平台予以公示，对其他手机App开发者进行必要告知。

被告作为"家政×"App的开发者，与"alipay"标识之间并无关联，其选择以"alipay"作为"家政×"App的URL Scheme，首先不具有合理的理由。其次，作为手机App的开发者，正常情况下应以满足用户的正常使用需求为目标，避免手机App之间发生跳转冲突，故其在设定URL Scheme时会尽量避免与其他手机App相重合。但被告在原告已经预设"alipay"作为"支某宝"App的URL Scheme并予以公示的情况下，仍在"家政×"App的特定版本中设定相同的URL Scheme，导致第三方手机App无法成功跳转至"支某宝"App，该行为已构成对"支某宝"App正常运行的实质性妨碍。综上，被告实施的涉案行为不具有正当性。

二、误导、欺骗、强迫用户修改、关闭、卸载其他网络产品或服务

《反不正当竞争法》（2017、2019）第12条第2款第2项禁止经营者利用技术手段，误导、欺骗、强迫用户修改、关闭、卸载其他经营者合法提供的网络产品或者服务。《最高人民法院关于适用〈中华人民共和国反不正当竞争法〉若干问题的解释》第22条规定，经营者事前未明确提示并经用户同意，以误导、欺骗、强迫用户修改、关闭、卸载等方式，恶意干扰或者破坏其他经营者合法提供的网络产品或者服务，人民法院应当依照《反不

正当竞争法》第12条第2款第2项予以认定。

在"聚某美梅州分公司新型互联网不正当竞争行为行政处罚案"[①]中，2019年12月2日至12月20日，近50个网络订餐平台入驻商户分别通过网络信访平台、12345政府服务热线、现场当面举报等方式向广东省信访局、梅州市市场监督管理局、梅江区市场监督管理局、梅县区市场监督管理局举报，称聚某美梅州公司在代理网络订餐平台管理商户过程中，使用技术手段对上线其他网络订餐平台的入驻商户采取限制经营时段、缩小配送范围等方式，强迫入驻商户下线、关闭、卸载其他网络订餐平台，要求市场监管部门能够依法处理，维护（网络餐饮）商户的合法权益。

梅州市市场监督管理局查明：聚某美梅州公司负责梅江区、梅县区域范围内网络订餐平台业务推广、运营、商户资质审核及商户上下线日常管理，并可依靠自身资源组织配送人员独立负责所推广运营商户的在线外卖订单配送业务。聚某美梅州公司取得授权后持有网络订餐平台管理员账号，具有独立管理权限，能够自主调整商户配送范围、服务费及将商户设置为置休（停业）状态。自2019年11月30日以来，聚某美梅州公司为更好地拓展梅江区、梅县区的外卖业务，对上线其他外卖平台网站订餐平台的多平台用户，利用后台管理软件实施限制措施，具体限制措施有：在用餐高峰期将用户设置置休状态、缩小商户配送范围等，强迫入驻商户下线、关闭、卸载其他外卖平台网络订餐平台。

梅州市市场监督管理局认为，聚某美梅州公司通过后台管理软件修改数据，限制入驻商户营业时间或缩小商户的配送范围，其用意是以此强迫用户在自己和竞争对手之间"二选一"，从而达到强迫用户关闭或卸载竞争对手合法提供的网络产品或服务的目的。聚某美梅州公司的行为属《反不正当竞争法》第12条第2款第2项所指的违法行为。

---

① 梅州市市场监督管理局行政处罚决定书（梅市市监执监处字〔2020〕31号）。

三、恶意不兼容

《反不正当竞争法》（2017、2019）第12条第2款第3项禁止经营者恶意对其他经营者合法提供的网络产品或者服务实施不兼容。那么，如何判断"恶意"呢？市场监管总局2021年公布的《禁止网络不正当竞争行为规定（公开征求意见稿）》中，第16条第2款对"恶意"的认定给出了考虑因素。即认定经营者是否恶意对其他经营者合法提供的网络产品或者服务实施不兼容，应当综合考虑以下因素：（1）不兼容行为的主观意图；（2）不兼容行为实施的对象范围；（3）不兼容行为实施对市场竞争秩序的影响；（4）不兼容行为对其他经营者合法提供的网络产品或者服务正常运行的影响；（5）不兼容行为对消费者合法权益以及社会福利的影响；（6）不兼容行为是否符合诚信原则、商业道德、特定行业惯例、从业规范、自律公约等；（7）不兼容行为是否具有正当理由。

怎样的行为可以被认定为"不兼容"行为呢？在"腾某公司诉联某易等公司不正当竞争纠纷案"[1]一审法院指出，根据微信的运行设置，相同的微信账号无法同时登录网页版、PC端及iPad端，联某易微信管理系统软件伪造iPad登录端口，导致使用者的微信账号无法同时登录正常的网页版或PC客户端，即可以视为对微信服务商合法提供的微信网页版和PC客户端不兼容。[2]

四、其他妨碍、破坏网络产品或服务的行为

《反不正当竞争法》（2017、2019）第12条第2款第4项为规制经营者利用技术手段，通过影响用户选择或者其他方式，实施其他妨碍、破坏其

他经营者合法提供的网络产品或者服务正常运行行为的小兜底条款。那么，如何认定某一争议行为是否构成其他妨碍、破坏网络产品或服务的不正当竞争行为呢？通过相关执法案例、司法案例的积累，可知判断互联网领域竞争行为的正当与否的关键还是在于考察行为会对市场竞争秩序以及其他经营者和消费者的合法权益产生怎样的影响。

（一）强迫"二选一"行为的不正当性判断

在"拉某斯公司诉聚某美公司不正当竞争纠纷案"[①]中，广东省梅州市中级人民法院根据梅州市市场监督管理局查明的事实及其作出的行政处罚决定书（梅市市监执监处字〔2020〕31号行政处罚决定书）、两被告的法定代表人及工作人员在接受梅州市市场监督管理局问话时所作的陈述等证据、被告并未否认其行为等因素，认定聚某美梅州公司存在通过后台管理软件修改数据，限制入驻商户营业时间或缩小商户的配送范围，以此强迫用户在自己和竞争对手之间"二选一"的行为。

广东省梅州市中级人民法院认为，聚某美梅州公司的被诉行为目的是使得某团平台的商户与其独家合作，其行为不仅限制了消费者从多平台获得服务的选择权；也导致商户无法通过多平台运营获得更多的客户及收入；还导致饿×么平台商户的流失，其结果是妨害原告的正常经营，对原告的竞争利益造成损害；最根本的是违背了"经营者在生产经营活动中，应当遵循自愿、平等、公平、诚信的原则"，扰乱了正常的市场竞争秩序。据此，广东省梅州市中级人民法院认定，聚某美梅州公司的被诉行为违反了"经营者不得利用技术手段，通过影响用户选择或者其他方式，实施妨碍、破坏其他经营者合法提供的网络产品或者服务正常运行的行为"的规定，构成不正当竞争。显然，此处广东省梅州市中级人民法院适用的是《反不正

[①] 广东省梅州市中级人民法院（2021）粤14民初132号民事判决书。

当竞争法》第12条第2款第4项。

在"聚某美梅州分公司新型互联网不正当竞争行为行政处罚案"①中，梅州市市场监督管理局认为，聚某美梅州公司通过后台管理软件修改数据，限制入驻商户营业时间或缩小商户的配送范围，其用意是以此强迫用户在自己和竞争对手之间"二选一"，从而达到强迫用户关闭或卸载竞争对手合法提供的网络产品或服务的目的。因此，适用的是《反不正当竞争法》第12条第2款第2项。而针对同一行为，在"拉某斯公司诉聚某美公司不正当竞争纠纷案"②中，广东省梅州市中级人民法院适用的则是《反不正当竞争法》第12条第2款第4项。为什么对同一涉案行为出现了适用不同法条规定的情况呢？

这一方面说明同一行为可能同时触犯《反不正当竞争法》上的多项规定，另一方面也与案件性质不无关系。对涉案行为的行政处罚是起因于订餐平台入驻商户的举报。此时，对涉案行为不正当性的判断是立足于平台与平台内经营者之间的关系，更多的是从平台内经营者的角度来进行分析的。对平台内经营者也就是商户而言，强迫关闭或卸载（《反不正当竞争法》第12条第2款第2项）才是涉案行为的症结所在。而"拉某斯公司诉聚某美公司不正当竞争纠纷案"是竞争性平台之间的民事诉讼。从原告拉某斯公司的角度来看，涉案行为的问题在于被告的行为妨碍了原告自身网络产品或者服务正常运行。此时，被告强制入驻商户卸载只是妨碍原告网络产品或者服务正常运行的手段罢了。简单来说，对于平台企业的同一妨碍行为，从纵向的平台入驻商户的角度与从横向的竞争性平台的角度，关注点会存在差异。

（二）"寄生型"网络服务的不正当性判断

在"2022年度浙江法院十大知识产权案件"中，"深圳市腾某计算机系

---

① 梅州市市场监督管理局行政处罚决定书（梅市市监执监处字〔2020〕31号）。

② 广东省梅州市中级人民法院（2021）粤14民初132号民事判决书。

统有限公司、腾某科技（深圳）有限公司与杭州某豪科技有限公司、杭州某馨文化艺术有限公司不正当竞争纠纷案"入选，在其入选理由中，有如下表述："本案被告研发的自动抢红包软件寄生于腾某QQ的抢红包服务，能够实现替用户自动抢红包的作弊功能，是一种新类型的网络不正当竞争行为。法院通过分析此类'寄生型'软件的不正当性，明晰了自由竞争的合法性边界，对树立市场和社会诚信观念、促进网络经济健康规范发展具有积极意义。"[1]该案的裁判要旨就在于："在认定寄生型网络服务是否构成受反不正当竞争法互联网专条规制的不正当竞争行为时，应当以是否损害竞争秩序为根本标准，重点考察相关领域的商业道德以及对被寄生的网络服务的影响、对消费者长期利益和公共利益的影响等因素，在进行多元利益分析的基础上作出判断。被诉软件寄生于腾某QQ抢红包服务，通过技术手段实现自动抢红包的作弊功能，系对开放平台模式下的安卓系统功能的异化使用，将导致原告用户黏性降低、用户评价负面等后果，破坏了他人合法提供的网络服务的正常运行，违反商业道德和诚实信用原则，损害互联网公平竞争机制，构成不正当竞争行为。"[2]

"寄生"二字生动地揭示了互联网领域不正当竞争纠纷的一个重要特征，就是纠纷当事人之间未必是传统意义上的横向竞争关系，还有可能是纵向的"寄生"关系。在"寄生"模式下，"寄生型"软件与宿主之间并不是你死我活的关系，而是唇亡齿寒的关系。此时，寄生于宿主平台之上的网络产品或者服务的经营者更应注意与宿主的同伴成长，而不应寄生于宿主之上去破坏宿主平台的正常运行。从短期来看，宿主方面不会容忍破坏自己产品或者服务的行为，从长期来看，宿主平台的运行受损，寄生于其

---

① 《浙江高院发布2022年知产司法保护分析报告及十大知产案件》，载国家版权局网 https://www.ncac.gov.cn/chinacopyright/contents/12222/357620.shtml，最后访问日期：2023年9月21日。

② 《浙江高院发布2022年知产司法保护分析报告及十大知产案件》，载国家版权局网 https://www.ncac.gov.cn/chinacopyright/contents/12222/357620.shtml，最后访问日期：2023年9月21日。

上的产品或者服务也不可能独善其身。

在同样涉及自动抢购服务的"陆某所公司诉陆某投公司自动抢购不正当竞争纠纷案"[①]中，上海市浦东新区人民法院在分析"被告提供的抢购服务是否在公平交易规则、用户粘性等方面不正当地损害了原告依法享有的竞争利益"时，主要从以下三个方面进行了阐释：（1）原告的竞争利益受损；（2）原告平台用户间的公平竞争受损；（3）被告有主观故意。

1.原告的竞争利益受损

（1）涉案行为造成原告平台流量利益减损。使用"陆某投"抢购服务的用户只需事先确定目标产品的金额范围即可设置自动抢购，其行为模式已由先浏览产品信息再评估产品是否符合需求，转变为先确定需求再搜索是否存在契合的产品。此时用户不再对原告平台发布的金融产品信息存有高度依赖，失去了继续投入时间成本的驱动力，访问原告平台的频度将不可避免地呈下降趋势。即便如被告辩称，"陆某投"抢购服务仍通过安卓模拟器访问原告平台并检索产品信息，但该种以用户预设需求为基础的定向检索，与用户人工抢购时采取的全面信息浏览相比，显然在相当程度上减损了原告平台本应获得的流量利益。更何况原告平台除债权转让产品外，尚有其他自营、非自营金融产品在售。用户为抢购债权转让产品进行信息浏览时，有充分的机会接触该些产品，亦不乏在未能购得理想的债权转让产品时从中寻找替代产品之可能。因此，"陆某投"抢购服务导致用户对原告平台的访问频度下降，客观上减少了原告其他金融产品的展示机会。

（2）少数用户挤占了其他用户获得投资收益的空间，使原告平台与"外挂横行"之类的负面形象产生关联。原告经营的互联网金融平台，需依靠用户关注度和活跃度实现持续运营，通过用户习惯的培育和用户粘性的建立不断吸纳新的投资者和资本注入，债权转让产品正是其积累用户群体、拓

---

① 上海市浦东新区人民法院（2019）沪0115民初11133号民事判决书。

展影响范围的重要载体。但在"陆某投"抢购服务促成的快速交易中，少数用户借助计算机系统的优势提升了其对目标产品的抢购成功概率，挤占了其他用户获得投资收益的空间，更使原告平台与"外挂横行"之类的负面形象产生关联。长此以往，原告平台最为依赖的投资者信心将受到冲击。由此导致的用户粘性降低、投资者与资本流向其他投资渠道等后果，将使原告平台的经营活动难以维系，其在现阶段获得的短期成交利益无法弥补平台整体价值的减损。

2.原告平台用户间的公平竞争受损

原告平台根据债权转让产品随机发布的特点，已经在销售过程中建立起"先购先得"的抢购规则。用户竞争的核心标准即抢购所耗时长，其由发现产品耗时和达成交易耗时两部分组成，每一部分都受特定因素的影响。发现产品耗时一般与用户浏览产品信息的频率呈负相关，即用户登录原告平台浏览产品信息的频率越高，发现目标产品所耗时长就越短。

达成交易耗时则受主客观两方面因素的影响——网速、计算机响应速度等是取决于技术条件的客观因素，决策果断性、操作熟练度等是取决于用户自身特质的主观因素。除极小概率偶发因素的影响外，每一用户都根据其自身特质及投入的成本对抢购成功这一结果事件享有特定概率，这也正是原告平台用户相互竞争所依赖的基础。用户参与原告平台债权转让产品的抢购，实则是对上述抢购规则的认可和接纳，同意按照原告平台预设的概率影响因素在相对公平的环境下进行抢购，并愿意投入一定的时间或经济成本改善相应的概率影响因素。

"陆某投"抢购服务的介入，虽从表象上体现为通过技术手段提升抢购成功率，但该种技术手段的实质并非为改善概率影响因素，而是从根本上颠覆既有规则，破坏用户间抢购产品的公平竞争基础。通过正常方式进行抢购的用户，无论其如何缩短抢购所耗时长，都无法抗衡"陆某投"抢购服务通过计算机系统自动操作形成的时长优势。故此时抢购规则已然发生了改变，用户不再根据其对应的影响因素对抢购成功享有特定概率，抢购成功率整体上向使用"陆某投"抢购服务的用户严重倾斜，用户间公平竞争的基础丧失殆尽。

3.被告有主观故意

"陆某投"抢购服务刻意规避原告的监管机制，反映了被告对该行为所持的主观故意。原告平台为遏制违规抢购、维系既定的抢购规则，专门设置了相应的监管机制，对成交时长过短的非正常交易行为进行管控。但"陆某投"抢购服务不仅破坏了原告平台既定的抢购规则，还通过设置抢购时长下限的方式，刻意绕开原告平台的监管，隐匿其行为痕迹。由此可见，被告熟知原告平台的抢购与监管规则，也能够较为准确地预见"陆某投"抢购服务可能导致的不良后果，但其对该种后果的发生持积极期待的态度。

综上，上海市浦东新区人民法院认为，被告经营的"陆某投"抢购服务利用技术手段，通过为原告平台用户提供不正当抢购优势的方式，妨碍原告债权转让产品抢购业务的正常开展，对原告及平台用户的整体利益造成了损害，不正当地破坏了原告平台公平竞争的营商环境，构成不正当竞争，该行为应给予反不正当竞争法上的否定评价。

（三）"爱某艺公司与龙某公司VIP账号非法分时出租不正当竞争纠纷案"

在"爱某艺公司与龙某公司VIP账号非法分时出租不正当竞争纠纷案"[1]中，一审法院认为，龙某公司通过分时出租VIP账号而实际提供爱某艺VIP视频内容系对爱某艺公司重要经营资源的恶意搭便车，龙某公司通过被诉行为获利且在爱某艺公司发送侵权通知后通过改版等形式使其行为更具有隐蔽性，具有主观恶意。同时，龙某公司利用云流化技术对其云端产品中

---

[1] 北京知识产权法院（2019）京73民终3263号民事判决书。

的爱某艺App界面进行限制的行为，使爱某艺公司的潜在用户产生误认并影响其对爱某艺App的使用体验。因此，一审法院认定龙某公司的行为构成不正当竞争，依法支持了爱某艺公司的全部诉讼请求。龙某公司不服一审判决，提起上诉。二审法院在新旧法律的适用标准和涉案出租VIP账号行为的不当性判断两个方面均作出了详细的阐释。

1.新旧法律的适用以行为持续时间为准还是法院审理期间为准

2019年修正的《反不正当竞争法》已于2019年4月23日起施行，2017年《反不正当竞争法》系于2018年1月1日起施行，因本案的起诉时间及被诉行为持续至2018年5月，均处于2017年《反不正当竞争法》施行期间，而本案的审理同时处于2017年与2019年《反不正当竞争法》施行期间，故本案涉及新旧法律的适用问题。

《立法法》第93条规定："法律、行政法规、地方性法规、自治条例和单行条例、规章不溯及既往，但为了更好地保护公民、法人和其他组织的权利和利益而作的特别规定除外。"北京知识产权法院认为，因针对反不正当竞争法的法律适用并无特别规定，而本案被诉行为持续至2017年《反不正当竞争法》施行期间，故依据上述规定中的法不溯及既往的原则，本案适用2017年《反不正当竞争法》。①

2.将爱某艺VIP账号分时出租的被诉行为是否构成不正当竞争

爱某艺公司主张，龙某公司通过流化技术将爱某艺VIP账号分时出租，使其用户无须向爱某艺公司付费即可接受爱某艺VIP视频服务，并对涉案App中的爱某艺视频播放界面部分功能进行限制的行为，既损害了爱某艺公司的付费会员制度，使公众误认为爱某艺App存在缺陷，导致用户体验下降，也使得龙某公司通过吸引用户观看视频进行导流，违反了2017年《反不正当竞争法》第12条第2款第4项之规定。

---

① 北京知识产权法院（2019）京73民终3263号民事判决书。

龙某公司主张，双方不存在竞争关系，且其系合法取得爱某艺VIP账号使用权且账号一直由其控制，涉案App系通过流化技术实现对爱某艺VIP账号使用时长的出租，只是利用了新技术实现充分利用爱某艺VIP账号使用时长的新型商业模式，既不存在对爱某艺公司重要经营资源的恶意搭便车行为，未扰乱爱某艺公司的正常经营活动，也未对爱某艺App原生界面进行功能限制，未损害爱某艺公司的利益，同时，龙某公司亦未因此获利，故龙某公司的上述被诉行为不构成不正当竞争。

对此，北京知识产权法院在判断龙某公司的上述被诉行为是否构成不正当竞争时，从以下两个方面进行了考量：①

（1）关于双方是否存在竞争关系

反不正当竞争法的立法目的在于保障社会主义市场经济健康发展，鼓励和保护公平竞争，制止不正当竞争行为，保护经营者和消费者的合法权益。在传统经济模式下，经营者之间的竞争一般也仅限于针对同一商品或服务领域。但随着社会经济的迅速发展和进步，尤其是随着互联网行业的出现和蓬勃壮大，在崇尚注意力经济的互联网经济新模式下，用户注意力已经成为互联网经济中的重要资源，也是众多网络经营者的争夺对象，并且随着互联网技术的不断深化，用户流量等资源也实现了在不同行业或产业间的交互融合，对用户流量等重要经营资源的争夺也从同行业经营者扩展到非同业经营者。因此，在新的经济模式下，判断经营者之间是否存在竞争关系，亦不应仅局限于同行业经营者，只要双方在具体的经营行为、最终利益方面存在竞争关系，亦应认定两者存在竞争关系。

具体到本案，爱某艺公司经营的是视频分享网站领域，爱某艺App是网络视频播放平台，龙某公司经营的是游戏软件、多媒体技术的开发等领域，龙某公司亦称涉案App是游戏软件分发平台，二者看似并非同业，不存在竞

---

① 北京知识产权法院（2019）京73民终3263号民事判决书。

争关系。但是，从龙某公司的被诉具体经营行为看，其是利用技术手段通过涉案App将爱某艺视频VIP账号分时段出租，提供的也是网络视频播放服务，与爱某艺公司存在业务上的重合，二者拥有相同的市场利益。

再者，无论是爱某艺公司通过爱某艺App所提供的网络视频播放服务还是龙某公司通过涉案App所提供的游戏软件分发服务，网络用户都是二者所争夺的重要经营资源，并且其经营成败的核心利益往往也在于网络用户的数量，当其中一方利用他人的竞争优势或以使用影响他人经营模式等不正当手段增加自身网络用户时，因该行为必然会使他人网络用户减少，从而对双方的经营利益产生直接影响。基于此种情况，北京知识产权法院认为双方构成竞争关系。

（2）关于被诉行为的正当性

从《反不正当竞争法》（2017）第12条第2款第4项规定来看，该条款适用于经营者在网络环境下利用技术手段实施的不正当竞争行为，旨在突出利用"技术手段"对达到妨碍、破坏经营者合法提供的网络产品或服务正常运行的行为进行否定性评价。

第一，从技术手段上看，按照该条款规定，这种妨碍、破坏行为应指向于权利人本身，结合本案，作为网络视频服务经营者，VIP视频是爱某艺公司推动VIP付费会员业务并在网络视频市场中获得竞争优势的重要经营资源，而龙某公司通过利用流化技术将爱某艺VIP账号分时段出租给涉案App的用户，使其无须向爱某艺公司付费即可接受爱某艺VIP视频服务，并通过技术手段在涉案App中添加"画质切换"等功能选项，对爱某艺App中的"我的""泡泡"和播放设置等功能进行限制。

第二，从主观过错上看，龙某公司作为互联网行业的经营者，对于网络视频平台的经营方式和盈利模式应当知晓，亦应知晓爱某艺公司为提供视频VIP服务付出了支付版权费、自制网络独播剧等经营成本；同时作为爱某艺VIP付费会员，其对爱某艺公司VIP付费制度也是明知的；加之，在爱某艺公司于2017年5月通过龙某公司公示的联系方式发送侵权通知后，直至2018年5月，龙某公司对涉案App中爱某艺视频所处位置进行多次调整且逐渐隐蔽化，主观恶意明显。

第三，从行为可责性看，爱某艺公司在《用户协议》《VIP协议》中对爱某艺VIP付费会员的使用行为进行了明确限制，即使用平台仅限于爱某艺平台，禁止将VIP账号用以租用、借用、转让或售卖等商业经营之目的，而龙某公司在涉案App中利用流化技术将爱某艺VIP账号分时出租给普通用户，显然破坏了爱某艺公司基于自主经营权对VIP账号所做的限制；同时，龙某公司通过技术手段在涉案App中添加"画质切换"等功能选项，对爱某艺App中的"我的""泡泡"和播放设置等功能进行限制，上述行为亦非基于通过对网络新技术的运用向社会提供新产品服务进而促进行业新发展的需要，具有不正当性和可责性。

第四，从不当夺取交易机会或损害其他经营者合法利益方面看，一方面，在案证据显示，涉案App的下载量及其中爱某艺视频人气数高达数百万，由此可见，龙某公司通过被诉行为既获得了现金充值直接的经济利益，又获得了网络用户流量，增加了交易机会；另一方面，龙某公司通过流化技术在涉案App中将爱某艺VIP账号分时出租并对部分功能进行限制，普通用户无须向爱某艺公司支付VIP会员服务费而利用直接通过向龙某公司购买积分、参加活动获得积分等方式通过涉案App直接观看VIP视频资源，也会影响用户对爱某艺App的服务评价或用户体验，不仅干扰了爱某艺公司等视频网站的运营模式和盈利方式，也使得爱某艺公司的交易机会、会员收入及用户流量等受到实质影响，直接损害了爱某艺公司基于VIP视频服务所产生的经营收益，从长远看，也将逐步降低市场活力，破坏竞争秩序和机制，阻碍网络视频市场的正常、有序发展，并最终造成消费者福祉的减损。

综上，北京知识产权法院认为龙某公司的被诉行为构成不正当竞争。

第二节 原则性条款的适用

《反不正当竞争法》（1993）

第二条 经营者在市场交易中，应当遵循自愿、平等、公平、诚实信用的原则，遵守公认的商业道德。

本法所称的不正当竞争，是指经营者违反本法规定，损害其他经营者的合法权益，扰乱社会经济秩序的行为。

本法所称的经营者，是指从事商品经营或者营利性服务（以下所称商品包括服务）的法人、其他经济组织和个人。

《反不正当竞争法》（2017、2019）

第二条 经营者在生产经营活动中，应当遵循自愿、平等、公平、诚信的原则，遵守法律和商业道德。

本法所称的不正当竞争行为，是指经营者在生产经营活动中，违反本法规定，扰乱市场竞争秩序，损害其他经营者或者消费者的合法权益的行为。

本法所称的经营者，是指从事商品生产、经营或者提供服务（以下所称商品包括服务）的自然人、法人和非法人组织。

《最高人民法院关于适用〈中华人民共和国反不正当竞争法〉若干问题的解释》

第一条 经营者扰乱市场竞争秩序，损害其他经营者或者消费者合法权益，且属于违反反不正当竞争法第二章及专利法、商标法、著作权法等规定之外情形的，人民法院可以适用反不正当竞争法第二条予以认定。

第二条 与经营者在生产经营活动中存在可能的争夺交易机会、损害竞争优势等关系的市场主体，人民法院可以认定为反不正当竞争法第二条规定的"其他经营者"。

第三条 特定商业领域普遍遵循和认可的行为规范，人民法院可以认定为反不正当竞争法第二条规定的"商业道德"。

人民法院应当结合案件具体情况，综合考虑行业规则或者商业惯例、经营者的主观状态、交易相对人的选择意愿、对消费者权益、市场竞争秩序、社会公共利益的影响等因素，依法判断经营者是否违反商业道德。

人民法院认定经营者是否违反商业道德时，可以参考行业主管部门、行业协会或者自律组织制定的从业规范、技术规范、自律公约等。

一、数据不正当竞争行为的认定

数字经济和互联网技术高速发展背景下，数据已成为一种重要的市场要素和竞争资源，涉数据不正当竞争纠纷也随之呈现不断增长的趋势。数据的价值在于流通，数据的有效利用有助于提高企业的生产效率、改善产品品质与服务体验，特别是某些新兴产业的生存与发展更需依赖于对数据的收集与利用，通过对原始数据的加工创造出新的衍生数据产品，从而创造数据的再生价值，推动社会经济与行业的整体进步。网络平台的经营者在合法收集、管理数据的过程中付出了巨大的劳动，其对数据控制、处理、收益等合法权益理应受到保护。[①]互联网领域经营者的数据爬取、反爬取、爬取后的使用以及OpenAPI[②]开发合作均需遵循遵守法律和商业道德。

（一）平台能够对收集来的用户数据主张数据权益吗

数据作为数字经济的关键生产要素，已成为市场激烈竞争的重要资源，数据权益的权属、权利边界以及数据抓取行为不正当性应如何判断，受到社会广泛关注。"腾某公司与某道公司、聚某通公司群控软件不正当竞争纠纷案"[③]系全国首例涉及微信数据权益认定的案件。本案判决兼顾平衡了各方利益，为数据权益司法保护提供了理性分析基础，也为构建数据权属规则、完善数字经济法律制度提供了可借鉴的司法例证。[④]

---

① 赵振博：《数据利用需谨慎　任意爬取使用有风险》，载天津滨海新区法院微信公众号，https://mp.weixin.QQ.com/s/Y8OWEa519zLkXnJVD73lFA，最后访问日期：2023年8月19日。

② 把网站的服务封装成一系列计算机易识别的数据接口开放出去，供第三方开发者使用，这种行为就叫做OpenAPI，提供开放API的平台本身就被称为开放平台。

③ 浙江省杭州铁路运输法院（2019）浙8601民初1987号民事判决书。

④ 《人民法院反垄断和反不正当竞争典型案例》，载最高人民法院网 https://www.court.gov.cn/zixun-xiangqing-324491.html，最后访问日期：2023年8月22日。

原告主张：两被告监测、抓取微信用户账号信息、好友关系链信息以及用户操作信息（含朋友圈点赞评论、支付等）存储于自己的服务器，攫取原告数据资源，损害了原告对于微信数据享有的合法权益，应受《反不正当竞争法》第2条规定的规制。

两被告答辩称：（1）涉案软件用户与其买家好友的社交数据权益应当归用户所有，微信不享有任何数据权益，用户享有个人数据携带权，其将个人数据选择以何种方式备份、存储与原数据控制者无关；（2）微信产品系即时社交通信服务平台，涉案被控侵权软件为电商服务工具，两款软件并非作用于同一领域，原被告之间不具有竞争关系；（3）涉案被诉软件的数据系涉案软件用户根据自己在淘×、京×等电商平台上的交易信息，在征得对方买家同意后将其添加为微信好友后而获得，涉案软件并未在微信产品上对用户数据进行抓取；（4）被控侵权软件虽部分突破了微信产品未实现的功能，但该部分新增功能契合了微信电商用户提升自身管理与运营效率的需求，属于技术创新，具有正当性。

浙江省杭州铁路运输法院对两被告的上述被诉行为是否违反《反不正当竞争法》第2条规定作出了如下评判：①

1.原告（腾某公司）对于微信产品数据资源享有合法权益

首先，原告主张数据权益的微信数据包括微信用户账号信息、好友关系链信息以及用户操作信息（含朋友圈点赞评论、支付等）。经审查，该部分数据均源自于微信平台，原告作为微信平台的经营者和平台数据的收集者、控制者，其所收集和控制的微信用户数据均已通过《腾某微信软件许可及服务协议》《隐私政策》等协议方式获得了微信用户的授权同意，既不存在非法收集、控制数据的行为，也不存在非法利用其他平台中的数据的行为。

其次，网络经济已从传统经济的产品用户竞争更多地转为数据流量的

---

① 杭州铁路运输法院（2019）浙8601民初1987号民事判决书。

竞争，网络用户群、用户粘度成了网络经营者的主要竞争对象，数据流量吸引力已成为网络企业的核心竞争力。对于数据产品的经营者而言，维护数据资源经营生态环境，吸引用户关注度与用户忠诚度，意味着可以赢得更多的数据流量，进而获得更多的经营收益和衍生产品增值利益。本案中，原告将微信产品推向市场后，经过经营积累已拥有数量众多的用户。通过微信产品的运营，原告不仅获取了较大商业利益，同时积累了巨量数据资源获得了开发衍生产品获取增值利润的机会空间，微信产品数据资源的积累已成为原告获取市场收益的基本商业模式及核心竞争力。

综上，浙江省杭州铁路运输法院认为，微信产品数据资源系原告投入了大量人力、物力，经过合法经营而形成的，该数据资源能够给原告带来商业利益与竞争优势，原告对于微信产品数据资源应当享有竞争权益。

需要指出的是，本案中，原告主张享有微信平台数据权益，其主张享有权益的对象可以分为两种数据形态，一是数据资源整体，二是单一数据个体。浙江省杭州铁路运输法院认为，网络平台中的数据，以数据资源整体与单一数据个体划分，网络平台方所享有的是不同的数据权益。微信平台数据就数据资源整体概念而言，原告依法享有竞争性权益，如果两被告破坏性使用该数据资源，则构成不正当竞争，原告有权要求获得赔偿；但就微信平台单一数据个体概念而言，原告仅享有有限使用权。理由如下：

其一，本案中原告明确主张其享有数据权益的数据是指微信用户账号数据、好友关系链数据、用户操作数据，加之在案证据能够反映的其他涉案微信用户数据，均为微信用户的个人身份数据或个人行为数据。该部分数据只是微信平台将微信用户提供的用户信息作了数字化记录后而形成的原始数据，并非微信产品所产生的衍生数据。虽然原始数据将用户信息作了数字化转换后可以被计算机网络系统所处理，可以在网络上进行传播。但原始数据只是用户信息转换为电子符号的外在形式，原始数据对于社会的价值贡献仍未脱离用户信息所包含的资讯内容。数据采集主体在此过程中虽然付出了一定的劳动，但并未提升用户信息的品质，换言之，并未提供创造性劳动成果，故数据采集主体仅有权享有其劳动所增加的价值而不是原始数据的全部价值。数据采集主体只能依附于用户个人信息权益，依其与用户的约定享有原始数据的有限使用权。

其二，网络资源具有"共享"的特质，单一用户数据权益的归属并非谁控制谁享有，使用他人控制的用户数据只要不违反"合法、正当、必要、不过度、征得用户同意"的原则，一般不应被认定为侵权行为。因此，浙江省杭州铁路运输法院认为，原告对于某个特定的单一微信用户数据并不享有专有权，同时原告在本案中并未提供证据证明其与微信用户约定享有微信平台中用户数据的专有使用权，故两被告擅自收集、存储或使用单一微信用户数据仅涉嫌侵犯该微信用户个人信息权益，原告不能因此而主张损失赔偿。但被诉侵权软件的运行如果危及了微信产品用户的个人数据安全，原告作为微信产品用户数据的收集、存储、使用方，对于微信用户数据负有提供安全保障的法定义务，其对于两被告侵害微信产品用户个人数据安全的行为应当有权请求予以禁止。

2.原被告双方存在竞争关系

首先，《反不正当竞争法》具有行为法属性，重在根据被诉行为特征及其对竞争秩序的损害性结果，认定其是否构成不正当竞争。换言之，一项被诉行为是否构成不正当竞争并不取决于原被告双方是否存在竞争关系，经营者的生产经营活动如果违反了法律和商业道德，扰乱了市场竞争秩序，即具有了不正当性。如果其他经营者合法权益损害与某项不正当竞争行为间具有因果关系，无论双方是否存在竞争关系，受害方即有权请求不正当竞争行为人予以赔偿。

其次，网络经济已从传统经济的产品用户竞争更多地转向网络数据流量竞争。传统经济的产品用户竞争通常只涉及产品的销售，而网络数据流量的竞争不仅是既有产品交易机会的竞争，更多的是将来开发衍生产品的生产资料竞争，网络数据流量吸引力已成为网络市场主体的核心竞争力。在虚拟化的网络空间中已无实体空间的物理区隔，即使业务范围相差甚远的网络经营者之间，也会形成网络数据流量吸引力此消彼长的竞争关系。

本案中，被控侵权软件服务的对象虽然只是微信产品中部分经营性用户，其与原告并不存在用户数量上此消彼长的直接竞争关系。但两被告通过被控侵权软件获取了部分网络数据流量，同时被控侵权软件的应用又破坏了微信产品的生态，损害了原告微信产品对于用户关注度及用户数据流量的吸引力。因此，本院认为，双方之间实际存在的此种网络数据流量此消彼长的或然性对应关系，仍属于市场竞争关系，原被告双方存在有竞争关系。

3.两被告被诉行为有违法律和商业道德具有不正当性

本案中，两被告利用Xposed外挂技术，将被控侵权软件中的"个人号"功能模块以嵌套于原告个人微信平台运行，明显属于利用原告既有数据资源"搭便车"式地开展经营活动的行为。杭州铁路运输法院认为，网络经济是共生经济，其价值既体现在传统经济的"自愿、信用、公平"上，更体现在"开放、共享、效率"等新内容上，网络企业所掌握的数据资源更多地具有开放性与共享性，如果其他经营者"搭便车"式地利用了网络企业所掌握的数据资源开展经营活动，只要不是对他人数据资源破坏性利用或有违法律规定，且能够给消费者带来全新体验的，一般不应被认定为不正当竞争。但本案中，两被告前述被诉行为已对原告既有数据资源竞争权益构成了实质性损害且违反了《网络安全法》的相关规定，具有不正当性。理由如下：

首先，虽然被控侵权软件用户系依托淘×、京×等电商平台交易数据与其买家建立微信好友关系，但微信经营性用户及其微信好友的微信账号数据、微信好友关系链数据以及微信用户使用微信产品的数据均产生于微信平台中。被控侵权软件收集上述数据，存储于自己所控制的服务器内，属于抓取微信产品数据的行为。被控侵权软件具有收集、存储及监控微信产品数据功能，即便两被告经过了微信平台中相关经营性用户的授权许可或者经营性用户对于自己提供于微信平台的信息享有数据携带权，但上述微信数据并非相关经营性用户单方信息，还涉及微信平台中作为经营性用户微信好友的其他微信用户个人账号数据以及经营性用户与其微信好友通过相互交集而共同提供的用户数据，两被告擅自将该部分并不知情的微信用户的数据移作由自己存储或使用，已违反了《网络安全法》的相关规定，侵犯微信用户个人信息权益。

其次，原告的个人微信产品作为社交平台，其主要功能是帮助用户通过添加好友、加入微信群与朋友圈等方式与其他用户相互交换信息、交流情感，便利地进行交际。由于社交活动具有较多私密性的特点，且微信用户数据具有用户社交信息与用户身份信息一并记录的特点，微信用户对于其个人微信数据具有很高的敏感性及安全性要求。微信产品使用过程中社交信息安全性的用户体验获得，直接关系到用户使用微信产品的意愿，构成了微信产品经营生态的底线要求。两被告擅自收集、存储或使用微信用户数据，危及微信产品用户信息安全，势必会导致微信用户对微信产品丧失应有的安全感及基本信任，减损微信产品对于用户关注度及用户数据流量的吸引力，进而会恶化原告既有数据资源的经营生态，损害原告的商业利益与市场竞争优势，已实质性损害了原告对于微信产品数据资源享有的竞争权益。

综上，浙江省杭州铁路运输法院认为，两被告通过被控侵权软件擅自收集微信用户数据，存储于自己所控制的服务器内的行为不仅危及微信用户的数据安全，且对原告既有数据资源竞争权益构成了实质性损害，两被告此种利用他人经营资源损人自肥的经营活动不仅有违商业道德且违反了《网络安全法》的相关规定，属于违反《反不正当竞争法》第2条规定的不正当竞争行为。

4.涉案被诉行为不属于技术创新的公平竞争

首先，基于网络经济"开放、共享、效率"的主要价值取向及其"共生经济"的基本特质，网络经济条件下的竞争应允许在既有网络产品基础上创新性地开展自由竞争。就本案而言，如果两被告是在合理利用微信产品基础上通过自己的创新劳动开发出新的软件产品且能够给予消费者带来全新体验的，这样的竞争行为难谓不正当。但创新性的自由竞争，不能以牺牲公平正义为代价，在既有网络产品基础上的创新竞争不能破坏原有网络产品的市场效能。因为一项创新性网络产品固然提升了市场的整体竞争力，但原有网络产品同样也是市场整体竞争力的一部分。当一项创新竞争行为损害了他人产品的市场竞争力与市场贡献力时，不能不说该行为同时也是对市场竞争秩序与市场经济健康发展的一种损害。

浙江省杭州铁路运输法院认为，"创新与效率"是网络经济的核心价值理念，消费者福祉的改善也是《反不正当竞争法》追求的最终目标，两者当然应当成为网络竞争行为正当性的主要评判标准。但技术的创新，不能以牺牲其他竞争者对于市场发展及消费者福利的贡献力为代价，消费者福祉的根本改善也并非仅靠一次创新即能实现。消费者福祉的改善最根本的保障是可预期、可持续的市场创新发展。如果一项网络竞争行为在竞争效能上破坏性大于建设性，即便能够给部分消费者带来某些福利，但如果不加禁止，其不仅会损害其他多数消费者的福利，同时还将损害其他市场主体的创造积极性，进而会影响到消费者整体与长远利益的提升。

本案中，微信产品作为一款社交产品在国内外拥有巨量的活跃用户，深受广大消费者的欢迎，其对于市场的贡献力是显而易见的。被控侵权软件虽然提升了少数经营性用户使用微信产品的体验，但恶化了多数用户使用微信产品的体验，如不加禁止会危及微信产品的整体效能发挥与后续发展，进而会影响到广大消费者的福祉。两被告此种所谓创新竞争活动，在竞争效能上对于市场的贡献明显弊大于利，难谓系有效率的竞争，并不具有合理性。

其次，在既有网络产品基础上的技术创新，其新增功能应对原有网络产品起到拾遗补阙的积极作用，其前提是原网络产品开发者未曾意识到该新增功能的积极作用或虽然意识到但受技术能力限制难以实现新增功能。本案中，两被告的被控侵权软件突破了微信产品既有功能设置，新增了部分功能。对于该部分新增功能，原告并非不曾意识亦非技术上难以实现，而是因为其与个人微信产品作为社交平台的功能定位及目标设计相抵触，原告对此始终持排斥的态度。因此，两被告此种对个人微信产品既有功能的改变并非积极意义上的技术创新。

综上，浙江省杭州铁路运输法院认为被控侵权软件虽然突破了微信产品既有功能设置新增了部分功能，但该部分新增功能的实现对于市场贡献而言弊大于利，同时在技术含量上并无新创意、新进步，不具有创新性竞争的本质特征。

5. 两被告提出的微信用户享有个人数据可携带权，其将个人微信数据选择以何种方式备份、存储与原告无关的辩解不能成立

首先，两被告提出的个人数据可携带权主张缺乏法律依据。我国相关法律、法规（被诉行为发生时乃至本案一审判决时）并未就数据的可携带权作出相应规定。[①]《网络安全法》第43条和第64条、《电子商务法》第24条，仅仅对个人用户享有请求删除其个人信息的权利和就收集、存储的个人信息错误请求更正的权利，并没有规定相应的可携带权。虽然当前国外有些立法对个人数据迁移（可携带）作出了规定，认为数据主体有权获取其提

---

① 2021年11月1日起施行的《个人信息保护法》当中包含了有关个人数据可携带权的规定。但是，假使涉案行为发生在《个人信息保护法》施行之后，由于两被告未能证明其从微信客户端获得的数据已经过微信用户及其关联用户的完整授权，被告提出个人数据可携带权的辩解亦恐难成立。《个人信息保护法》第45条第3款规定：个人请求将个人信息转移至其指定的个人信息处理者，符合国家网信部门规定条件的，个人信息处理者应当提供转移的途径。

供给控制者的相关个人数据，但同时亦对该项权利的行使设置了一定的条件，不仅要求数据迁移每一方均需采取严格的隐私和安全措施，同时也明确禁止未经授权的数据转移。

其次，网络平台的数据具有多重属性，既包含身份信息，也包括行为痕迹信息、标签信息以及用户关联方的信息，且网络平台数据在不同的场景中可能呈现完全不同的特征，对于不同的对象而言可能分属不同属性的数据类型。就本案而言，微信平台的用户账号、微信头像等数据对于朋友圈的对象而言属于已公开数据，因为这类数据的本意就在于朋友圈的传播。但对于微信平台而言，此类用户数据属于数据隐私所保护的对象；此外，对于具有竞争关系的第三方平台而言，此类用户数据的集合属于具有一定竞争优势或商业价值的数据。微信平台通过与微信用户的约定享有对微信用户数据的使用权，微信平台依此获得的数据资源竞争权益依法受法律保护。可见，微信数据的不确定性特征使得微信用户、微信平台和第三方平台对于微信数据的权利边界显得较难划分。因此，微信平台数据的处理（包括数据的迁移、数据的共享等）需要兼顾微信用户、数据平台经营者和社会公众三方面的利益，在数据的合理流通和合理保护之间寻找合适的平衡点。换言之，对于微信个人数据的迁移，既要充分保障网络用户的合法权益，也要合理保护平台经营者数据权益和社会公共利益，更要禁止数据领域的不正当竞争行为。

最后，本案现有证据显示，两被告获取微信数据并未获得微信平台授权，系采用技术手段获取微信用户数据，且两被告未能证明其从微信客户端获得的数据已经过微信用户及其关联用户的完整授权。两被告擅自获取微信数据的行为，不仅违背了诚实信用原则和商业道德，还损害了原告微信产品数据的商业价值，而且降低了微信产品的用户体验、危害了用户的数据安全，具有明显的不正当性，两被告对此应当承担相应的法律责任。综上，两被告关于数据可携带权的抗辩缺乏事实和法律依据，浙江省杭州铁路运输法院不予支持。

综上所述，浙江省杭州铁路运输法院认为，原告对于微信产品数据资源享有合法权益，两被告的相关被诉行为已危及微信产品数据安全，不仅违反了相关法律规定，且此种破坏性利用其他经营者经营资源损人自肥的经营活动明显有违商业道德，属于违反《反不正当竞争法》第2条规定的不正当竞争行为。

（二）robots 协议的设定需遵守商业道德

robots 协议的英文全称为 Robots Exclusion Protocol，直译为机器人排除协议，又可称为爬虫协议、机器人协议，是指网站所有者通过一个置于网站根目录下的文本文件，即 robots.txt，告知搜索引擎的网络机器人（或称网络爬虫、网络蜘蛛）哪些网页不应被抓取，哪些网页可以抓取，其本质上是受访网站与搜索引擎之间的一种交互方式。[1]那么，互联网领域的经营者可以自主设置 robots 协议的内容吗？自主设置 robots 协议的行为也存在合理边界吗？

1.限制搜索引擎抓取应有行业公认合理的正当理由

在"奇某公司诉某度公司利用 robots 协议限制搜索引擎抓取不正当竞争纠纷案"[2]中，一审法院认为：某度公司通过设置 robots 协议的方式限制 3×0 搜索引擎抓取其相关网页内容不仅损害了奇某公司的合法权益，也扰乱了公平竞争的市场秩序，并最终将会损害广大网络用户的利益，其行为已构成不正当竞争。某度公司不服一审判决，提起上诉。二审法院把争议焦点锁定于某度公司通过设置 robots 协议白名单的方式限制 3×0 搜索引擎抓取其相关网页内容是否构成《反不正当竞争法》第2条规定所指的不正当竞争

---

[1] 北京市高级人民法院（2017）京民终487号民事判决书。
[2] 北京市高级人民法院（2017）京民终487号民事判决书。

行为。

二审法院指出，在网络不正当竞争纠纷中，被告通过信息网络实施反不正当竞争法未作出特别规定的竞争行为，足以损害原告合法权益、扰乱正常的市场经营秩序，违背公平竞争原则，且违反诚实信用原则和公认的商业道德的，可以认定为《反不正当竞争法》第2条规定的不正当竞争行为。本案系因某度公司对robots协议的设置方式导致3×0搜索引擎无法抓取其相关网页内容所引起的纠纷。因此，本案争议的核心并不在于robots协议本身的效力，而在于某度公司对robots协议的涉案使用行为是否构成《反不正当竞争法》第2条规定的不正当竞争行为。由于某度公司实施的被诉行为属于《反不正当竞争法》特别条款未予明确规定的行为，本案判断该行为是否构成《反不正当竞争法》第2条规定所指的不正当竞争行为，应当从该行为的损害后果及其是否具有不正当性两方面进行考量。

（1）被诉行为的损害后果

根据《反不正当竞争法》第1条所规定的立法目的，既要"鼓励和保护公平竞争，制止不正当竞争行为"，又要"保护经营者和消费者的合法权益"。在网络不正当竞争纠纷中，判断被诉行为是否属于《反不正当竞争法》第2条禁止的不正当竞争行为，应当兼顾经营者、消费者、社会公众的利益，在权衡被诉行为对竞争相对方合法权益的损害程度以及对消费者利益和竞争秩序的影响程度等基础上对其损害后果作出综合认定。

本案中，某度公司对robots协议的设置方式是以白名单的形式区分希望抓取其相关网页内容的搜索引擎，即未能纳入白名单的搜索引擎，将无法抓取其相关网页内容。因某度公司未将3×0搜索引擎纳入白名单，导致3×0搜索引擎无法抓取其相关网页内容。与此同时，相关网站的robots协议允许当时国内外主流搜索引擎抓取其网页内容，对于奇某公司而言，某度公司对robots协议的涉案使用行为构成对3×0搜索引擎采取的有针对性地限制抓取行为。被诉行为的损害后果体现在以下几个方面：

首先，被诉行为影响了3×0搜索引擎的正常运行。奇某公司的3×0搜索引擎属于通用搜索引擎，即在正常情况下，可以根据网络用户输入的关键词，将互联网上能够检索的所有相关信息提供给网络用户。某度公司对robots协议的设置方式导致3×0搜索引擎无法抓取其相关网站的网页内容，使得3×0搜索引擎的功能无法正常发挥，从而直接影响3×0搜索引擎用户的上网体验，进而可能导致3×0搜索引擎的网络用户流失。

其次，被诉行为损害了相关消费者的利益。由于被诉行为影响了网络用户对其所选择的3×0搜索引擎的正常使用，在影响网络用户对3×0搜索引擎使用体验的同时，迫使存在相关信息检索需求的网络用户不得不更换其他搜索引擎，从而影响网络用户自主选择的决定权，增加了选择成本，损害了该类网络用户作为相关消费者的利益。

再次，被诉行为将导致3×0搜索引擎与某度搜索引擎之间交易机会和竞争优势的"此消彼长"。尽管某度公司对相关网站robots协议的设置是基于其网站经营者的身份，但二者并非是单纯的网络内容提供者，其还是网络搜索引擎的经营者，且所经营的某度搜索引擎在被诉行为发生时在互联网搜索行业占据优势地位，其与奇某公司之间存在直接的竞争关系。在互联网环境下，竞争优势的形成与网络用户的访问量和点击率直接相关，在某度公司相关网站的robots协议允许当时国内外主流搜索引擎抓取其内容的情况下，使得存在相关信息搜索需求的用户放弃使用3×0搜索引擎，转用包括某度搜索引擎在内的其他搜索引擎，在导致3×0搜索引擎的交易机会和竞争优势受到削弱的同时，一定程度上增加了某度搜索引擎的交易机会和竞争优势。

最后，被诉行为有违公平竞争原则，扰乱了正常的互联网竞争秩序。市场竞争的本质在于用户资源、商业机会的争夺，但此种争夺应当依靠改善自身商品或服务的质量与品质，从而赢得市场交易机会，而不是不劳而获或者损人肥己。就本案而言，某度公司作为互联搜索引擎领域的主要经营者，经营者应当本着诚实信用的原则，平等对待其他经营者，才能使相关消费者利益受到平等的尊重。某度公司对robots协议的利用方式，是将其他经营者区别对待，此种有针对性、歧视性的设置方式，有违公平竞争原则，该行为不仅损害与其存在竞争关系的奇某公司的利益，也损害了相关消费者的利益。此种行为与互联网发展普遍遵循的开放、平等、协作、分享原则不符，若任由其发展，可能导致同行业经营者的效仿，将使原本遵循互联、互通、共享、开放精神的互联网变成信息相互隔绝、无法自由流动的信息"孤岛"，将有碍互联网功能的正常发挥，对互联网竞争秩序造成破坏，从而有损社会公共利益。

（2）被诉行为是否具有不正当性

反不正当竞争法作为规制市场竞争行为的法律，注重鼓励商业创新与维护市场公平、自由竞争的平衡；允许商业模式、经营方式以及竞争策略的创新与发展，在一定程度上容忍竞争过程中的"损人利己"。因此，认定被诉行为是否构成不正当竞争行为，不仅要考虑其损害后果，还要审查其是否违反诚实信用原则和公认的商业道德而具有不正当性。

诚实信用原则要求人们在从事民事活动时，遵守诚信、善意的原则，在不损害他人利益和社会利益的前提下，追求自身的利益。在反不正当竞争法的语境下，公认的商业道德是指特定行业的经营者普遍认同的、符合消费者利益和社会公共利益的经营规范和道德准则。在网络不正当竞争纠纷中，对公认的商业道德进行认定时，应当以特定行业普遍认同和接受的经济人伦理标准为尺度，可以综合参考下列内容：信息网络行业的特定行业惯例；行业协会或者自律组织根据行业特点、竞争需求所制定的从业规范或者自律公约；信息网络行业的技术规范；对公认的商业道德进行认定时可以参考的其他内容。根据本案查明的事实，《互联网搜索引擎服务自律公约》系在中国互联网协会的组织下，由部分会员提出草案，并得到包括本案当事人在内的互联网企业广泛签署的行业自律公约，在某种程度上说明了该自律公约具有正当性并为业内所公认，其相关内容反映了互联网行业市场竞争的实际和正当竞争需求。因此，可以将互联网行业协会组织其会员起草并签署的行业自律公约的相关约定作为认定互联网行业惯常行为标准和公认商业道德的参考依据。

本案中，首先，某度公司设置的robots协议白名单实质上是通过采取对搜索引擎经营主体区别对待的方式，以限制特定搜索引擎抓取其网页内容，妨碍了信息自由流动。robots协议是互联网领域自发形成的互联网行为秩序之一，是互联网领域的一种协作方式，已经成为搜索引擎企业普遍遵循的行业惯例和商业规则。由于互联网开放、互联互通的特点，尽管互联网企业可以在robots协议中通过技术术语告知搜索引擎的网络机器人其希望或不希望抓取的网页内容，但正如一审判决所指出，robots协议的初衷是为了指引搜索引擎的网络机器人更有效的抓取对网络用户有用的信息，从而更好地促进信息共享，而不应将robots协议作为限制信息流通的工具。《互联网搜索引擎服务自律公约》第8条约定，互联网所有者设置机器人协议应遵循公平、开放和促进信息自由流动的原则。同时，某度公司以设置robots协议白名单的方式限制可以抓取其网站网页的搜索引擎范围，此种方式不是以网络信息本身是否适合被搜索引擎抓取作为区分标准，而是将搜索引擎的经营主体作为区分标准。并且，此种区分并未采取相同的标准，对奇某公司而言，具有针对性和歧视性，不仅损害了奇某公司的利益，也损害了相关消费者的利益。

其次，某度公司未能就其限制3×0搜索引擎抓取的行为提供合理的正当理由。根据《互联网搜索引擎服务自律公约》第8条的约定，robots协议对于通用搜索引擎抓取限制的设置应当具有行业公认合理的正当理由，换言之，通过设置robots协议的方式限制通用搜索引擎的抓取，并不是robots协议当然的应有之义，而是应当受到适当的限制。这既是互联网发挥降低信息流动成本、扩大信息扩散范围、拆除信息沟通壁垒、增强信息共享等功能的客观需要，也是《互联网搜索引擎服务自律公约》第4条约定的互联网搜索引擎企业应当遵循的开放、平等、协作、分享的互联网精神的内在要求。就本案而言，某度公司在设置robots协议的白名单时，3×0搜索引擎尚未上线，其未将3×0搜索引擎列入白名单实属正常，但在3×0搜索引擎上线尤其是在《互联网搜索引擎服务自律公约》签署后，在某度公司的robots协议已经允许当时国内外主流搜索引擎抓取其内容的情况下，其明知奇某公司要求其允许抓取某度相关网站的网页内容，但始终未允许3×0搜索引擎的抓取。

　　尽管某度公司作为相关网站的经营者，原则上可以自由决定是否对某一具体的搜索引擎机器人开放网络资源，但基于前述理由，其针对通用搜索引擎所采取的限制抓取措施应当具有合理、正当的理由，而不能针对特定对象，采取具有歧视性的措施。本案中，某度公司主张其在3×0搜索引擎上线后，通过robots协议的设置限制3×0搜索引擎抓取其网页内容的理由是3×0搜索引擎违规抓取某度百科等网页内容所采取的自力救济，但抓取限制措施本身的正当性与突破限制措施的抓取属于同一问题的正、反方面，难以构成直接的因果关系，尤其是在《互联网搜索引擎服务自律公约》签署后，各方当事人应恪守相关约定，避免此类丛林法则下的自力救济行为，否则将造成竞争秩序的混乱，不仅有损行业经营者的利益，也不利于网络用户的利益。如果网站经营者认为搜索引擎的抓取行为不当，构成对其合法权益的侵犯，可以通过相应的法律途径寻求救济。事实上，根据第2668号判决的认定，某度公司已经针对奇某公司的不当抓取、链接行为提出了诉讼主张并获得支持。因此，某度公司提出的上述理由不构成限制奇某公司涉案通用搜索引擎抓取其网页内容的合理、正当理由，故某度公司的涉案行为不符合《互联网搜索引擎服务自律公约》的相关约定，违反了诚实信用原则和互联网搜索行业公认的商业道德。

　　综上，二审法院认为，某度公司在缺乏合理、正当理由的情况下，以对网络搜索引擎经营主体区别对待的方式，限制奇某公司的3×0搜索引擎抓取其相关网站网页内容，影响该通用搜索引擎的正常运行，损害了奇某公司的合法权益和相关消费者的利益，妨碍了正常的互联网竞争秩序，违反公平竞争原则，且违反诚实信用原则和公认的商业道德而具有不正当性，不制止不足以维护公平竞争的秩序，故构成《反不正当竞争法》第2条规定所指的不正当竞争行为。

2.限制非搜索引擎抓取的正当性判断需平衡自主经营权与其他多元利益

在"字某跳动公司诉微某创科公司不正当竞争纠纷案"①中，涉案行为主要表现为：微某创科公司在其网站robots协议中以文字宣示方式单方限制字某跳动公司的网络机器人抓取其对公众和其他所有网络机器人完全公开的相关网页内容。一审判决将《互联网搜索引擎服务自律公约》作为本案中商业道德的参考，并直接引述了该公约第8条的规定，认定被诉行为与互联网行业普遍遵从的开放、平等、分享、协作的互联网精神相悖，进而认定被诉行为具有不正当性。但是，二审法院经分析认为被诉行为应属于微某创科公司企业自主经营权范畴内的正当行为，并不构成不正当竞争行为。

二审法院首先指出了搜索引擎和非搜索引擎网络机器人的适用场景的区别，点明《互联网搜索引擎服务自律公约》仅可作为搜索引擎服务行业的商业道德，而不能成为互联网行业通行的商业道德，继而给出了判断利用robots协议限制抓取行为正当性的方法。二审法院认为：

（1）《互联网搜索引擎服务自律公约》仅为搜索引擎服务行业的商业道德

搜索引擎应用场景是将含有符合网络用户希望搜索信息的网页挑出，按照匹配度的高低，将包含这些网页的地址链接、简介等信息的搜索结果

---

① 一审：北京知识产权法院（2017）京73民初2020号民事判决书；二审：北京市高级人民法院（2021）京民终281号民事判决书。

依次列出，供网络用户选择访问。用户选择后访问的是被搜索到的网站，而非在搜索引擎服务提供者自己的网站内实现访问。搜索引擎爬虫的功能在于对网络上的超链接进行遍历式抓取，检索网站的信息编制成索引便于其他用户访问，省却了记住域名、网址的麻烦。就搜索引擎的功能而言，其对于公众利益，以及对于互联网互联、互通、共享、开放的精神密切相关。因此，robots协议最初也是针对搜索引擎提出的。

robots协议作为一种技术规范，其作用只在于标示该网站是否准许网络机器人访问、准许哪些网络机器人访问，但网络机器人识别该robots协议后，无论是否遵守，robots协议都不会起到强制禁止访问的结果。robots协议已经成为国内外搜索引擎行业普遍遵守的技术规范。网络服务商或网站所有者既可以在robots协议中列明准许或禁止网络机器人抓取的网站内容，也可以列明准许或不准许抓取其网站内容的网络机器人，即通常所说的"白名单""黑名单"制度。

随着搜索技术和网络应用的发展，网络机器人的适用场景不断扩展，从通用搜索引擎领域，扩展到非搜索引擎的其他各种场景。搜索引擎是给被搜网站带来流量和利益，而非搜索引擎的网络机器人往往不是给被搜网站带来流量，反而可能带走被搜网站的流量。由于非搜索引擎场景应用的网络机器人，已经不像搜索引擎那样当然地对公众利益，以及互联网的互联、互通、共享、开放的精神产生影响，因此在对这些网络机器人通过robots协议进行限制时，不宜当然地借用对于搜索引擎进行限制的规则。也就是说，《互联网搜索引擎服务自律公约》仅可作为搜索引擎服务行业的商业道德，而不能成为互联网行业通行的商业道德。

本案在案证据显示，微某创科公司限制的"ToutiaoSpider"网络机器人的应用场景并非搜索引擎服务，而是"微头条"等非搜索引擎应用场景。因此，一审判决将《互联网搜索引擎服务自律公约》作为本案中商业道德的参考显有不妥。

（2）平衡自主经营权与其他多元利益

二审法院指出，在判断robots协议对于网络机器人限制行为的正当性时，其核心在于保护网站经营者的自主经营权与维护其他经营者利益、维护消费者利益、维护竞争秩序之间的平衡。因此，对本案被诉行为是否具有正当性，二审法院从以下方面进行了分析：

首先，虽然robots协议的设置初衷，主要在于防止被抓网站的服务器过载影响网站正常运行，以及防止网络机器人抓取一些管理后台的内部信息、临时性文件、cgi脚本等对网络用户没有使用价值的数据，但随着网络机器人应用场景的不断扩展，在非搜索引擎应用场景下，网络机器人不仅是抓取检索网站的信息编制成索引便于其他用户访问，而往往抓取其他网站公开的各种数据，甚至是其他网站中用户生成的数据，直接用于自己的商业行为。在数字经济时代，数据日益成为企业重要的生产要素，数据资源的获取与利用是极为重要的一种资源配置。网站经营者对数据的收集、整理等基本都付出了相应的人力、物力、财力和时间等经营成本。robots协议在某种意义上已经成为维系企业核心竞争力，维系市场有序竞争的一种手段。尽管robots协议客观上可能造成对某个或某些经营者的"歧视"，但在不损害消费者利益、不损害公共利益、不损害竞争秩序的情况下，应当允许网站经营者通过robots协议对其他网络机器人的抓取进行限制，这是网站经营者经营自主权的一种体现。

在案证据能够证明，除微某创科公司外，其他网站的robots协议也存在以主体进行抓取限制的情形，特别是字某跳动公司在其网站上也明示了其他网站可以通过robots协议禁止其抓取的内容。由此可知，包括字某跳动公司在内的互联网企业对于网站经营者通过robots协议来限制其他网络机器人的抓取行为都是认可和遵守的。因此，通过robots协议对网络机器人进行限制并不当然违背互联网行业的商业道德。

其次，互联网行业中信息的自由流动应控制在合理范围内，即符合互联网行业的商业道德，否则将不利于鼓励商业投入与创新。对搜索引擎场景下的robots协议进行较为严格的限制，主要是基于搜索引擎的作用就是便于公众搜索，降低搜索成本，符合互联网互联、互通、共享、开放的精神。互联网领域中消费者福利的增加，依赖于数据在更大范围和更深层次的共享利用，而非通过数据爬取对数据进行明显替代性或同质化地利用。在非搜索引擎的应用场景中，特别是在类似本案字某跳动公司的"ToutiaoSpider"网络机器人将抓取后的内容直接"移植"到"微头条"，实现对微博内容实质性替代的应用场景，虽然在一定程度上扩大了消费者对于用户发布内容的获取途径，但并没有实质上增加消费者的消费体验。即使微某创科公司不允许字某跳动公司的"ToutiaoSpider"网络机器人抓取，消费者通过微某创科公司的网站也可以获取用户发布的内容，或者通过搜索引擎搜索到用户发布到微博上的内容。因此，被诉行为并未对消费者的利益造成损害。

再次，从字某跳动公司自己网站上载明的robots协议内容来看，其明示其他网站经营者可以根据robots协议拒绝其抓取。由此可见，字某跳动公司对于其他网站经营者通过robots协议拒绝其网络机器人抓取是认可的，对结果也是有明确预期的。因此，被诉行为与字某跳动公司的经营意愿并不违背。事实上，字某跳动公司也并没有因为微某创科公司设置了robots协议的限制而未能抓取到微博内容，而是在抓取后根据是否获得用户的授权来决定删除还是保留。该事实进一步证明，字某跳动公司并没有因为被诉行为受到实际损害。

此外，由于微某创科公司仅对字某跳动公司的"ToutiaoSpider"网络机器人设置了robots协议限制，即其他网络机器人仍然可对微博内容进行抓取，故不会导致出现所谓的信息孤岛现象，进而违背互联网互联、互通、共享、开放的精神，损害公共利益或竞争秩序。至于微某创科公司将robots协议的链接放置在微博用户协议中的行为，虽然该行为使该协议内容处于被消费者阅读的可能性中，但作为一般消费者通常不会仔细阅读用户协议，即使点开其中的链接去读取robots协议，但作为一般消费者而言，大多也不会理解robots协议中语句的具体内涵。因此，该行为亦不足以给字某跳动公司带来损害。

最后，反不正当竞争法不是权益保护法，其对互联网行业的竞争行为进行规制时不应过多考虑静态利益和商业成果，而应立足于竞争手段的正当性和竞争机制的健全性，更应考虑市场竞争的根本目标。对于网站经营者通过robots协议限制其他网站网络机器人抓取的行为，不应作为一种互联网经营模式进行绝对化的合法性判断，而应结合robots协议设置方与被限制方所处的经营领域和经营内容、被限制的网络机器人应用场景、robots协议的设置对其他经营者、消费者以及竞争秩序的影响等多种因素进行综合判断。根据前述分析，二审法院认为，本案被诉行为应被认定为企业行使自主经营权的行为，但二审法院也强调这并不意味着对于互联网企业所设置的任何robots协议均能够基于企业自主经营权而当然地认定其具有正当性。

（三）抓取数据后的使用也需遵守合理限度

网站通过robots协议可以告诉搜索引擎哪些内容可以抓取，哪些内容不能抓取。由于robots协议是互联网行业普遍遵守的规则，故搜索引擎违反robots协议抓取网站的内容，可能会被认定为违背公认的商业道德，从而构成不正当竞争。既然如此，是不是只要在抓取数据时遵守了robots协议，对抓取来的数据就可以任意使用了呢？在"汉某公司诉某度公司大量使用点评信息不正当竞争纠纷案"[①]中，法院给出了明确的答案，抓取行为和抓取以后的使用行为是有区别的，即便抓取行为没有违反robots协议，也不代表抓取以后的使用行为一定是正当的。那么，抓取数据后使用行为的正当性

---

① 一审：上海市浦东新区人民法院（2015）浦民三（知）初字第528号民事判决书；二审：上海知识产权法院（2016）沪73民终242号民事判决书。

又要如何判断呢？以下结合"汉某公司诉某度公司大量使用点评信息不正当竞争纠纷案"来进行具体分析。

根据大×点评网的robots规则，大×点评网未对某度搜索引擎抓取其用户点评信息进行限制。在一审庭审过程中，汉某公司亦确认，某度公司的搜索行为未违反大×点评网的robots规则。某度地图经过多次改版，不同版本的某度地图使用其他网站点评信息的方式并不完全相同。在某度地图早期的安卓版本中，某度地图谨慎地少量使用来自其他网站的点评信息。如（2013）沪卢证经字第1047号公证书载明，在该版本的某度地图中，其商户页面仅显示了三条来自大×点评网的点评，且每条点评信息都未全文显示，每条信息都设置了指向大×点评网的链接。后来的版本，某度地图中开始大量使用大×点评信息，且每一条点评信息都是完整的，仍然设置了指向大×点评网的链接。

汉某公司主张某度公司使用大×点评网点评信息构成不正当竞争。某度公司辩称，大×点评网的robots协议允许某度公司抓取其网站的信息，故某度公司的行为不构成不正当竞争。对此，一审法院确认，robots协议只涉及搜索引擎抓取网站信息的行为是否符合公认的行业准则的问题，不能解决搜索引擎抓取网站信息后的使用行为是否合法的问题。经过综合考虑，一审法院认为，某度公司大量、全文使用涉案点评信息的行为违反了公认的商业道德和诚实信用原则，具有不正当性。某度公司不服，提起上诉。

对于某度公司实施的被控行为是否构成不正当竞争行为，二审法院指出，适用一般条款应满足以下三个要件：一是法律对该种竞争行为未作出特别规定；二是其他经营者的合法权益确因该竞争行为而受到了实际损害；三是该种竞争行为因确属违反诚实信用原则和公认的商业道德而具有不正当性或者说可责性。就上述要件的适用而言，各方当事人的争议焦点在于：（1）汉某公司的利益是否因某度公司的行为受到损害；（2）某度公司的行为是否违反诚实信用原则和公认的商业道德。以下分别进行评述：

1.汉某公司的利益是否因某度公司的行为受到损害

二审法院指出，汉某公司在本案中主张某度公司的行为违反反不正当竞争法一般条款的规定，需要满足其是否具有可获得法律保护的权益。本案中，汉某公司的大×点评网站通过长期经营，其网站上积累了大量的用户点评信息，这些点评信息可以为其网站带来流量，同时这些信息对于消费者的交易决定有着一定的影响，本身具有较高的经济价值。汉某公司依据其网站上的用户点评信息获取利益并不违反反不正当竞争法的原则精神和禁止性规定，其以此谋求商业利益的行为应受保护，他人不得以不正当的方式侵害其正当权益。

在案证据显示，用户在某度地图和某度知道中搜索某一商户时，尤其是餐饮类商户时，所展示的用户评论信息大量来自大×点评网，这些信息均全文显示且主要位于用户评论信息的前列，并附有"来自大×点评"的跳转链接。二审法院认为，虽然某度公司在某度地图和某度知道产品中使用涉案信息时，提供了跳转链接，但基于日常消费经验，消费者逐一阅读所有用户评论信息的概率极低，对于相当数量的消费者而言，在某度地图和某度知道中阅读用户评论信息后，已经无须再跳转至大×点评网阅看更多的信息。且二审法院查明的事实表明，仅汉某公司公证抽取的某度地图商户中，就有784家商户使用的评论信息中超过75%的比例来自大×点评网。就提供用户评论信息而言，某度公司在某度地图和某度知道产品中大量使用来自大×点评网用户的评论信息，已对大×点评网构成实质性替代，这种替代必然会使汉某公司的利益受到损害。

2.某度公司的行为是否违反诚实信用原则和公认的商业道德

二审法院指出，在自由、开放的市场经济秩序中，经营资源和商业机会具有稀缺性，经营者的权益并非可以获得像法定财产权那样的保护强度，经营者必须将损害作为一种竞争结果予以适当的容忍。本案中，汉某公司所主张的应受保护的利益并非绝对权利，其受到损害并不必然意味着应当得到法律救济，只要他人的竞争行为本身是正当的，则该行为并不具有可责性。本案中，某度公司的行为是否构成不正当竞争，还需考虑其行为是否违反诚实信用原则和公认的商业道德。在反不正当竞争法意义上，诚实信用原则更多地体现为公认的商业道德。关于某度公司的行为是否违反公认的商业道德，二审法院评述如下：

本案中，大×点评网上用户评论信息是汉某公司付出大量资源所获取的，且具有很高的经济价值，这些信息是汉某公司的劳动成果。某度公司未经汉某公司的许可，在其某度地图和某度知道产品中进行大量使用，这种行为本质上属于"未经许可使用他人劳动成果"。

当某一劳动成果不属于法定权利时，对于未经许可使用或利用他人劳动成果的行为，不能当然地认定为构成反不正当竞争法意义上的"搭便车"和"不劳而获"，这是因为"模仿自由"，以及使用或利用不受法定权利保护的信息是基本的公共政策，也是一切技术和商业模式创新的基础，否则将在事实上设定了一个"劳动成果权"。但是，随着信息技术产业和互联网产业的发展，尤其是在"大数据"时代的背景下，信息所具有的价值超越以往任何时期，愈来愈多的市场主体投入巨资收集、整理和挖掘信息，如果不加节制地允许市场主体任意地使用或利用他人通过巨大投入所获取的信息，将不利于鼓励商业投入、产业创新和诚实经营，最终损害健康的竞争机制。因此，市场主体在使用他人所获取的信息时，仍然要遵循公认的商业道德，在相对合理的范围内使用。

商业道德本身是一种在长期商业实践中所形成的公认的行为准则，但互联网等新兴市场领域中的各种商业规则整体上还处于探索当中，市场主体的权益边界尚不清晰，某一行为虽然损害了其他竞争者的利益，但可能同时产生促进市场竞争、增加消费者福祉的积极效应，诸多新型的竞争行为是否违反商业道德在市场共同体中并没有形成共识。就本案而言，对于擅自使用他人收集的信息的行为是否违反公认的商业道德的判断上，一方面，需要考虑产业发展和互联网环境所具有信息共享、互联互通的特点；另一方面，要兼顾信息获取者、信息使用者和社会公众三方的利益，既要考虑信息获取者的财产投入，还要考虑信息使用者自由竞争的权利，以及公众自由获取信息的利益；在利益平衡的基础上划定行为的边界。只有准确地划定正当与不正当使用信息的边界，才能达到公平与效率的平衡，实现反不正当竞争法维护自由和公平的市场秩序的立法目的。这种边界的划分不应完全诉诸于主观的道德判断，而应综合考量上述各种要素，相对客观地审查此行为是否扰乱了公平竞争的市场秩序。在判断某度公司的行为是否违反商业道德时，二审法院综合考虑了以下几个因素：

（1）某度公司的行为是否具有积极的效果

市场经济鼓励的是效能竞争，而非通过阻碍他人竞争，扭曲竞争秩序来提升自己的竞争能力。如果经营者是完全攫取他人劳动成果，提供同质化的服务，这种行为对于创新和促进市场竞争没有任何积极意义，有悖商业道德。本案中，当用户在某度地图上搜索某一商户时，不仅可以知晓该商户的地理位置，还可了解其他消费者对该商户的评价，这种商业模式上的创新在一定程度上提升了消费者的用户体验，丰富了消费者的选择，具有积极的效果。

（2）某度公司使用涉案信息是否超出了必要的限度

本案中，汉某公司对涉案信息的获取付出了巨大的劳动，具有可获得法律保护的权益，而某度公司的竞争行为亦具有一定的积极效果，在此情况下应当对两者的利益进行一定平衡。某度公司在使用来自大×点评网的评论信息时，理想状态下应当遵循"最少、必要"的原则，即采取对汉某公司损害最小的措施。但是要求某度公司在进行商业决策时，逐一考察各种可能的行为并选择对汉某公司损害最小的方式，在商业实践中是难以操作的。但如果存在明显有对汉某公司损害方式更小的方式而未采取，或者其欲实现的积极效果会严重损害汉某公司利益的情况下，则可认定为使用方式已超过必要的限度。

　　本案中，某度公司通过搜索技术抓取并大量全文展示来自大×点评网的信息，二审法院认为其已经超过必要的限度。理由如下：首先，如前所述，这种行为已经实质替代了大×点评网的相关服务，其欲实现的积极效果与给大×点评网所造成的损失并不符合利益平衡的原则。其次，某度公司明显可以采取对汉某公司损害更小，并能在一定程度上实现积极效果的措施。事实上，某度地图在早期版本中所使用的来自大×点评网信息数量有限，且点评信息未全文显示，这种使用行为尚不足以替代大×点评网提供用户点评信息服务，也能在一定程度上提升用户体验，丰富消费者选择。

　　（3）超出必要限度使用信息的行为对市场秩序所产生的影响

　　某度公司超出必要限度使用涉案信息，这种行为不仅损害了汉某公司的利益，也可能使得其他市场主体不愿再就信息的收集进行投入，破坏正常的产业生态，并对竞争秩序产生一定的负面影响。同时，这种超越边界的使用行为也可能会损害未来消费者的利益。消费者利益的根本提高来自于经济发展，而经济的持续发展必然依赖于公平竞争的市场秩序。就本案而言，如果获取信息投入者的利益不能得到有效保护，则必然使得进入这一领域的市场主体减少，消费者未来所能获知信息的渠道和数量亦将减少。

　　（4）某度公司所采取的"垂直搜索"技术是否影响竞争行为正当性的判断

　　某度公司在本案中辩称其使用的垂直搜索技术，这种搜索机制决定了最终所展示的信息必然集中来自大×点评网等少数网站，且垂直搜索是直接呈现向用户呈现的信息。二审法院认为，垂直搜索技术作为一种工具手段在价值上具有中立性，但这并未意味着技术本身可以作为豁免当事人法律责任的依据。无论是垂直搜索技术还是一般的搜索技术，都应当遵循搜索引擎服务的基本准则，即不应通过提供网络搜索服务而实质性替代被搜索方的内容提供服务，本案中某度公司使用涉案信息的方式和范围已明显超出了提供网络搜索服务的范围，其以垂直搜索技术决定了信息使用方式而可免责的抗辩意见，二审法院不予采纳。

综上，二审法院认为某度公司的行为损害了汉某公司的利益，且其行为违反公认的商业道德，构成不正当竞争。

（四）OpenAPI 的授权使用需遵守三重授权原则

在"微某公司与淘某天下公司非法获取微博用户信息不正当竞争纠纷案"中，北京知识产权法院明确指出："OpenAPI 开发合作模式中数据提供方向第三方开放数据的前提是数据提供方取得用户同意，同时，第三方平台在使用用户信息时还应当明确告知用户其使用的目的、方式和范围，再次取得用户的同意。因此，在 OpenAPI 开发合作模式中，第三方通过OpenAPI 获取用户信息时应坚持'用户授权'+'平台授权'+'用户授权'的三重授权原则。"①具体来看，该案的争议焦点为：（1）淘某天下公司获取、使用新×微博用户信息的行为是否构成不正当竞争行为；（2）淘某天下公司获取、使用脉×用户手机通讯录联系人与新×微博用户对应关系的行为是否构成不正当竞争行为。围绕争议焦点，北京知识产权法院对互联网领域《反不正当竞争法》原则性条款的适用条件，以及 OpenAPI 合作模式下，用户数据获取和使用行为需遵守的规则均作出了详细的阐释：

1.淘某天下公司获取、使用新×微博用户信息的行为是否构成不正当竞争行为

（1）互联网领域《反不正当竞争法》第2条的适用条件

最高人民法院在（2009）民申字第1065号"山东省食品进出口公司等与青岛圣克达诚贸易有限公司等不正当竞争纠纷再审案"中提出，适用《反不正当竞争法》第2条认定构成不正当竞争应当同时具备以下条件：①法

---

① 北京知识产权法院（2016）京73民终588号民事判决书。

律对该种竞争行为未作出特别规定；②其他经营者的合法权益确因该竞争行为而受到了实际损害；③该种竞争行为因确属违反诚实信用原则和公认的商业道德而具有不正当性。基于互联网行业中技术形态和市场竞争模式与传统行业存在显著差别，为保障新技术和市场竞争模式的发展空间，北京知识产权法院认为在互联网行业中适用《反不正当竞争法》第2条更应秉持谦抑的司法态度，除满足上述三个条件外还需满足以下三个条件才可适用：④该竞争行为所采用的技术手段确实损害了消费者的利益，例如，限制消费者的自主选择权、未保障消费者的知情权、损害消费者的隐私权等；⑤该竞争行为破坏了互联网环境中的公开、公平、公正的市场竞争秩序，从而引发恶性竞争或者具备这样的可能性；⑥对于互联网中利用新技术手段或新商业模式的竞争行为，应首先推定具有正当性，不正当性需要证据加以证明。

（2）淘某天下公司获取并使用新×微博用户的职业信息和教育信息的行为是否违反《开发者协议》

OpenAPI是一种互联网应用开发模式，新×微博通过OpenAPI途径，让第三方应用可以在用户授权的前提下，通过相应接口获取相关信息。OpenAPI通过《开发者协议》来约定双方的权利义务，同时，亦通过该协议来实现对用户数据信息的保护。从技术上讲，OpenAPI通过权限控制实现对用户的角色分配进而实现对数据控制的目的。

该案证据表明淘某天下公司通过《开发者协议》并没有获得读取用户的职业信息和教育信息的权限。此外，《开发者协议》约定"用户同意"与"获得的是为应用程序运行及功能实现目的而必要的用户数据"之间是并列的两个条件，而非选择性条件。第三方通过OpenAPI获得用户信息时必须取得用户的同意，用户的同意必须是具体的、清晰的，是用户在充分知情的前提下自由做出的决定。关于获取的用户信息应坚持最少够用原则，即网络运营者不得收集与其提供的服务无关的个人信息，即收集信息限于为了应用程序运行及功能实现目的而必要的用户数据。

从主观状态来讲，淘某天下公司明知自己是基于《开发者协议》从而可以通过OpenAPI获取用户信息，但却无视《开发者协议》的具体内容约定，通过技术手段获得用户数据信息，其主观上具有一定的过错。

同时，淘某天下公司对于用户数据信息的获取以技术的最大能力为范围，对技术的应用不加人为理性地控制，不仅忽视《开发者协议》约定的内容及OpenAPI合作模式的基本原则，还涉及对于用户数据信息的不当利用。

脉×软件是专业的交友平台，职场圈子及职场人脉是其特色亦是主要竞争力，获取用户的职业信息和教育信息对其非常重要。因此，淘某天下公司理应对其能否获得用户的职业信息和教育信息负有更高的注意义务，在获取用户职业信息和教育信息时明知或应知需要"高级接口（需要授权）"的情况下仍放任技术的抓取能力而获取相应信息，不仅破坏了基于《开发者协议》建立起来的OpenAPI合作模式，还容易引发"技术霸权"的恶性竞争，即只要技术上能够获取的信息就可以任意取得，从而破坏了互联网的竞争秩序。法律对该种竞争行为未作出特别规定，但是，诚实遵守《开发者协议》的其他经营者及作为数据开放平台的微某公司的合法权益确因该竞争行为而受到了实际损害，任由技术抓取能力获取信息的方式如果不加规范必将引发技术的恶性竞争。

（3）淘某天下公司获取并使用非脉×用户的新×微博信息的行为是否违反《开发者协议》

《开发者协议》第2.5条约定开发者应用或服务需要收集用户数据的应当符合以下条件：2.5.1开发者应用或服务需要收集用户数据的，必须事先获得用户的同意，仅应当收集为应用程序运行及功能实现目的而必要的用户数据和用户在授权网站或开发者应用生成的数据或信息。开发者应当告知用户相关数据收集的目的、范围及使用方式，以保障用户的知情权。因此，上诉人淘某天下公司获取新×微博用户的相关信息应事前获得用户的同意。

《脉×服务协议》在"第三方平台记录信息"中约定,"用户通过新×微博账号、Q×账号等第三方平台账号注册、登录、使用脉×服务的,将被视为用户完全了解、同意并接受淘某天下公司已包括但不限于收集、统计、分析等方式使用其在新×微博、Q×等第三方平台上填写、登记、公布、记录的全部信息。用户一旦使用第三方平台账号注册、登录、使用脉×服务,淘某天下公司对该等第三方平台记录的信息的任何使用,均将被视为已经获得了用户本人的完全同意并接受。"

暂且不论该格式合同中对于取得用户同意收集相关数据信息的方式是否适当,从该约定本身亦仅能解读出用户通过新×微博账号登录脉×应用时,其在新×微博上填写、登记、公布、记录的信息将被脉×所收集并使用,但并不能得出脉×软件可以直接收集并使用非脉×用户的微博信息。上诉人淘某天下公司未取得用户许可获取并使用涉案非脉×用户的相关新×微博信息违反了《开发者协议》的约定。

(4)淘某天下公司获取并使用非脉×用户新×微博信息的行为是否符合诚实信用原则和商业道德

北京知识产权法院指出,认定竞争行为是否违背诚信或者商业道德,往往需要综合考虑经营者、消费者和社会公众的利益,需要在各种利益之间进行平衡。商业上的诚信是最大的商业道德。在判断商业交易中的"诚信"时,需要综合考虑经营者、消费者和社会公众的不同利益,判断一种行为是否构成不正当竞争需要进行利益平衡。在认定一种行为是"正当"或者"不正当"时,对经营者、消费者和社会公众三者利益的不同强调将直接影响着对行为的定性。根据我国《反不正当竞争法》第1条规定的立法目的可知,反不正当竞争法是为了保障社会主义市场经济健康发展,鼓励和保护公平竞争,制止不正当竞争行为,保护经营者和消费者的合法权益。由此可见,在我国市场竞争行为中判断某一行为是否正当需要综合考虑经营者和消费者的合法权益。不正当性不仅仅只是针对竞争者,不当地侵犯消费者利益或者侵害了公众利益的行为都有可能被认定为行为不正当。在具体案件中认定不正当竞争行为，要从诚实信用标准出发，综合考虑涉案行为对竞争者、消费者和社会公众的影响。

《国家信息化发展战略纲要》明确指出，"信息资源日益成为重要的生产要素和社会财富。"数据是新治理和新经济的关键。在信息时代，数据信息资源已经成为重要的资源，是竞争力也是生产力，更是促进经济发展的重要动力。大数据持续激发商业模式创新，不断催生新业态，已成为互联网等新兴领域促进业务创新增值、提升企业核心价值的重要驱动力。在信息网络上开展各种专业化、社会化的应用，以利于人类谋求福利，才是其目的。然而，在新兴的信息网络社会中，建立良好的秩序，却远比信息技术规范的实施要复杂得多，仅仅依靠技术手段和自律规则，是不能完全胜任的，必要时应从法律的层面进行规范。

OpenAPI开发合作模式是在互联网环境下实现数据信息资源共享的新途径。《开发者协议》是约束OpenAPI合作双方的协议，双方均应本着平等互利、诚实信用、保护用户利益的基本原则进行合作。同时，互联网中用户即是消费者，对用户合法利益的保护是每一个互联网企业的责任。

从国内相关规定来看，《消费者权益保护法》第29条第1款规定："经营者收集、使用消费者个人信息，应当遵循合法、正当、必要的原则，明示收集、使用信息的目的、方式和范围，并经消费者同意。经营者收集、使用消费者个人信息，应当公开其收集、使用规则，不得违反法律、法规的规定和双方的约定收集、使用信息。"《全国人大常委会关于加强网络信息保护的决定》第2条规定："网络服务提供者和其他企业事业单位在业务活动中收集、使用公民个人电子信息，应当遵循合法、正当、必要的原则，明示收集、使用信息的目的、方式和范围，并经被收集者同意，不得违反法律、法规的规定和双方的约定收集、使用信息。"《全国人民代表大会常务委员会关于加强网络信息保护的决定》第2条第1款规定："网络服务提供者和其他企业事业单位在业务活动中收集、使用公民个人电子信息，应当遵循合法、正当、必要的原则，明示收集、使用信息的目的、方式和范围，并经被收集者同意，不得违反法律、法规的规定和双方的约定收集、使用信息。"

从上述规定可以看出，网络服务提供者收集、利用用户信息应当遵循合法、正当、必要的原则并经被收集者同意。此外，国际上关于个人信息保护方面的主要法律文本，例如经济合作与发展组织（OECD）隐私框架、亚太经济合作组织（APEC）隐私框架、欧盟《通用数据保护条例》（General Data Protection Regulation）、欧美"隐私盾"协议（Privacy Shield）、美国"消费者隐私权法案（讨论稿）"（Consumer Privacy Bill of Rights Act of 2015）等亦规定，商业化利用个人信息必须告知用户并取得用户的同意。因此，互联网中，对用户个人信息的采集和利用必须以取得用户的同意为前提，这是互联网企业在利用用户信息时应当遵守的一般商业道德。

在大数据和云计算的时代，包括个人信息在内的数据，只有充分地流动、共享、交易，才能实现集聚和规模效应，最大程度地发挥价值。但数据在流动、易手的同时，可能导致个人信息主体及收集、使用个人信息的组织和机构丧失对个人信息的控制能力，造成个人信息扩散范围和用途的不可控。因此，在涉及个人信息流动、易手等再利用时应给予用户、数据提供方保护及控制的权利。同时，尊重个体对个人信息权利的处分和对新技术的选择，是在个人信息保护和大数据利用的博弈中找到平衡点的重要因素。

故，OpenAPI开发合作模式中数据提供方向第三方开放数据的前提是数据提供方取得用户同意，同时，第三方平台在使用用户信息时还应当明确告知用户其使用的目的、方式和范围，再次取得用户的同意。因此，在OpenAPI开发合作模式中，第三方通过OpenAPI获取用户信息时应坚持"用户授权"＋"平台授权"＋"用户授权"的三重授权原则。

本案中，微某公司通过OpenAPI开放接口与淘某天下公司合作，虽然其对于OpenAPI开放接口权限管理、检测、维护等方面存在技术及管理等问题，导致淘某天下公司可以通过技术手段获取用户的职业信息和教育信息，但是，淘某天下公司并没有基于《开发者协议》在取得用户同意的情况下读取非脉×用户的新×微博信息，其获取前述信息的行为没有充分尊重《开发者协议》的内容，未能尊重用户的知情权及自由选择权，一定程度上破坏了OpenAPI合作开发模式。互联网技术飞速发展，各种新型的开发模式及应用不断涌现，这其中难免会出现技术的不足或管理的缺陷，当面临可能触及消费者利益时，诚实的网络经营者应当本着诚实信用的原则，遵守公认的商业道德，以保护消费者的利益为优先选择，而不是任凭技术的能力获得相关的数据信息或竞争优势。在大数据时代，如何对用户数据信息进行保护以及如何进行合法的商业化利用必将成为重要的课题，这需要所有网络经营者及互联网参与者的共同努力。

（5）微某公司是否可以就第三方应用使用其用户数据的不正当行为主张自身权益

淘某天下公司主张其获取并使用非脉×用户的新×微博信息，就非脉×用户相关信息的权利主张应当由用户提出，微某公司不能就此主张权益。对此，北京知识产权法院认为，一种行为如果损害了消费者的权益但没有对公平竞争秩序构成损害，则不属于不正当竞争行为，消费者可以通过其他法律维护自己的权益，不正当竞争必然与竞争行为联系在一起。

随着互联网科技的高速发展，数据价值在信息社会中凸显得尤为重要。对企业而言，数据已经成为一种商业资本，一项重要的经济投入，科学运用数据可以创造新的经济利益。互联网络中，用户信息已成为今后数字经济中提升效率、支撑创新最重要的基本元素之一。因此，数据的获取和使用，不仅能成为企业竞争优势的来源，更能为企业创造更多的经济效益，是经营者重要的竞争优势与商业资源。需要明确的是上述数据均为征得用户同意收集并在用户同意的前提下进行使用的数据。

本案中，微某公司经营的新×微博兼具社交媒体网络平台和向第三方应用提供接口开放平台的身份，通过其公司多年经营活动中积累了数以亿计的微博用户，这些用户根据自身需要及新×微博提供的设置条件，公开、向特定人公开或不公开自己的基本信息、职业、教育、喜好等特色信息。经过用户同意收集并进行商业利用的用户信息不仅是被上诉人微某公司作为社交媒体平台开展经营活动的基础，也是其向不同第三方应用提供平台资源的重要商业资源。新×微博将用户信息作为其研发产品、提升企业竞争力的基础和核心，实施开放平台战略向第三方应用有条件地提供用户信息，目的是保护用户信息的同时维护新×微博自身的核心竞争优势。第三方应用未经新×微博用户及新×微博的同意，不得使用新×微博的用户信息。

本案中，淘某天下公司未经新×微博用户的同意，获取并使用非脉×用户的新×微博信息，节省了大量的经济投入，变相降低了同为竞争者的新×微博的竞争优势。对社交软件而言，存在明显的用户网络效应，使用用户越多则社交软件越有商业价值。脉×作为提供职场动态分享、人脉管理、人脉招聘、匿名职场八卦等功能的交友平台，用户信息更是其重要的商业资源，其掌握用户的数量与其竞争优势成正相关。淘某天下公司获取并使用非脉×用户的新×微博信息，无正当理由地截取了微某公司的竞争优势，一定程度上侵害了微某公司的商业资源，微某公司基于其OpenAPI合作开发提供数据方的市场主体地位，可以就开发方未按照《开发者协议》约定内容、未取得用户同意、无正当理由使用其平台相关数据资源的行为主张自己的合法权益。

（6）淘某天下公司与微某公司合作关系结束后，是否存在非法使用新×微博用户信息的行为

从在案证据来看，在双方合作终止后数月期间，脉×软件中仍存在大量

新×微博用户基本信息，虽然脉×从新×微博获取的职业信息及教育信息数量达到500万左右，立即删除500万的数据在技术操作上确实不易，且淘某天下公司承认在其数据清理过程中技术存在bug，导致脉×中仍显示部分非脉×用户的新×微博用户信息。但是，不可否认的是，淘某天下公司在清理相关数据期间，仍在持续使用相关数据信息。

综上，北京知识产权法院认为，淘某天下公司获取新×微博信息的行为存在主观过错，违背了在OpenAPI开发合作模式中，第三方通过OpenAPI获取用户信息时应坚持"用户授权"+"平台授权"+"用户授权"的三重授权原则，违反了诚实信用原则和互联网中的商业道德，故淘某天下公司获取并利用新×微博用户信息的行为不具有正当性。

2. 淘某天下公司获取、使用脉×用户手机通讯录联系人与新×微博用户对应关系的行为是否构成不正当竞争行为

（1）涉案行为违反了诚实信用原则和公认的商业道德

北京知识产权法院认为，在互联网中涉及对用户信息的获取并使用的不正当竞争行为认定时，是否取得用户同意以及是否保障用户的自由选择是公认的商业道德。本案中，淘某天下公司作为市场经营主体，应当遵守公认的商业道德，履行《开发者协议》中规定的义务，在通过OpenAPI接口获得相关信息时应取得用户的同意。同时，新×微博是否采取技术措施要求开发者应用提供其已经取得用户同意的证明，并不影响开发者应依照诚实信用原则履行《开发者协议》规定的告知义务。此外，脉×通过用户上传手机通讯录展示非脉×用户的微博信息，损害了非脉×用户的知情权和选择权。

（2）将对应关系进行展示亦不属于行业惯例

淘某天下公司表示新×微博、微信、人脉通、得脉等其他应用软件也展示涉案对应关系，但从（2015）京中信内经证字21390号公证书公证的内容来看，新×微博、微信、人脉通、得脉软件中展示的对应关系是手机通讯录

与其自身软件注册的关系。例如，微信中能够展示手机通讯录中的其他微信用户，并注明微信昵称，而并非展示手机通讯录与其他应用软件之间的对应关系。因此，现有证据不能证明淘某天下公司展示的对应关系符合行业惯例。

（3）损害公平的市场竞争秩序和微某公司的竞争利益

市场竞争主体在自由竞争时应遵守公认的商业道德，维护公平的市场秩序。本案中，淘某天下公司与微某公司基于OpenAPI开发合作模式进行合作，双方均应遵守互联网环境中的商业道德，以诚实信用为原则，尊重用户隐私，保障用户的知情权和选择权，公平、平等地展开竞争，不得采取不正当手段损害公平公开公正的市场竞争秩序，侵犯对方的合法利益。

在数据资源已经成为互联网企业重要的竞争优势及商业资源的情况下，互联网行业中，企业竞争力不仅体现在技术配备，还体现在其拥有的数据规模。大数据拥有者可以通过拥有的数据获得更多的数据从而将其转化为价值。对社交软件而言，拥有的用户越多将吸引更多的用户进行注册使用，该软件的活跃用户越多则越能创造出更多的商业机会和经济价值。

新×微博作为社交媒体平台，月活跃用户数达到亿人次，平均日活跃用户数达到千万人次，微某公司作为新×微博的经营人，庞大的新×微博用户的数据信息是其拥有的重要商业资源。用户信息作为社交软件提升企业竞争力的基础及核心，新×微博在实施开放平台战略中，有条件地向开发者应用提供用户信息，坚持"用户授权"+"新浪授权"+"用户授权"的三重授权原则，目的在于保护用户隐私同时维护企业自身的核心竞争优势。

脉×应用于2013年10月底上线，是一款基于移动端的人脉社交应用，通过分析用户的新×微博和通信录数据，帮助用户发现新的朋友，并且可以使他们建立联系。但是，淘某天下公司违反《开发者协议》，未经用户同意且未经微某公司授权，获取新×微博用户的相关信息并展示在脉×应用的人脉详情中，侵害了微某公司的商业资源，不正当地获取竞争优势，这种竞争行为已经超出了法律所保护的正当竞争行为。

综上，北京知识产权法院认为，淘某天下公司未经新×微博用户的同意及新×微博的授权，获取、使用脉×用户手机通讯录中非脉×用户联系人与新×微博用户对应关系的行为，违反了诚实信用原则及公认的商业道德，破坏了OpenAPI的运行规则，损害了互联网行业合理有序公平的市场竞争秩序，一定程度上损害了被微某公司的竞争优势及商业资源，根据《反不正当竞争法》第2条的规定，涉案展示对应关系的行为构成不正当竞争行为。

二、提供新型网络商品或服务行为的不正当性认定（不破不立还是破而不立）

在"快某阳光公司与唯某公司浏览器屏蔽视频广告不正当竞争纠纷案"①中，快某阳光公司是芒×TV网站的经营者，唯某公司于2013年开始运营7×0浏览器。网络用户通过7×0浏览器的内置功能可以实现默认拦截屏蔽芒×TV网站片头广告及暂停广告、会员免广告的功能。快某阳光公司认为唯某公司的行为构成不正当竞争，故诉至法院。一审法院判决驳回快某阳光公司的诉讼请求。二审广州知识产权法院则认为，唯某公司技术中立的抗辩不能成立，唯某公司的上述行为违反诚实信用原则和公认的商业道德、扰乱社会经济秩序，构成不正当竞争，判令唯某公司赔偿快某阳光公司经济损失及合理开支80万元。对一审法院和二审法院的主要对立观点整理如下（图表6.1）。

---

① 一审：广东省广州市黄埔区人民法院（2017）粤0112民初737号民事判决书；二审：广州知识产权法院（2018）粤73民终1022号民事判决书。

图表6.1　一审法院和二审法院的主要对立观点对比

一审法院认为屏蔽技术对"免费视频+广告"的商业模式能起到不破不立的作用	二审法院认为涉案行为是"只见破坏而不见创新的行为"
快某阳光公司可以选择"免费视频+广告"的商业模式，唯某公司亦能以提升用户体验为目的，在浏览器中加入在市场中已广泛存在的屏蔽功能插件。在唯某公司没有针对特定对象采用相关屏蔽技术时，快某阳光公司认为该技术妨碍其收益，可以自行技术升级，阻止屏蔽；或者与唯某公司协商，让其不予屏蔽；或者告知用户让其关闭屏蔽广告插件或软件。	关于视频网站防止广告拦截屏蔽的手段，唯某公司认为最有效防止广告拦截的方法是改变广告来源的URL，其他方式均不佳；而快某阳光公司称其已经更换过广告来源的URL，但由于通过数据抓包等技术可以很容易获得新的URL，只要更新过滤规则就可以再次实现广告拦截。即双方当事人均确认目前拦截屏蔽的阻止手段主要为改变广告来源的URL，该方法并无太多的技术成分以及技术创新，而且防止拦截的方法相对于拦截屏蔽技术而言明显处于劣势地位。
视频广告拦截技术在互联网中已经长期广泛存在，其既具有满足用户（消费者）权益的功能，有助于用户实现自主选择的权利，又迫使广告提供者设法改善用户体验，提高广告产品的服务与质量，从而降低用户的注意力成本，实现用户福利的不断提高。尽管该技术的适用会对某些网站的商业模式造成冲击，但任何商业模式都不是天然存在的，皆为科学技术和经济发展到一定阶段的产物，具有动态变化的特征，会随着科技的发展产生或消亡，换言之，技术对商业模式的影响既可以是正向的也可以是负向的，不能因为技术对某种商业模式产生了负面影响，就认定损害他人权益而判断相关技术是不中立的，从价值上予以否定。	Adblock Plus插件的过滤规则是可选择、可编辑的，使用该插件的主体可以根据其自主意思选择拦截屏蔽的特定对象。将被诉行为认定为不正当竞争行为予以规制，只是对唯某公司将Adblock Plus插件作为一种工具使用在自己的浏览器中进行经营的行为作出否定评价，而非对于Adblock Plus插件这类技术本身作出否定评价（使用这类工具屏蔽恶意广告是应当支持的），也不会影响屏蔽技术的进一步创新发展。

续表

一审法院认为屏蔽技术对"免费视频＋广告"的商业模式能起到不破不立的作用	二审法院认为涉案行为是"只见破坏而不见创新的行为"
如网约车对传统出租车行业及出租车司机的冲击，网络购物对传统零售业及其经营者带来的损害等，都是技术进步后所带来的商业模式的变革与调整。快某阳光公司所主张的"免费视频＋广告"的商业模式也是基于互联网技术的快速发展，并得益于互联网"开放、平等、协作、分享"的理念才得以产生，而随着大数据技术的持续推进，用户个性化需求的不断提升，即使没有视频广告屏蔽技术，快某阳光公司现有的广告商业模式也会随之变化。	双方当事人均确认屏蔽广告的 Adblock Plus插件在2006年就已经存在了，主要是通过添加过滤规则中的列表来实现过滤拦截，因此即使唯某公司7×0浏览器使用的确实是 Adblock Plus插件，这也不属于当下互联网领域的新技术，换言之，唯某公司在7×0浏览器中使用 Adblock Plus插件并非基于技术创新必要性的考量。
在市场竞争中，鼓励竞争是原则，限制竞争是例外。对市场利益的争夺势必会损人利己，干扰是常态，竞争主体在应对干扰和伤害中，尊重市场规律，自行创新和调整商业策略，而非动辄诉诸法律，创造一个公平竞争彼此尊重的市场环境，给新创企业更宽松的成长机制，不但会使社会财富整体增加，而且也使社会成本降低。	屏蔽视频广告的结果会导致视频网站经营者的广告费和会员费等收入减少、甚至可能无法填补免费播放视频的运营成本而难以为继，但唯某公司在造成上述后果的同时却未能为用户继续观看免费视频的需求提供其他等效的替代解决方案，只见破坏而不见创新的行为不应获得肯定和鼓励。

一审法院和二审法院作出截然相反判断的原因主要在于两个法院对被诉行为是否符合技术中立的原则、是否有利于技术创新持有不同意见。一审法院认为视频广告屏蔽技术对既有"免费视频＋广告"的商业模式会造成冲击，但可以起到不破不立激励创新与竞争的作用。二审法院则认为法律应根据时代的发展现状来决定最优先保护的价值，让快某阳光公司经营的芒×TV等视频网站保留消费者选择的多样性、为消费者继续免费观看视频提供可能，才更符合消费者的长远利益。从长期来看，被诉行为有可能令网络用户无法实现继续观看免费视频的需求，却没有提供其他等效的替代

解决方案，也就是会造成破而不立的结果，对消费者的长远利益将产生负面的、消极的影响。

上述一审法院和二审法院的对立观点也代表了对互联网领域具有冲击性的新型网络商品或者服务提供行为不正当性判断的两种态度。在互联网领域，新商品和新服务不断涌现，其中不乏有些新生网络商品或服务是寄生于既有商品或服务之上，或者说以既有的商品或者服务为基础。这些寄生型的网络商品或者服务，既有可能与既有基础网络商品或服务形成互补关系、同伴成长，也有可能对既有网络商品或服务造成冲击，形成干扰。对提供这些具有干扰作用的网络商品或服务行为正当性与否的判断，可能会关涉一个新兴产业的存亡。在这种情况下，反不正当竞争法的科学、合理实施就显得尤为重要。

如前文提到的自动抢购技术服务、广告屏蔽技术服务，可能会符合部分用户的短期利益，但从长期来看、从整个市场的竞争秩序来看，对相关行为的正当性评价就会出现不同的结果。随着反不正当竞争司法案例与执法案例的积累，互联网领域不正当竞争行为的判断标准也在不断清晰。正如"快某阳光公司与唯某公司浏览器屏蔽视频广告不正当竞争纠纷案"中二审法院提到的，法律应根据时代的发展现状来决定最优先保护的价值，立足于实际情况去考察涉案行为对消费者的长远利益会产生怎样的影响，重在判断妨碍既有商品或者服务的新技术服务究竟能起到不破不立的效果还是破而不立的效果。

规 则 提 炼

1. 判断争议行为是否构成妨碍、破坏其他经营者合法提供的网络产品或者服务正常运行的不正当竞争行为，关键在于考察争议行为会对市场竞争秩序、其他经营者和消费者的合法权益归造成怎样的影响。

2. 若平台上的数据资源（整体）系平台企业投入大量人力、物力，经过合法经营而形成的，该数据资源（整体）能够给平台企业带来商业利益与竞争优势，那么平台企业对于平台上的数据资源（整体）享有竞争权益。

3. robots 协议的设定需遵守商业道德，利用 robots 协议限制搜索引擎抓取应有行业公认合理的正当理由。但《互联网搜索引擎服务自律公约》仅为搜索引擎服务行业的商业道德，限制非搜索引擎抓取的正当性判断需平衡自主经营权与其他多元利益。

4. 抓取行为和抓取以后的使用行为是有区别的，即便抓取行为没有违反 robots 协议，也不代表抓取以后的使用行为一定是正当的。抓取数据后的使用也需遵守合理限度。

5. 在 OpenAPI 开发合作场景中，数据提供方向第三方开放数据需取得用户同意，第三方平台在使用用户信息时还应当明确告知用户其使用的目的、方式和范围，再次取得用户的同意。也就是说第三方通过 OpenAPI 获取并使用用户信息时应坚持"用户授权"+"平台授权"+"用户授权"的三重授权原则。

6. 在互联网领域，新商品和新服务不断涌现。其中不乏有些新生网络商品或服务是寄生于既有商品或服务之上，或者说以既有的商品或者服务为基础。这些寄生型的网络商品或者服务，既有可能与既有基础网络商品或服务形成互补关系、同伴成长，也有可能对既有网络商品或服务造成冲击，形成干扰。此时，对提供这些具有干扰作用的网络商品或服务行为正当性与否的判断，不应仅考虑部分用户的短期利益，还需要从更长远的视角、立足于整个市场的竞争秩序来全面考察新产品或者服务对经营者投资积极性与消费者整体利益所能带来的影响。

延 伸 思 考

1. 是否有必要在《反不正当竞争法》中新增"滥用相对优势地位"条款？
2. 如何认定"相对优势地位"？

参考资料

1. 市场监管总局于 2022 年 11 月公布的《反不正当竞争法（修订草案征求意见稿）》[①]

第十三条 具有相对优势地位的经营者无正当理由不得实施下列行为，对交易相对方的经营活动进行不合理限制或者附加不合理条件，影响公平交易，扰乱市场公平竞争秩序：

---

① 《市场监管总局关于公开征求〈中华人民共和国反不正当竞争法（修订草案征求意见稿）〉意见的公告》，载中国政府网 https://www.gov.cn/hudong/2022-11/27/content_5729081.htm，最后访问日期：2023 年 9 月 13 日。

（一）强迫交易相对方签订排他性协议；

（二）不合理限定交易相对方的交易对象或者交易条件；

（三）提供商品时强制搭配其他商品；

（四）不合理限定商品的价格、销售对象、销售区域、销售时间或者参与促销推广活动；

（五）不合理设定扣取保证金，削减补贴、优惠和流量资源等限制；

（六）通过影响用户选择、限流、屏蔽、搜索降权、商品下架等方式，干扰正常交易；

（七）其他进行不合理限制或者附加不合理条件，影响公平交易的行为。

第四十七条 本法所称"相对优势地位"，包括经营者在技术、资本、用户数量、行业影响力等方面的优势，以及其他经营者对该经营者在交易上的依赖等。

2.拉某斯公司（饿×么）与北京某快公司金华分公司等（某团）不正当竞争纠纷二审民事判决书【浙江省高级人民法院（2021）浙民终601号民事判决书】

本案中，拉某斯公司诉称北京某快公司金华分公司下列行为构成不正当竞争：（1）通过调整收费优惠比例的方式，迫使商户与"某团"独家开展经营活动；（2）通过不允许附加"某团外卖"服务和不签协议等方式，迫使商户签署只与"某团"进行外卖在线平台合作的约定，以排除商户与拉某斯公司等同行业竞争者的合作；通过强制关停与"饿×么"平台有合作关系的商户在"某团外卖"的网店并停止客户端账户使用的方式，迫使商户终止与"饿×么"平台等同行业竞争方合作。

由于上述行为发生在2016—2017年期间，处于《反不正当竞争法》（1993）施行期间，故本案应适用1993年制定的《反不正当竞争法》。而上述行为不属于《反不正当竞争法》（1993）第二章列举规定的"不正当竞争行为"，故本案争议在于被诉行为是否构成《反不正当竞争法》（1993）第2条规定的不正当竞争行为。

浙江省高级人民法院认为，本案中，认定北京某快公司金华分公司的被诉行为是否构成不正当竞争，关键在于该行为是否违反了诚实信用原则和互联网领域公认的商业道德，并损害了拉某斯公司的合法权益，具体包含"经营行为""合法权益受损害""行为不正当性"三项要件。

......

（三）关于被诉行为是否存在不正当性。

市场竞争过程中，不同的商业主体为了争夺商业机会势必会产生摩擦和损害，从而影响到其他竞争者的利益，但不能因为商业利益受损就推断构成不正当竞争，只有竞争行为同时具有不正当性时，才需要适用反不正当竞争法予以规制。而在判定互联网领域竞争行为的不正当性时，需要在互联网产业背景下进行考量，除被诉行为是否损害了经营者利益外，还应结合是否违反市场经营者普遍遵循的诚实信用原则和商业道德、是否损害了平台商户利益、消费者利益、是否有损竞争机制等因素予以综合判定。

首先，被诉行为违反了经营者应当遵循的诚实信用原则。互联网竞争是注意力竞争，互联网市场经营者作为理性经济人，有着保持用户忠诚度、提升用户粘性、抢占竞争对手市场份额的天然需求，但在采取措施实现这一目标时仍应遵守诚实信用原则。通常而言，经营者对商户收取优惠费率本身不一定构成不正当竞争，但本案中北京某快公司金华分公司利用其相对于商户而言具有相应的优势地位，将是否与其签订独家交易协议作为决定优惠费率的唯一条件，从而诱导商户与其签订独家交易协议，并在签订独家交易协议后通过关闭"某团"平台网店和客户端的手段，迫使商户退出"饿×么"平台，该行为实质是对商户的变相限制或锁定，通过诱导及惩罚性手段促使甚至迫使商户不与"饿×么"平台合作，从而获取自身竞争优势，违反了诚实信用和公平竞争原则。

其次，被诉行为剥夺了涉案商户的自由选择权。北京某快公司主张其为商户提供优惠费率以及与商户签订独家交易协议的行为，是自主经营和自主定价的体现，关停违约商户在"某团"平台网店和客户端是正当合同权利，并非排挤拉某斯公司。对此，本院认为，商户是否基于优惠费率或其他因素签订独家交易协议，应当完全基于自愿，遵循契约自由原则。为了降低在一个平台销售商品的风险，商户一般希望通过多个平台的交易获得更多交易机会，在案证据亦显示，"某团"平台上的商户大多希望通过与"饿×么"等多个平台的合作扩大交易机会，北京某快公司金华分公司通过调整优惠费率诱导、不允许附加"某团外卖"服务和不签协议的方式使得商户签订独家交易协议，表面是自愿签订，但内在具有强制性。关于北京某快公司金华分公司采取关闭"某团"平台网店和客户端的手段对与"饿×么"平台合作的商户进行惩罚行为，对于与其签订独家交易协议的商户而言，协议中约定的违约责任承担方式为返还服务费优惠并支付3000元违约金，并不包括关停网店和客户端，而基于互联网经营的特殊性，商户在平台经营的网店被关停后，该网店在平台上的热度和销量将明显下降，导致该网店的消费注意减少，直接影响网店浏览率和转化率，即使重新上架，对商户经营的网店也会造成较大影响，该手段已经超出了违约责任的承担范畴；对于未与其签订独家交易协议的商户而言，其采取关停网店和客户端的行为更没有合法合理的理由。故北京某快公司金华分公司的上述被诉行为明显侵害了商户自由、自主的交易权。

此外，即使北京某快公司金华分公司为签订独家交易协议的商户提供更多资源倾斜，如增加商户曝光量、排名锁定等，但平台单方面增加成本投入对商户的影响作用有限，当地段、周边人流量、商品品类等固定要素不再发生改变时，只能从单一渠道获取订单的独家交易模式仍会损害商户利益；同时，被锁定的商户将因别无选择而不得不忍受平台所施加的其他不合理限制。

再次，被诉行为侵害了消费者的合法权益、减损了消费者福利。从消费者的消费习惯来看，提供外卖服务的商户在不同互联网平台上进行经营活动，与线下专卖店的经营模式类似，但线下专卖店模式往往与商品或者服务自身的属性、价格或者功能相关，不具有普遍性，且商品或服务提供者选择这种方式，也往往出于自主经营策略的考虑，而非受到外部压力。对消费者合理习惯的保留和尊重，是电商平台发展的应然选择。北京某快公司金华分公司迫使商户只与"某团"平台合作，限制了商户的多归属性，进而限制了消费者对平台、商户、商品的选择可能性和选择范围，消费者原本的选择机会丧失，选择内容变少。不仅如此，北京某快公司金华分公司的这种行为将原本多样化的市场竞争及经营手段简化为商户与其独家交易行为，会阻碍相关产品或服务质量的提升，最终影响消费者利益。

最后，被诉行为破坏了开放、共享、公平、有序的互联网竞争秩序。平台经营者应当以不损害他人合法权益和不谋求不正当商业利益为目的，提供尽可能满足商户选择或需求的服务，来争取更多商户，而非强制性对目标平台的用户粘性和营商环境造成严重破坏。网络商户在不同平台开展经营活动，将产生平台之间为争取优质商户和消费者访问的竞争，这有助于改善平台服务，激发平台创新动力。商户能否接受独家协议，也是由市场需求和竞争状态决定的，如果商户不喜欢互联网平台提供的服务，也可以通过去其他平台来"用脚投票"。而北京某快公司金华分公司实施的被诉行为会破坏这种竞争秩序，其强迫商户与"某团"平台签署独家协议产生的锁定效应会让商户丧失合理的转向可能性，最终无论是商户还是消费者均无法"用脚投票"。在公平竞争秩序遭到破坏后，市场竞争将演变为各平台抢夺商户的独家交易权，公平、有序的竞争秩序将无法实现。另外，平台实施独家交易也会对市场形成较高的进入壁垒，新兴平台要想进入金华地区外卖市场将非常困难，开放、共享的竞争秩序将无法形成。

综上所述，北京某快公司金华分公司强迫商户与其达成独家交易、阻碍商户与竞争对手正常交易，主观恶意明显，其行为违背了互联网开放、共享、公平、有序的竞争秩序，损害了拉某斯公司、涉案商户及相关消费者的合法权益，不利于社会总体福利的最大化，构成《反不正当竞争法》第2条所规制的不正当竞争行为。

案例索引

23. 重庆市第五中级人民法院（2019）渝05民初3618号民事判决书。

24. 甘肃省高级人民法院（2019）甘民终591号民事判决书。

25. 广东省高级人民法院（2018）粤民终552号民事判决书。

26. 广东省高级人民法院（2019）粤知民终457号民事判决书。

27. 广东省深圳市中级人民法院（2017）粤03民初250号民事判决书。

28. 广东省梅州市中级人民法院（2021）粤14民初132号民事判决书。

29. 广州知识产权法院（2018）粤73民终1022号民事判决书。

30. 广州知识产权法院（2020）粤73行初12号行政判决书。

31. 广州知识产权法院（2021）粤73民终153号民事判决书。

32. 广东省广州市黄埔区人民法院（2017）粤0112民初737号民事判决书。

33. 广州市天河区人民法院（2019）粤0106民初38290号民事判决书。

34. 江苏省苏州市吴江区人民法院（2021）苏0509行初44号行政判决书。

35. 辽宁省大连市中级人民法院（2019）辽02民终1083号民事判决书。

36. 陕西省西安市中级人民法院（2020）陕01知民初509号民事判决书。

37. 四川省成都市中级人民法院（2021）川01民初913号民事判决书。

38. 浙江省高级人民法院（2021）浙民终601号民事判决书。

39. 浙江省杭州铁路运输法院（2019）浙8601民初1987号民事判决书。

40. 浙江省杭州市中级人民法院（2020）浙01民终8743号民事判决书。

41. 国家工商行政管理总局行政处罚决定书（工商竞争案字〔2016〕1号）。

42. 国家市场监督管理总局行政处罚决定书（国市监处〔2021〕28号）。

43. 国家市场监督管理总局行政处罚决定书（国市监处罚〔2021〕74号）。

44. 国家市场监督管理总局行政处罚决定书（国市监处罚〔2022〕87号）。

45.《市场监管总局关于禁止虎牙公司与斗鱼国际控股有限公司合并案反垄断审查决定的公告》（2021年7月10日）。

46. 上海市市场监督管理局行政处罚决定书（沪市监反垄处〔2020〕06201901001号）。

47. 广东省市场监督管理局行政处罚决定书（粤市监反垄断行处〔2020〕1号）。

48. 梅州市市场监督管理局行政处罚决定书（梅市市监执监处字〔2020〕31号）。

加强竞争法治人才培养力度
是新时代法学教育的重要使命

　　当前，互联网经济在纵深发展的同时，也加速推动了信息通信技术和数据运算技术更为深层的融合。其间衍生出的新技术、新模式、新业态、新产业不断涌现，对我国市场经济产生了颠覆性影响，引发了产业的升级革命。然而，市场经济改革和互联网经济发展的叠加融合致使各类法治问题不断显露，其中以互联网领域各类新型垄断、不正当竞争、不公正交易等行为引发的法治挑战最为典型。技术性强、不易识别、场景多变、损害范围广的新型行为给无论是竞争法学的理论研究还是竞争法治的立法、执法、司法与守法都提出了巨大挑战。

　　由于缺乏典型的、成熟的案例汇编教材，各大法学院校在开设涉及互联网经济特别是互联网经济竞争治理相关课程时缺乏有效的抓手。教师上课通常使用自编课件，学生学习也是不得要领，缺少有效且必要的课程教材作为教授和学习的基础资源，使得广大法科学生，无论是法学本科生，抑或是各类别和层次的法学（律）研究生面对风生水起的互联网经济竞争治理现象，总是有一种雾里看花的感觉。"看上去都有问题，也似乎没有问题，到底有没有问题，也说不清道不明"，"查立法、找案例、听讲解"似乎也不得其法，监管执法部门和司法裁判机关对相关案件的处理也非完全一致，这是为何？如何是好？

究其原因，主要有以下两方面：一方面，由于互联网经济创新发展的速率过快，很多新技术、新模式、新业态、新产业不断涌现，现行法律系统还来不及反馈，导致在具体实践中存在着模糊不清之处。虽然司法系统，最高人民法院及有些地方高级人民法院发布了典型案例、示范性案例或审判指引等，但是仍然面临着"求大于供"的问题。况且典型案例、示范性案例以及审判指引的制作和发布绝非易事，是非常严肃和严谨的工作。为此，亟须通过其他社会力量来整理和发布互联网经济竞争治理的相关典型案例或者是标志性案件来做好法治宣传和普及工作。

另一方面，即便是加快相关法律体系的修订与完善，提升法律法规和典型案例的供给，也存在由于相关执法、司法人员理解不到位，或者整体执法、司法资源不充分，执法、司法人员队员整体水平待提升等问题，制约对互联网领域竞争行为的有效识别与科学规制。为此，亟待补充和提升国家整体法治人才队伍应对互联网领域竞争法治。

作为国家法治人才培养的主力军，全国各大知名法学院校纷纷开设了涉互联网领域法治问题的通识课程或（和）专题课程，其中有关互联网竞争法治的内容和板块不少。然而，相关系统性、整体性、成体系化的案例教材鲜有见到。有的只是在相关问题上附上了案例评述，有的只是针对经济法或竞争法整体课程安排制作了案例读本。专门针对互联网领域竞争法治的典型案例教材还很急缺。这在客观上限制了互联网竞争法治专业人才培养的效果。基于此，从法学教育和人才培养的角度，十分有必要提高互联网经济竞争法治领域相关案例教材的编撰力度，增加相关教育教学资源的供给。

正是考虑到以上两方面的情况，同时，立足于我国互联网经济发展现状与高质量发展目标之间的差距，结合新型行为本身的特点，密切围绕当前监管执法和司法审理工作中存在的问题，以问题为导向，直击痛点，对引发社会热议的各类新型行为所产生的广受各界关注的执法、司法案例予以整理，基于学术评价和教学示范双重意义，汇编成互联网领域竞争典型案例，以供高等学校法学本科和研究生教育使用。当然，本书也不局限于高等学校法学专业学生使用，也可以供其他专业，譬如经济学专业、数字经济专业、网络安全专业、人工智能专业等与互联网相关的本科专业学生的通识课或选修课选用，同时也可以提供给非学历教育的法律类职业培训或同等学历的在职课程班的相关学员，以及对互联网领域竞争治理法治化感兴趣的人士学习使用。

值得强调的是，规范和治理互联网领域新型竞争行为需要多部门参与，单纯依靠监管执法、司法审裁和调解是远远不够的，需要社会各界共同参与，共商共建共治共享。在这一过程中，各大法学院校作为国家法治人才培养的主力军，在为党和国家育才的同时，也承担着为社会供给优质的普法资源的重任，以法治教育和宣传为抓手共同参与到互联网领域新型竞争行为的治理过程中，充分发挥高校法学教育的理论优势和实践特长，不断完善和创新科学化、系统化、精细化的治理理论与模式，在培育优秀法治人才的同时，形成一套能够适用于互联网领域竞争治理的法治理论体系并不断丰富其内涵，宣贯其理论体系和适用方法，最终达成以人才培养为抓手的互联网领域竞争治理法治化参与目标。

"徒法不足以自行"。面对互联网领域竞争法治化的重要任务和时代挑战，相关法治人才的培养是基础，更是久久为功的事业。正所谓，"十年树木，百年树人"，一本好的教材是"树人"的基石，能提供源源不断的养分。正是基于此，冒着可能遭致巨大批评的风险，从自身学术领悟力、解释力的维度，结合近年来就该主题课程教学的经验，小心翼翼地选取了构成"典型案例"的互联网领域若干重要竞争案件予以汇编和解读——当然，这里的"典型案例"仅仅为自身理解上的典型，并不代表任何组织、机构，甚或出版资助方、出版社，及所在教学单位的意见——由此，可能产生的任何错漏或不当评述都由著者承担。然而，即便是存在各类风险，仍是满心欢喜地经过多次讨论和修改来完成这一项工作，目的就是希望能够为喜欢甚或执迷互联网领域竞争法治化主题和工作的学生、同仁提供可参考的教学资料。从法学教育教学工作者的角度，尽所能为新时代我国互联网经济高质量发展的法治保障工作添砖加瓦。"众人拾柴火焰高"，立足本职，做好本分，将"小我融入大我"，加快推进新时代市场竞争法治建设的中国式现代化进程。

谨以此书献礼《中华人民共和国反垄断法》实施十五周年，致敬竞争执法机构、司法机关以及学术界师友。感谢成知博编辑为本书著成提出的宝贵意见与付出的辛勤劳动。

敬请各位读者批评指正！以期在未来的典型案例教材编撰和解释工作中不断改进和完善！

陈兵　赵青

南开大学法学楼

2023 年 9 月

图书在版编目 (CIP) 数据

竞争法典型案例教程. 互联网篇 / 陈兵，赵青著
. —北京：中国法制出版社，2023.10
ISBN 978-7-5216-3906-3

Ⅰ.①竞… Ⅱ.①陈… ②赵… Ⅲ.①互联网络—反
不正当竞争—经济法—案例—中国—教材 Ⅳ.
①D922.294.5

中国国家版本馆 CIP 数据核字（2023）第 181578 号

责任编辑：成知博 封面设计：周黎明

竞争法典型案例教程. 互联网篇
JINGZHENGFA DIANXING ANLI JIAOCHENG. HULIANWANG PIAN

著者 / 陈兵　赵青
经销 / 新华书店
印刷 / 北京虎彩文化传播有限公司
开本 / 710毫米 × 1000毫米　16开 印张 / 19.5　字数 / 260千
版次 / 2023年10月第1版 2023年10月第1次印刷

中国法制出版社出版
书号 ISBN 978-7-5216-3906-3 定价：89.00元

北京市西城区西便门西里甲16号西便门办公区
邮政编码：100053 传真：010-63141600
网址：**http://www.zgfzs.com** 编辑部电话：**010-63141809**
市场营销部电话：**010-63141612** 印务部电话：**010-63141606**
（如有印装质量问题，请与本社印务部联系。）